低温王国拓荒人
洪朝生传

秦金哲　冯丰 ◎ 著

科学家学术成长资料采集工程
中国科学院院士传记丛书

1936年	1945年	1950年	1952年	1980年	1982年	2000年
考入清华大学	赴美国学习	赴荷兰学习	入中科院应用物理所（物理所）	当选为中国科学院学部委员	任中科院低温技术实验中心主任	获国际低温工程大会门德尔松奖

老科学家学术成长资料采集工程
中国科学院院士传记丛书

低温王国拓荒人
洪朝生 传

秦金哲　冯丰 ○ 著

中国科学技术出版社
上海交通大学出版社

图书在版编目（CIP）数据

低温王国拓荒人：洪朝生传 / 秦金哲，冯丰著 . —北京：中国科学技术出版社；2017.4

（老科学家学术成长资料采集工程丛书　中国科学院院士传记丛书）

ISBN 978-7-5046-7438-8

Ⅰ. ①低… Ⅱ. ①秦… ②冯… Ⅲ. ①洪朝生－传记 Ⅳ. ① K826.11

中国版本图书馆 CIP 数据核字 (2017) 第 067680 号

责任编辑	韩　颖　何红哲
责任校对	凌红霞
责任印制	张建农
版式设计	中文天地

出　　版	中国科学技术出版社　上海交通大学出版社
发　　行	中国科学技术出版社发行部
地　　址	北京市海淀区中关村南大街 16 号
邮　　编	100081
发行电话	010-62173865
传　　真	010-62173081
网　　址	http://www.cspbooks.com.cn
开　　本	787mm×1092mm　1/16
字　　数	330 千字
印　　张	20.5
彩　　插	2
版　　次	2017 年 5 月第 1 版
印　　次	2017 年 5 月第 1 次印刷
印　　刷	北京华联印刷有限公司
书　　号	ISBN 978-7-5046-7438-8 / K・210
定　　价	85.00 元

（凡购买本社图书，如有缺页、倒页、脱页者，本社发行部负责调换）

老科学家学术成长资料采集工程
领导小组专家委员会

主　任：杜祥琬
委　员：（以姓氏拼音为序）
　　　　巴德年　　陈佳洱　　胡启恒　　李振声
　　　　齐　让　　王礼恒　　王春法

老科学家学术成长资料采集工程
丛书组织机构

特邀顾问（以姓氏拼音为序）
　　　　樊洪业　　方　新　　谢克昌

编委会

主　编：王春法　　张　藜
编　委：（以姓氏拼音为序）
　　　　艾素珍　　崔宇红　　定宜庄　　董庆九　　郭　哲
　　　　韩建民　　何素兴　　胡化凯　　胡宗刚　　刘晓勘
　　　　罗　晖　　吕瑞花　　秦德继　　王　挺　　王扬宗
　　　　熊卫民　　姚　力　　张大庆　　张　剑　　周德进

编委会办公室

主　任：孟令耘　　张利洁
副主任：许　慧　　刘佩英
成　员：（以姓氏拼音为序）
　　　　董亚峥　　冯　勤　　高文静　　韩　颖　　李　梅
　　　　刘如溪　　罗兴波　　沈林苣　　田　田　　王传超
　　　　余　君　　张海新　　张佳静

老科学家学术成长资料采集工程简介

老科学家学术成长资料采集工程（以下简称"采集工程"）是根据国务院领导同志的指示精神，由国家科教领导小组于2010年正式启动，中国科协牵头，联合中组部、教育部、科技部、工信部、财政部、文化部、国资委、解放军总政治部、中国科学院、中国工程院、国家自然科学基金委员会等11部委共同实施的一项抢救性工程，旨在通过实物采集、口述访谈、录音录像等方法，把反映老科学家学术成长历程的关键事件、重要节点、师承关系等各方面的资料保存下来，为深入研究科技人才成长规律，宣传优秀科技人物提供第一手资料和原始素材。

采集工程是一项开创性工作。为确保采集工作规范科学，启动之初即成立了由中国科协主要领导任组长、12个部委分管领导任成员的领导小组，负责采集工程的宏观指导和重要政策措施制定，同时成立领导小组专家委员会负责采集原则确定、采集名单审定和学术咨询，委托科学史学者承担学术指导与组织工作，建立专门的馆藏基地确保采集资料的永久性收藏和提供使用，并研究制定了《采集工作流程》《采集工作规范》等一系列基础文件，作为采集人员的工作指南。截至2016年6月，已启动400多位老科学家的学术成长资料采集工作，获得手稿、书信等实物原件资料73968件，数字化资料178326件，视频资料4037小时，音频资料4963小时，具有重要的史料价值。

采集工程的成果目前主要有三种体现形式,一是建设"中国科学家博物馆网络版",提供学术研究和弘扬科学精神、宣传科学家之用;二是编辑制作科学家专题资料片系列,以视频形式播出;三是研究撰写客观反映老科学家学术成长经历的研究报告,以学术传记的形式,与中国科学院、中国工程院联合出版。随着采集工程的不断拓展和深入,将有更多形式的采集成果问世,为社会公众了解老科学家的感人事迹,探索科技人才成长规律,研究中国科技事业的发展历程提供客观翔实的史料支撑。

总序一

中国科学技术协会主席 韩启德

老科学家是共和国建设的重要参与者，也是新中国科技发展历史的亲历者和见证者，他们的学术成长历程生动反映了近现代中国科技事业与科技教育的进展，本身就是新中国科技发展历史的重要组成部分。针对近年来老科学家相继辞世、学术成长资料大量散失的突出问题，中国科协于2009年向国务院提出抢救老科学家学术成长资料的建议，受到国务院领导同志的高度重视和充分肯定，并明确责成中国科协牵头，联合相关部门共同组织实施。根据国务院批复的《老科学家学术成长资料采集工程实施方案》，中国科协联合中组部、教育部、科技部、工业和信息化部、财政部、文化部、国资委、解放军总政治部、中国科学院、中国工程院、国家自然科学基金委员会等11部委共同组成领导小组，从2010年开始组织实施老科学家学术成长资料采集工程。

老科学家学术成长资料采集是一项系统工程，通过文献与口述资料的搜集和整理、录音录像、实物采集等形式，把反映老科学家求学历程、师承关系、科研活动、学术成就等学术成长中关键节点和重要事件的口述资料、实物资料和音像资料完整系统地保存下来，对于充实新中国科技发展的历史文献，理清我国科技界学术传承脉络，探索我国科技发展规律和科技人才成长规律，弘扬我国科技工作者求真务实、无私奉献的精神，在全社会营造爱科学、学科学、用科学的良好氛围，是一件很有意义的事情。采集工程把重点放在年龄在80岁以上、学术成长经历丰富的两院院士，以及虽然不是两院院士、但在我国科技事业发展中作出突出贡献的老科技工作者，充分体现了党和国家对老科学家的关心和爱护。

自2010年启动实施以来，采集工程以对历史负责、对国家负责、对科技事业负责的精神，开展了一系列工作，获得大量反映老科学家学术成长历程的文字资料、实物资料和音视频资料，其中有一些资料具有很高的史料价值和学术价值，弥足珍贵。

以传记丛书的形式把采集工程的成果展现给社会公众，是采集工程的目标之一，也是社会各界的共同期待。在我看来，这些传记丛书大都是在充分挖掘档案和书信等各种文献资料、与口述访谈相互印证校核、严密考证的基础之上形成的，内中还有许多很有价值的照片、手稿影印件等珍贵图片，基本做到了图文并茂，语言生动，既体现了历史的鲜活，又立体化地刻画了人物，较好地实现了真实性、专业性、可读性的有机统一。通过这套传记丛书，学者能够获得更加丰富扎实的文献依据，公众能够更加系统深入地了解老一辈科学家的成就、贡献、经历和品格，青少年可以更真实地了解科学家、了解科技活动，进而充分激发对科学家职业的浓厚兴趣。

借此机会，向所有接受采集的老科学家及其亲属朋友，向参与采集工程的工作人员和单位，表示衷心感谢。真诚希望这套丛书能够得到学术界的认可和读者的喜爱，希望采集工程能够得到更广泛的关注和支持。我期待并相信，随着时间的流逝，采集工程的成果将以更加丰富多样的形式呈现给社会公众，采集工程的意义也将越来越彰显于天下。

是为序。

总序二

中国科学院院长 白春礼

由国家科教领导小组直接启动，中国科学技术协会和中国科学院等12个部门和单位共同组织实施的老科学家学术成长资料采集工程，是国务院交办的一项重要任务，也是中国科技界的一件大事。值此采集工程传记丛书出版之际，我向采集工程的顺利实施表示热烈祝贺，向参与采集工程的老科学家和工作人员表示衷心感谢！

按照国务院批准实施的《老科学家学术成长资料采集工程实施方案》，开展这一工作的主要目的就是要通过录音录像、实物采集等多种方式，把反映老科学家学术成长历史的重要资料保存下来，丰富新中国科技发展的历史资料，推动形成新中国的学术传统，激发科技工作者的创新热情和创造活力，在全社会营造爱科学、学科学、用科学的良好氛围。通过实施采集工程，系统搜集、整理反映这些老科学家学术成长历程的关键事件、重要节点、学术传承关系等的各类文献、实物和音视频资料，并结合不同时期的社会发展和国际相关学科领域的发展背景加以梳理和研究，不仅有利于深入了解新中国科学发展的进程特别是老科学家所在学科的发展脉络，而且有利于发现老科学家成长成才中的关键人物、关键事件、关键因素，探索和把握高层次人才培养规律和创新人才成长规律，更有利于理清我国科技界学术传承脉络，深入了解我国科学传统的形成过程，在全社会范围内宣传弘扬老科学家的科学思想、卓越贡献和高尚品质，推动社会主义科学文化和创新文化建设。从这个意义上说，采集工程不仅是一项文化工程，更是一项严肃认真的学术建设工作。

中国科学院是科技事业的国家队，也是凝聚和团结广大院士的大家庭。早在1955年，中国科学院选举产生了第一批学部委员，1993年国务院决定中国科学院学部委员改称中国科学院院士。半个多世纪以来，从学部委员到院士，经历了一个艰难的制度化进程，在我国科学事业发展史上书写了浓墨重彩的一笔。在目前已接受采集的老科学家中，有很大一部分即是上个世纪80、90年代当选的中国科学院学部委员、院士，其中既有学科领域的奠基人和开拓者，也有作出过重大科学成就的著名科学家，更有毕生在专门学科领域默默耕耘的一流学者。作为声誉卓著的学术带头人，他们以发展科技、服务国家、造福人民为己任，求真务实、开拓创新，为我国经济建设、社会发展、科技进步和国家安全作出了重要贡献；作为杰出的科学教育家，他们着力培养、大力提携青年人才，在弘扬科学精神、倡树科学理念方面书写了可歌可泣的光辉篇章。他们的学术成就和成长经历既是新中国科技发展的一个缩影，也是国家和社会的宝贵财富。通过采集工程为老科学家树碑立传，不仅对老科学家们的成就和贡献是一份肯定和安慰，也使我们多年的夙愿得偿！

鲁迅说过，"跨过那站着的前人"。过去的辉煌历史是老一辈科学家铸就的，新的历史篇章需要我们来谱写。衷心希望广大科技工作者能够通过"采集工程"的这套老科学家传记丛书和院士丛书等类似著作，深入具体地了解和学习老一辈科学家学术成长历程中的感人事迹和优秀品质；继承和弘扬老一辈科学家求真务实、勇于创新的科学精神，不畏艰险、勇攀高峰的探索精神，团结协作、淡泊名利的团队精神，报效祖国、服务社会的奉献精神，在推动科技发展和创新型国家建设的广阔道路上取得更辉煌的成绩。

总序三

中国工程院院长　周　济

由中国科协联合相关部门共同组织实施的老科学家学术成长资料采集工程，是一项经国务院批准开展的弘扬老一辈科技专家崇高精神、加强科学道德建设的重要工作，也是我国科技界的共同责任。中国工程院作为采集工程领导小组的成员单位，能够直接参与此项工作，深感责任重大、意义非凡。

在新的历史时期，科学技术作为第一生产力，已经日益成为经济社会发展的主要驱动力。科技工作者作为先进生产力的开拓者和先进文化的传播者，在推动科学技术进步和科技事业发展方面发挥着关键的决定的作用。

新中国成立以来，特别是改革开放30多年来，我们国家的工程科技取得了伟大的历史性成就，为祖国的现代化事业作出了巨大的历史性贡献。两弹一星、三峡工程、高速铁路、载人航天、杂交水稻、载人深潜、超级计算机……一项项重大工程为社会主义事业的蓬勃发展和祖国富强书写了浓墨重彩的篇章。

这些伟大的重大工程成就，凝聚和倾注了以钱学森、朱光亚、周光召、侯祥麟、袁隆平等为代表的一代又一代科技专家们的心血和智慧。他们克服重重困难，攻克无数技术难关，潜心开展科技研究，致力推动创新发展，为实现我国工程科技水平大幅提升和国家综合实力显著增强作出了杰出贡献。他们热爱祖国，忠于人民，自觉把个人事业融入到国家建设大局之中，为实现国家富强而不断奋斗；他们求真务实，勇于创新，用科技为中华民族的伟大复兴铸就了辉煌；他们治学严谨，鞠躬尽瘁，具有崇高的科学精神和科学道德，是我们后代学习的楷模。科学家们的一生是一本珍贵的教科书，他们坚定的理想信念和淡泊名利的崇高品格是中华民族自强不息精神的宝贵财富，永远值得后人铭记和敬仰。

通过实施采集工程，把反映老科学家学术成长经历的重要文字资料、实物资料和音像资料保存下来，把他们卓越的技术成就和可贵的精神品质记录下来，并编辑出版他们的学术传记，对于进一步宣传他们为我国科技发展和民族进步作出的不朽功勋，引导青年科技工作者学习继承他们的可贵精神和优秀品质，不断攀登世界科技高峰，推动在全社会弘扬科学精神，营造爱科学、讲科学、学科学、用科学的良好氛围，无疑有着十分重要的意义。

中国工程院是我国工程科技界的最高荣誉性、咨询性学术机构，集中了一大批成就卓著、德高望重的老科技专家。以各种形式把他们的学术成长经历留存下来，为后人提供启迪，为社会提供借鉴，为共和国的科技发展留下一份珍贵资料。这是我们的愿望和责任，也是科技界和全社会的共同期待。

周济

洪朝生对育英的另一个记忆是参加"童子军"。该校童子军创立于1920年春，1926年因学潮影响中辍，1928年10月"遵局令再行组织童子军，报名者百七十余人"[1]，洪朝生也在列。童子军"练习服务济人，以智、仁、勇为军德，以'日行一善'为军训，并时常旅行与加入公共之事"。[2] 童子军以及学校的另一个团体"幼童进德社"曾于1929年3月初组织学生至西直门外万牲园参观，4月至北海玩赏，"1930年3月童子军举行郊外大射击"[3]。这些活动对洪朝生的身心发展大有裨益。

育英学校还十分重视学生卫生健康，针对"我国社会对于文人学子之健康素无保障；学者对于一己之体格亦多藐视"之状况，制定了检查体格、矫正缺点、预防注射、环境卫生、学校诊疗所、卫生教育六个方面的六项举措[4]，并于1930年4月设立小学部卫生稽查员，定期检查学生个人卫生状况。

上述的教育理念与措施，对于当时的中国社会而言，无疑带有更多的先进性和科学性。正是这些理念和举措培养了洪朝生良好的习惯养成，这对他后来的学习、生活和工作不无影响。他后来在西南联大的体育成绩优良，在球场上虎虎生威。难怪洪朝生在谈到育英学校时，深有感触地说道："我的身体是从育英好起来的。"

崔先生和任太太的恸哭

1930年9月，带着各科的优异成绩，洪朝生升入了北平私立育英中学读初中。

---

[1] 育英学校童子军历史。见：北京市第二十五中学校史委员会编，《育英史鉴》。内部刊物，2004年，第31页。

[2] 胡腾骏：1929班（班史）。见：北京市第二十五中学校史委员会编，《育英史鉴》。内部刊物，2004年，第32页。

[3] 1929年至1930年学生自治会大事记。见：北京市第二十五中学校史委员会编，《育英史鉴》。内部刊物，2004年，第39页。

[4] 朱季清：本校学校卫生之近况（1929年）。见：北京市第二十五中学校史委员会编，《育英史鉴》。内部刊物，2004年，第39页。

这个时期的中国，民族危亡进一步加剧，日本帝国主义疯狂推行对华侵略扩张政策。九一八事变的第二天，有关事变的消息，"北京的报纸，中文报纸还都没敢登"①，育英中学的老师最先从英文报刊上获知了这个消息。当时洪朝生所在班级有两位英文老师。一位是崔先生（当时育英中学有两位崔先生，一位名崔峙如，另一位名崔荣山。究竟是哪一位，因年代久远，洪朝生已回忆不起。据《育英史鉴》载，崔峙如时任体育部主任和英文教师，崔荣山任何科教师不详，此处待考）；另一位是任太太（当时育英中学化学教师任伊尊的夫人，学生们称之为任太太，具体姓名不详）。两位英文老师在上英文课时，先后拿来英文报纸念给同学们听。崔先生和任太太讲课的先后次序洪朝生已回忆不起，但一个共同的情景是，他们念着念着就恸哭起来。老师的恸哭感染了同学们，整个教室哭声一片。哭声震撼着校园，震撼着天地，也深深地震撼着洪朝生幼小的心灵。80多年后的2013年，在追述这段历史时，洪朝生始终眼含热泪。

1931年9月21日，育英中学举行抗日集会。对于此次集会，9月22日北平出版的《世界日报》有详细载述，全文如下：

> 育英中学于昨日十时，在该校大礼堂举行扩大宣传会，到会师生五百余人。会上演讲及报告，均极沉痛悲惨，听众痛哭流涕。至12时许散会。会后该校学生会推出黄振铎等12人组织抗日委员会，共分调查交际宣传三股，并于昨日下午二时开会，由黄振铎主持，至下午四时散会，决议案（一）劝全体师生停止娱乐，不听者强迫实行。（二）全体师生臂缠黑纱表示哀悼。（三）通电广州，呼吁和平，一致对外。（四）调查关于广东省消息，每日刊发消息。（五）劝令该校学生不用日货，并警告消费合作社不代销。

育英中学在全校师生中检查日货，师生们一致表示要用国货，抵制日货。育英中学做出了六项决议案，包括：全体师生募集银钱，救济东北逃难来的同胞；每日举行朝会，下半旗志哀；出抗日专刊；到

---

① 洪朝生访谈，2013年10月10日，北京。资料存于采集工程数据库。

农村讲演；加紧军事训练等。育英中学把当时流行的一首歌重新填词，全体师生高唱这首抗日歌曲，歌词为：一、哀我国土，一旦沦亡，日月会无光。哀我同胞，横被祸丧，大家起来，快恢复边疆。二、奋我幸福，怀我平安，暂不共戴天。弱小民族，互为殷鉴，大家快起来，打倒列强[①]。

洪朝生曾经说道："初中时候碰到九一八事变，学校和家庭的环境使我开始有了些民族意识，对于劳军、抵制日货这类事很热心地做，常有因为同学买了日货而吵的情形。自以为颇有爱国感、原则性的。"他在自传以及在接受我们采访时也多次强调，九一八事变带给他对日本侵略者的仇恨以及由此产生的民族危亡意识和强烈的爱国感是受学校和家庭影响。

洪朝生的父亲洪观涛在与家人、友人谈话中，毫不掩饰心中的悲愤和挽危图存意识，这对洪朝生影响至深。洪朝生的外祖父高梦旦以及母亲高君远、姨母高君珊、高君箴等人也无不以自己的言论和行动感染着他。母亲和姨母在抗日战争期间慰劳抗日将士的活动，洪、高两家的爱国情怀连同崔先生、任太太的恸哭对洪朝生的影响是刻骨铭心的，这也奠定了他一生不可动摇的爱国信念。

汇文中学的物理名师张佩瑚

汇文中学（1952年更名为北京市第26中学，1989年恢复汇文中学校名）前身为一所教会学校，始建于1871年，最初为美国基督教会"美以美会"附设的蒙学馆，后更名为"怀里书院"。1888年增设大学部，名为"汇文书院"，意取"融汇中西文化之精华"之意。从1902年起，校址设在北京崇文门船板胡同（后因建设北京火车站迁址至今东城区培新街6

[①] 1931年育英中学抗日集会。见：北京市第二十五中学校史委员会编，《育英史鉴》。内部刊物，2004年，第50页。

图 2-5 洪朝生汇文中学学籍卡

号），1904 年改为汇文大学堂，当时包括小学部、中学部和大学部。1918 年，汇文大学部与华北协和大学及通州协和女子大学合并为燕京大学，迁至今天的北京大学校址，原校址转给汇文小学和汇文中学。1926 年 3 月，按教育部规章，学校正式交由华人主办，留美归国的爱国民主教育家高凤山博士出任校长，这也是汇文中学第一任国人校长。学校改组后，一切职员均以华人为主体，组织与课程力图适合时代教育的趋势。1927 年，学校更名为"京师私立汇文中学"。该校校训为"智、仁、勇"，著名教育家蔡元培先生以《中庸》原句"好学近乎智，力行近乎仁，知耻近乎勇"题释之，并以此书赠学校。

汇文学校毕竟源自西方现代教育，西方现代教育自有一套严谨、系统的理论基础以及具体明确的教育目标。如何将中国传统文化中的价值追求与现代教育的目标结合起来，成为高凤山那一代秉持教育救国信念的知识分子矢志不渝的追求。高凤山主掌汇文中学不久便提出"全人教育"的七条宗旨：增进身体健康；涵养审美情操；增殖职业知能；预备升学基础；练习善用闲暇；学做良好公民；养成高尚品德。这七条宗旨与校训"智、仁、勇"相互补充，相得益彰，形成 20 世纪三四十年代汇文鲜明的校风。

汇文中学由于办学资金充足而稳定，故所聘之授课教师皆为一时之极选，1918 年汇文大学部迁出，除原汇文大学教授仍留校授课外，新进教师多为拥有博士学位的留美学子。高凤山接任校长后，更是不惜重金延聘师资。其时该校的师资阵容堪称"豪华"。教师多数毕业于燕京、北京大学、辅仁、师大，很多教师同时都在大学兼课[1]。洪朝生至今还能记起一串当年汇文中学老师的名字：国文教师郑骞，化学教师于一峰……但印象最深和对其影响最大的当属物理教师张佩瑚。

张佩瑚为中国物理学会最早的一批会员之一，曾兼任北京大学物理系副教授。洪朝生对于这位引领自己走上物理之路的老师，始终抱有绵绵的感恩之情：

> 我知道有物理学并对它感兴趣是在高中三年级。当时张佩瑚老师在北京汇文中学教物理，他讲得很清楚，也很引人入胜，同学们怕他，又更敬佩他。物理实验室承继了原汇文大学的一些设备，条件比较好，又有杜连耀老师和老丁师傅的指导。我就因此喜欢上了物理[2]。

洪朝生的汇文中学校友、著名加速器物理及技术专家、2011 年度国家最高科学技术奖获得者谢家麟在回忆张佩瑚老师时说道：

> 汇文中学设于地下室的物理课实验室教学设备齐全。物理教师张佩瑚用英文讲课，条理分明，深入浅出，很能引发学生对物理的兴趣[3]。

两位物理学家在谈到他们的老师张佩瑚时，不约而同地提到"对物理的兴趣"，足以说明张佩瑚是一位善于调动学生积极性、激发学生兴趣的好老师。

著名物理学家钱三强在北京大学预科学习时，张佩瑚曾为其授物理课。他在回忆这段经历时曾说道：

---

[1] 王丽：追忆北京汇文中学。《中国青年报》，2008 年 3 月 26 日。
[2] 洪朝生：洪朝生自述。见：中国科学院院士工作局编，《中国科学院院士自述》。上海：上海教育出版社，1996 年，第 153 页。
[3] 操秀英，谢家麟：为高能物理加速。《光明日报》，2012 年 2 月 15 日。

图 2-6　1991 年 9 月 22 日洪朝生（左一）与部分同学在北京汇文中学参加汇文中学 120 周年校庆

　　物理老师张佩瑚是有经验的先生，他从真空放电、电子、射线一直讲到放射性现象，把 19 世纪末 20 世纪初物理学的革命描绘得非常生动[1]。

　　"生动"，连同洪朝生、谢家麟所说的"清楚""引人入胜""条理分明""深入浅出"，准确地描摹了张佩瑚的授课风格和授课艺术，体现了他高超的授课水平。这对洪朝生等人的影响是深刻而长久的，不但使他们获得了宝贵的物理学知识和技能，而且成为他们未来物理教学和科研工作的重要基石，使他们受益终生。

　　在整个高中阶段，洪朝生各科成绩都很出色，尤其是物理成绩，几乎无人能出其右。以致使同学们发出这样的声音："我不知道为什么上帝造人如此的不平，你能得天独厚以最幼的年龄而有最优的成绩。"[2]

　　洪朝生是一个求知欲非常强的人，慢慢地，他已不满足课本上的知

---

[1] 谢晓云：我的青年时代阅读题。江西教师网站，2013-10-08。
[2] 霍本美给洪朝生的留言。1936 年，未刊稿。资料存于采集工程数据库。

识，他只把它当作向新的高度攀登的阶梯，阅读物理读物成为他的最爱。"那时读到爱丁顿、金斯的科普著作译本，使我对宇宙的神秘入了迷。"除了上课、写作业、吃饭、睡觉外的大部分余暇时间几乎都用来阅读近代物理、天文之类的小册子①，并从此养成了只要有时间便读书，特别是读物理书籍的习惯，在自然科学知识的海洋里遨游，在物理学的天空中翱翔成为他最惬意、最陶醉的事情。阅读课外书籍也培育了洪朝生的思考习惯和自学能力。他爱读书、会读书、爱思考、善琢磨，对于物理现象、物理原理、物理定律，不仅仅满足于记忆、理解、应考，而更喜欢探究知识点之间的区别、联系以及可加以开拓的空间。在他看来，"自学"和"把原理思考得比较透"是课堂教学往往达不到的，是向自己确立的目标前行所必不可缺的重要能力和必要条件。

也正是因高中学业成绩特别是物理成绩的优异，洪朝生"便打了主意，要做物理学家，探求宇宙的秘密""那是为人类求真理，提高国家地位，因此也是有用的"②。他崇拜那些有重大物理学发现，并将已名冠于原理、定律、公式、方程、物理现象之前的大科学家，并憧憬着或许将来某一天，也能成为那样的科学家。这个宏伟的目标、远大的理想，激荡在青年时代的洪朝生的热血中，放飞了他的物理梦。为了这个理想，他可以以常人所不具备的毅力、勇气去面对各种困难和挑战，而理想目标之外的一切都可以舍弃、都可以不顾。然而，洪朝生也许没有意识到，那条看似铺满鲜花的道路，实际上更多的是荆棘、是坎坷，尤其是在他所处在的那个时代的中国。

在"一二·九"运动的洪流中

汇文中学同时也是一所具有光荣爱国传统的学校。洪朝生升入高中三年级后不久的 1935 年年底，在中国共产党的领导下，北平爆发了著名

---

① 洪朝生：历史材料。1950 年，未刊稿。资料存于采集工程数据库。
② 同①。

的"一二·九"抗日救亡运动。就在运动爆发的第二天，汇文中学成立了非常时期学生会，在会长邓力群（学名邓声喈）、副会长李长揖的领导下，全校罢课，投入了抗日救亡运动之中。罢课后没几天，北平学联秘密通知汇文中学学生会决定于12月16日举行大游行、大示威，以抗议国民党政府镇压和逮捕学生、成立"冀察政务委员会"。

12月16日早餐后，汇文中学非常时期学生会在学校二楼东边大教室召开300多人的动员大会。

> 首先由会长邓力群做了简短的动员报告，随后又有洪朝生等几位同学发表了慷慨激昂的演说。会场上群情振奋，全体同学爱国热情高涨，一致同意参加游行。散会后到楼下整队，同学们四个人一排，臂挽着臂，高呼着口号，浩浩荡荡冲出了校门。①

游行队伍不顾警察的阻挡，沿着城墙向南、向西行进，边高呼口号，边进行宣传，引起了市民的注目和同情。队伍行进到和平门大街师范大学门前，被警察、宪兵、保安队100多人堵住路口。同学们一面向他们宣传，一面想冲过去，相持了一段时间后，身背步枪、手拿大刀、全副武装的保安队动手。洪朝生清楚地记得，他们拔出大刀，"用刀背砍学生，逼着你向后退"。一开始警察并没动手，宪兵也持中立态度。保安队一动手，警察也开始用皮带打学生。这样一来，就把汇文的队伍打散了。

洪朝生在"一二·九"运动中的表现给同学们留下了深刻印象。汇文中学的同学曾以"小英雄大声疾呼"和"与水龙大刀斗了几番"来形容他在动员大会上的演说和与警察、宪兵、保安队斗争时的英勇。②

在谈到"一二·九"运动及其对自己的影响时，洪朝生说道：

> "一二·九"学运时，我在读高中三年级，对于冀东自治和接着酝酿的华北五省自治感到时事危急。那时的看法主要是要求立即抗

---

① 王振乾：百十周年庆汇文.《文史资料选编》，1985年第24辑，第177-217页。
② 李宗熹给洪朝生的留言，1939年7月20日。未刊稿。资料存于采集工程数据库。

日，对蒋介石有个模糊的反感：不肯抗日，在北京迫害了很多学生。[1]

汇文中学参与"一二·九"救亡运动也使我对中国社会和革命动向有所认识，知道社会责任感是做人的根本，这使我受益终生。我十分怀念汇文的育人环境和师友们。[2]

---

[1] 洪朝生：历史材料。20 世纪 50 年代，未刊稿。资料存于采集工程数据库。
[2] 洪朝生：手稿散页。约 20 世纪 80 年代，未刊稿。存地同[1]。

第三章
国破大学在

清华大学：选系与转系

1936年9月，洪朝生如愿考取北平国立清华大学。

洪朝生报考清华的志愿确定后，面临的第一个问题就是选择专业。在怀揣"物理梦"的洪朝生眼里，物理专业是他的不二选择。因为父亲自20世纪30年代初调入陇海铁路工程局以后即长年居住在外，所以洪朝生报志愿时便毫不犹豫地在专业选择栏中写上"物理"。录取通

图3-1 洪朝生清华大学（西南联合大学）学籍卡

知书下来后，父亲得知这一消息，提出了明确的反对意见。因为洪观涛是学工程出身，他认为"中国不需要纯粹科学，要的是工程师把国家建设起来"①。他甚至表示，儿子读物理专业也可以，但是不提供任何费用。对此洪朝生十分沮丧。好在洪朝生的父亲在留法期间结交了不少朋友，其中一人名叫郑朗昭。他家离洪朝生家很近，关系也非常亲近。洪朝生找到郑朗昭，把情况一五一十地说给他听，并请他出主意。郑朗昭在了解了清华工学院的几个专业后，提出了一个折中方案："在这几个专业中，电机工程专业距物理专业最近，报电机专业既不违拗父命，也可满足你学物理的愿望，这样好不好？"

新生报到的那一天，洪朝生找到电机工程系主任倪俊，把自己的情况做了说明，看过洪朝生的成绩单，倪俊很爽快地答应了。于是洪朝生便进入了电机工程系。当时，清华大学一年级的学生是混合上课的，并不像今天分得那样细。由于洪朝生高中阶段打下的良好基础，他对大学一年级的课程感到很轻松，但对于未能入物理系终究还是怀有几分遗憾。

其实，洪观涛当初说入物理系不给钱也带有情绪化的成分。洪朝生当时并不知道，他姐姐回西安时向父亲讲述了弟弟未入物理系的失落和苦闷时，父亲的口气缓和了许多，态度也有了明显转变。姐姐回京后把父亲的意见转告了弟弟，洪朝生兴奋至极，他决定尽快找物理系主任吴有训，把他的专业再转回物理系。

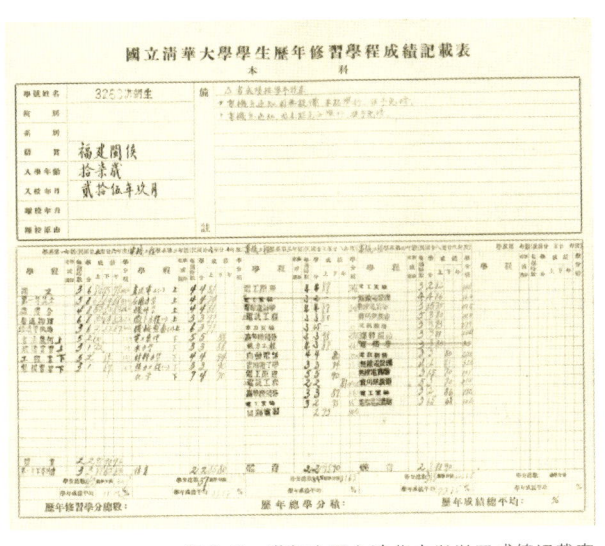

图 3-2　洪朝生国立清华大学学习成绩记载表

---

① 洪朝生：历史材料。1950年，未刊稿。资料存于采集工程数据库。

1937年的一天，洪朝生看到清华物理楼前的台阶有人进出，他好奇地走过去，在一间实验室窗前看到赵忠尧正在做中子共振方面的实验，他便推开门径直走到赵忠尧身边。赵忠尧当时神情十分专注，并未介意身边这个年轻人。洪朝生仔细看了一阵，就悄悄地退出房间。从楼门出来时，正碰见吴有训在外面站着，于是他鼓起勇气走上前去。吴有训觉得时值学期中间，转系似乎比较麻烦，便说等开学时再议[①]。

或许是因为吴有训事务繁忙，抑或是由于抗日战争形势日益急迫，此事竟无下文，他也不好意思再次找吴有训催促，就这样阴差阳错，入物理系的愿望最终没能实现。及至抗日战争爆发后，他已打消了重回物理系的念头，就想"就此安心读工程罢，读物理也觉得是太不顾国家的需要了。"[②]

洪朝生在清华校园上了两个学期的课。当时普通物理使用的教材是萨本栋编写的。第一学期由吴有训代课，第二学期由萨本栋授课。

萨本栋和吴有训两位老师对于学生的要求是十分严格的，尤其是吴有训，他要求学生从细微入手，最反对学生粗枝大叶和不求甚解。在同学的记忆中，就有这么两件事。一次物理课上，吴有训讲势功原理和用势功原理来解题，他讲得比较简单，下一堂课就测验。他出了几个题目，其中一个题目标明要用势功原理来做。结果绝大多数同学得数都对，但并没有按题目要求去做，吴有训随即都给打了零分，得零分的同学包括屠守锷、沈元，当然也包括洪朝生。但只有一个人是按要求正确做出的，那是个女生，名叫汪瑾。在试卷分析课上，吴有训讲只有汪瑾做对了，并对汪瑾点头赞许，同时要求学生不仅要会做，还要掌握不同的方法。

另外一件事是物理实验课上，他强调大家做完实验后一定要关水、关煤气、养成好的习惯，以保证实验室安全和学生的人身安全。结果一位同学马马虎虎，做完实验后没有关煤气。吴有训很生气，点名批评了这位同学，同时告诫他以后再这样就不允许进物理实验室。而这位同学也真是马虎，在稍后的实验课中又一次忘记关煤气。结果吴有训真的不让他再到

[①] 洪朝生访谈，2013年10月10日，北京。资料存于采集工程数据库。
[②] 洪朝生：历史材料。1950年，未刊稿。存地同①。

实验室。不到实验室做实验，实验课就不能及格，实验课不及格就不能参加物理考试，物理考试没有成绩就不能在物理系学习，也不能在工学院学习。后来这位同学只好转到数学系去了[①]。当时清华大学的管理严格由此可见一斑。

自 1937 年 6 月学校放暑假离开北平后，直至 1951 年年底回国的 14 年间，洪朝生一直没有回过清华园。一年的时光是短暂的，但留给他的记忆却是深刻的，他对清华园始终怀着浓烈的依恋之情。2007 年，洪朝生的几位老同学的下一代——史国衡的儿子史际平、杨式德的儿子杨嘉实、陶葆楷的儿子陶中源在编写《家在清华》一书时找到洪朝生，请他为该书写几句话，他深情地写道：

这里有许多往事的记录，可这些往事留下的印痕将镌刻在清华百年历史中。——洪朝生[②]

延安，未能成行的遗憾

洪观涛自 1930 年年初入陇海铁路工程局后，相当长一段时间与家人两地分居，后为生活便利，遂在西安中正门崇礼路东段购得一处临时寓所，夫妇二人栖居于此，直至 1938 年调往广西越南铁路工程处才搬离。1937 年暑假，洪朝生回西安家中看望父母。

1937 年 7 月 7 日夜，震惊中外的卢沟桥事变爆发。事变发生后，号称全国文化中心的平津地区为战火所笼罩，清华大学、北京大学、南开大学三校遭敌践踏，损失惨重。随着战事扩大，8 月，国民政府教育部"为使抗敌战区内优良师资不至无处效力，各校学生不至失学，并为非常时期训练各种专门人才以应国家需要起见"，决定选择适当地点筹建临时大学若

[①] 吴大昌访谈，2014 年 4 月 24 日，北京。资料存于采集工程数据库。
[②] 史际平，杨嘉实，陶中源：《家在清华——百年寻梦忆归人》。济南：山东画报出版社，2008 年。

干所。8月28日，国民政府教育部分别授函南开大学校长张伯苓、清华大学校长梅贻琦和北京大学校长蒋梦麟，指定三人分任长沙临时大学筹备委员会委员，三校在长沙合并组成临时大学。长沙临时大学的建立是全面抗日战争形势下催生的产物，三校南迁从一开始便有保存国家文化、维持民族命脉、以期日后复兴教育的使命感。

早在1935年北平局势日益危急之际，为防止突发的不利情况，清华当局即已秘密预备将学校转移至湖南长沙，学校拨巨款在长沙岳麓山山下的左家垅动工修建一整套的校舍，预计在1938年年初即可全部完工交付使用。1935年冬，清华大学又从清华园火车站，连夜秘密南运几列车图书、仪器等教学研究必需品到湖北汉口暂时保存。由于之前清华大学所建立的校舍未完工，故1937年10月长沙临时大学开学时，校址位于长沙韭菜园，主要租借湖南圣经学校和涵德女校，另有湖南省政府拨给的原清朝军队的49标营房。理工大学暂设在岳麓山下，"实际是在湖南大学借读"①。

1937年10月，洪朝生接到校方复课通知，并于10月14日动身离开西安，经郑州、汉口于10月18日到长沙临时大学报到。10月25日长沙临时大学正式开学，11月1日三校学生正式上课，这一天后被定为西南联合大学校庆日。

长沙临时大学在抗日炮火中诞生，决定了其办学宗旨为抗日战争服务。为适应抗日战争需要，临时大学采取了军事性的建制。在着装方面，学生们统一身着草绿色的大衣，制服与棉大衣的领上有两个铜质的"临大"领章，制服统一配有胸标。胸标正面印有"国立长沙临时大学军事训练队第×××中队学生

图3-3 1937年在湖南长沙临时大学的洪朝生

---

① 洪朝生：历史材料。1968年，未刊稿。资料存于采集工程数据库。

×××"字样；背面印有"亲爱精诚、团结奋勇、完成革命、雪耻救国"的训词，中央盖有张伯苓的印章。训词上方标有学生军事训练编号，洪朝生当时编号为1127号。在管理方面，三校师生学生一律编组成队，军事管理，全体住校，每天升旗降旗，甚至睡觉的位置都按照军队中编制的次序。学校将军事训练列为学生的必修项目，任命张伯苓为军训队队长兼学生战时后方服务队队长。此外，在课程方面也增设了一些应时事所需的新的课程①。

长沙临时大学的教学条件极其简陋，生活条件特别是住宿条件非常艰苦。湖南省政府拨给的49标营房用来作为男生宿舍，该建筑为旧式的木板楼，年久失修，一人走动，全楼皆动。同学们开玩笑，自称"标客"。底层比较潮湿，排满双层木床，光线尤其暗淡。楼上光线稍好，学生一律睡地板，下起雨来，多处漏水，只好在被子上蒙块油布，枕畔支柄油纸和竹骨做成的雨伞，方能入睡②。

11月1日，三校师生正式上课的当天，校方邀请了一批社会名流来校讲演，其中包括湖南省政府主席张治中、大公报总编张季鸾、八路军驻长沙办事处负责人徐特立等。徐特立等人多次应邀在临时大学圣经学校广场、长沙银宫电影院、长沙第一师范等处公开演讲，主讲国内形势和中国共产党的抗日主张，此外还通过座谈会会见中外记者、开展社会联谊活动、公开发表文章等途径，积极进行抗日救亡宣传。

洪朝生和同学们在圣经学校广场亲耳聆听了徐特立等人的讲演，情绪激昂，热血奔涌，民主圣地延安像磁石一般吸引着他们，令他们心驰神往。1937年12月，南京大屠杀惨案发生后，学校1000多名学生举行抗日誓师大会，"很多同学都无心读书，纷纷离校，有的去陕北，有的去国民党的战地服务团和交辎学校、无线电训练班等。"③洪朝生和另外两位同学（洪朝生在接受我们采访时，一再强调不要写出他们的姓名，

---

① 高翔宇，蔡洁：国立长沙临时大学与抗日战争时期湖南教育界述论．《兰台世界》，2012年第31期，第51页。
② 文海云：慢阅读：回望曾经的长沙临时大学．大湘网站，2013-09-10.
③ 洪朝生：历史材料．1968年，未刊稿．资料存于采集工程数据库。

为尊重起见，隐去姓名）也议论去哪里为好。经商议，三人一致表示要去陕北延安。1937年年底，临行前的一个晚上，他们的思想发生了动摇。动摇的原因，洪朝生坚持认为主要责任在自己，"在三个人里面，表现的最积极的是我，同时最动摇的也是我""下不了决心去陕北过艰苦的新生活"①。

　　临行前的怯懦使洪朝生极为愧疚和懊恼，他痛恨自己的言而无信，而在他眼里，这简直是不可饶恕的恶行；他甚至大骂自己是"废物"，怎么一到关键时刻就畏缩不前了呢？在随后的一段日子里，他食不甘味、夜不安寝，既矛盾，又痛苦。经过反复的思想斗争，他决心重新鼓起勇气。1938年1月的一天，他把自己的行装打理好，肩扛手提地踏上了西去的列车。火车到达郑州，需要换乘，他走下车厢经过郑州站天桥时，正好碰见从西安来的清华同学李宗熹和几位香港来的华侨学生，李宗熹等人告诉他没有办法穿越封锁到陕北去，洪朝生的心里像被浇了一瓢凉水，既失望，又沮丧。无奈，只好又拖着重重的行李掉头返回长沙。

　　对于这一段经历，李宗熹后来曾以评书式的语言，绘声绘色、亦庄亦谐地加以描述：

　　　　一天黄昏的时候，来到四院邹二爷的房间，遇见一位小英雄，修长的身子，架着一副深深的脱拉克，坐在床沿，目光炯炯，若然有介事！经二爷的介绍，才知道这小英雄姓洪名朝生，福建闽侯人氏，幼年随府北上，住京北多年。少有大志，从良师益友，学得满身技艺，十八般兵器，无一不精，所以过关斩将，无城不克。

　　　　又据二爷表示，这小英雄眼光远大，意志非凡。早年倭寇南下，组织冀察政权，人心惴惴不安，小英雄大声急（疾）呼，与水龙大刀，斗了几番。

　　　　话说春去秋来，年头变了，各家英雄，计议出征，纷纷离开长沙。时坦克不达西天而返，路遇郑州，再遇小英雄，单刀匹马，精神

----
① 洪朝生：历史材料。1968年，未刊稿。资料存于采集工程数据库。

斗斗。当话西去之艰险，乃共颓然返。风霜雨露不止一日，又到三湘之滨。不久又分道扬镳，远走三迤，会于昆明，时已岁次乙卯，"温风至，蟋蟀居壁，鹰始鸷，腐草为萤"，坦克又要转移阵地了。谨留数语，共勖来年。

宗熹涂于昆师，一九三九．七．廿①

向昆明进发的"湘黔滇旅行团"

长沙临时大学仅存在了一个学期。随着长江沿线作战失利，南京陷落、武汉告急，战争形势日益紧张，日军突袭长沙的次数不断增加。学生宿地49标营房也曾遭到日机的突袭轰炸，衡山湘水渐渐充满火药味，人心开始浮动。至1938年1月初，不仅学生已无法安心上课，就连本来很严格的军事管理也松弛下来。

这一局面，迫使长沙临时大学当局不得不考虑再次搬迁，在迁往桂林计划作罢后，目标锁定了远离战争威胁的西南大后方的春城昆明。

长沙临时大学师生赴滇路线主要有两条。一是沿粤汉铁路到广州，到香港乘船至越南海防，再由滇越铁路经蒙自抵昆明，绝大部分教师及眷属、体弱不适于步行的男生和全体女生走这条路线；另一条

图3-4 1938年湘黔滇旅行团第二大队一中队一分队在行军途中（前排左起：王宗炯、洪朝生、王乃樑、蔡孝敏、王洪藩、吴大昌、高功仕；后排左起：何广慈、林宗慈、赵泽丰、白祥麟、许安民、刘全旭、陆智常）

---

① 李宗熹给洪朝生的留言，1939年7月20日。未刊稿。资料存于采集工程数据库。

路线即步行入滇路线，近300名同学和11位教师以及3名随团医生、若干名临时招募的雇工伙夫等约335人踏上这条由湘西经贵州至云南昆明的征途。起初，大家将步行入滇的组织称作"步行团"，后经长沙临时大学决定，改称"湘黔滇旅行团"，似乎有意添加相对轻松的色彩。

人数众多的队伍，复杂的自然条件和社会环境，时长路远的艰辛跋涉，组织起来实属不易。学校当局对其组织实施极其重视，布置十分周密。2月7日、8日两天，学校对全体男生进行体格检查，对于身体不好者要求一定走海路。洪朝生体检合格并获"甲种赴滇就学许可证"。在保证旅途安全方面，校方也想尽一切办法。湘黔滇之途最为担心的是常有土匪出没的湘西地带，为了顺利通过湘西，学校请湖南省政府指派一位熟悉湘西情况的人为旅行团开道。张治中委派了军委会参议黄师岳中将担任湘黔滇旅行团团长。旅行团采用的是军事组织形式，团本部由长沙临时大学军训教官毛鸿上校任参谋长；下设两个大队，大队长由另外两位教官邹镇华、卓超中校分任；每大队又设三个中队，每中队有三个小队，中队长、小队长由同学担任。学生行军时统一着装，装束沿用临时大学军训时由湖南省政府定制的军服，其中包括两套草绿色制服、帽子、皮带、绑腿和一件黑色棉大衣。湘黔滇旅行团中还有11位自愿随团步行的教师，包括黄钰生（黄子坚）、闻一多、李继侗、曾昭抡、袁复礼5位教授，学校请这11位教师组成辅导团，由南开大学教务长黄钰生任主席。在后勤保障方面，校方想尽办法搞到两辆卡车用来装载行李、器材、炊事用具和食品，以减免学生荷重行军之苦。此外，对旅行团的行程也做了周密的计划安排，除步行外，也安排部分路段乘车或乘船。

图3-5 1938年国立长沙临时大学湘黔滇旅行团臂章

2月19日下午，湘黔滇旅行团在圣经学校广场举行开拔仪式。仪式结束后，团员们在全副戎装的教官率领下身着军装，佩戴"临时大学湘黔滇旅行团"臂章，打着绑腿，背着水壶、干粮袋、搪瓷饭碗和自购的雨伞，整队至中山西路西端的湘江边，至此开始了行程3000余里、历时 68 天的长途跋涉[①]。

洪朝生当时编入湘黔滇旅行团第二大队第一中队第一小队，他所佩戴的湘黔滇旅行团臂章上的标号为 142 号。出发时，洪朝生的情绪并不是很高，"如我就是在长沙时缺乏勇气投身抗日战争前方，有些懊恼地只好决定随校迁滇继续学习"——他还没有从未能实现的延安之行中解脱出来。

4 月 28 日，旅行团胜利到达昆明，受到梅贻琦校长等校方领导和通过海路和其他路线先期到达的师生们的热烈欢迎。湘黔滇旅行团全程实际里程为 1663.6 千米，除去途中休息、天气阻滞及以车代步外，实际步行 40 天，平均每天步行约 32.5 千米。

洪朝生对于湘黔滇旅行团的评价，可以从他在致函《中国教育史上的一次创举》主编时袒露心迹的一段话得到一个比较明晰的说法：

> 我只是觉得几十年来国内存在一种文风，至今未扭转，特别是在报纸上，即按某种观点写应景文章……
>
> 旅行团一举也是很有益的事，让大学生（多数的家境本是较好的）接触一下祖国的贫苦地区的自然与社会是有益的。一些有心的教师、学生还沿途作了各种考察。但我想，这并不是一个艰险、磨难的历程。轻装徒步，自由地沿公路走下去。吃得不错、睡得好。开头几天脚打泡，过不久也就习惯了穿草鞋走路。有的文章就描绘过分了。其实我们一般是早餐后列队出发，但走不多远队伍就散开了，三五成群各按自己的速度前进。如果中午有开水站，或遇到小河边，大家也会自然地聚一下，但也不再重新排队行进……
>
> 啰唆一通，只是希望您不要一面倒、拔高。
>
> 祝暑安
>
> 洪朝生 97/7/27[②]

[①] 闻黎明：长沙临时大学湘黔滇"小长征"论述.《抗日战争研究》，2005 年第 1 期，第 11-15 页。

[②] 洪朝生：洪朝生来信。见：张寄谦编，《中国教育史上的一次创举——西南联合大学湘黔滇旅行团纪实》。北京：北京大学出版社，1999 年，第 303-304 页。

他字里行间流露出对时下宣传工作中对某些人与事的溢美、拔高做法颇有微词，似乎也透射出一点"湘水黔山只等闲"的豪迈。

然而豪迈归豪迈，毕竟当时的洪朝生只有17周岁，长途跋涉、风餐露宿，长达两月有余，还是有些吃不消。队伍进入昆明、行至圆通公园（欢迎湘黔滇旅行团到达昆明的主会场）前时，他突然眼前一片漆黑，随即晕了过去。校方连忙组织人员把他送到医院，过了好一段时间才苏醒过来[1]，以致后面的庆祝活动——黄师岳团长——点名并将花名册郑重交给蒋梦麟，梅贻琦讲话并宣布湘黔滇旅行团的任务已经完成等——未能亲历，这不能不说是一个小小的"遗憾"。

关于湘黔滇旅行团的意义，许多著述论述备矣。这里仅摘录与洪朝生同行的好友丁则良在1938年5月1日写给洪朝生的一番话，因为其时距旅行团到达昆明仅过三天，最能反映团员们当时的真切感受。

> 我和朝生同于民国二十七年二月二十日参加湘黔滇旅行团，步行入滇，于四月二十八日到达昆明。这次旅行在中国历史上是空前的事。对我和朝生而言，也是一生中最可纪念的活动。现在旅行结束，百感交集愿抒一二，质之吾友：
>
> 第一，我们从这次旅行应该认识到国家经济建设的伟大。要知道在几千年相沿不变的农野上，刻划上一道现代化的公路，行驶着最新式的汽车，是开发西南，建设中国最基本的工作……第二，我们从这次旅行应该看出中华民国的统一已是抗日战争建国过程中不可动摇的铁则……第三，我们从这次旅行应看出国家需要人才是个千真万确的事实。无数的人民还在度着中古时代的生活，那些鹑衣百结，面有菜色的情形将在我们脑海里永留下不可磨灭的印象。无尽的宝藏还埋藏在地下，在山中，在洞里，无比的洪亮的声音在昭示我们，等候我们，我们是何等骄傲，来敬谨接受这光荣的使命，朝生是学工程的，更当及早立志，参加国家建设，尽到自

---

[1] 洪朝生访谈，2014年6月27日，北京。资料存于采集工程数据库。

己的责任。

春天到了,是时候了,一切都要开始了。听!从寂寞的桃花源,从荒凉的沅水,从贵州,从一切蛮夷的荒地,伟大的声音已经发出来了。这是圣洁的启示,让我们开始那更辽远的途程罢!

一九三八年劳动节日 丁则良[①]

烽火中的西南联大

清华大学、北京大学、南开大学三校师生会聚于昆明后,4月,奉国民政府教育部令,临时大学改名为"国立西南联合大学"(以下简称"西南联大"),由此也可以看出当局已意识到抗日战争的长期性。西南联大于1938年5月4日开始上课,直至1946年5月4日宣

图3-6 1938年5月洪朝生参加国立西南联大军训时佩戴的胸标

告结束,整整运作了8年。此间,学校的最高行政机构是校务委员会。三校校长为常务委员,因蒋梦麟、张伯苓身兼他任,所以实际负责校务者是清华大学校长梅贻琦。

战前三校仅有清华大学有工学院,南开大学只有化工系。西南联大成立后将化工系并到工学院,故当时工学院有四系,即机械系、电机系、土木系和化工系。战时倡导航空救国,西南联大奉命将机械系航空组划分扩大,于1938年秋成立航空工程系。1939年,电机系又附设电讯专修科,学制2年,培养抗日战争时期急需的电讯人才。

西南联大电机系(原清华大学电机系)成立于1932年秋,首任系

[①] 丁则良给洪朝生的留言。1938年5月1日,未刊稿。资料存于采集工程数据库。

主任为顾毓琇。因顾毓琇和李郁荣教授同为麻省理工博士，故从教学宗旨、教育制度、课程设置直至教材选择等各方面都采用了麻省理工电机系的模式。因此，电机系初期的课程特点为重视理论基础，理论课程占相当大的比重；比较注重实验与教学实习，其分量比当时国内同等系科要多些。建系时分电力和电讯两组，电力组以发电、输电、配电工程和电机设计及制造为主，电讯组着重电报、电话及无线电工程、电讯设计及真空管制造等。建系之初，电力和电讯两方面的各类课程约 45 门。因 1935 年清华电机工程馆落成后，建立了电机、高压、电机制造、电车等一系列实验室，向美、英、德等国购置仪器设备，所以电机系的实际条件当时在国内居于先进地位，丰富的教育资源和严格的要求使得教学质量甚优。

而战时的西南联大办学条件已一落千丈。

> 联大经费之来源，系北京大学、清华原定经费之四成，及南开应领教育部补助之四成拨充，合计每月不足八万元。在开办之初，幸得管理中英庚款董事会及中华教育文化基金董事会之补助，图书、仪器稍稍填购，但因外汇价涨之故，所能够得者，质量均尚差甚多。至建筑费则系以中基金会补助费之一部，即三校节余之款，凑合共得二十万左右。当此工料均贵之际，联大建筑之力求简单，一因符合抗日战争节约之旨，而亦因经费所限，不得不然也。①

梅贻琦这番表述，清晰地描绘了当时学校经费窘迫的状况。联大当时图书仪器十分缺乏，教学设施更是简陋不堪。校舍大都是或租或借各地在昆明的会馆和城外的一些中学的校舍，教室多是铁皮屋顶，学生没有课桌，每人只有一把椅子，椅子右方有一状似火腿的平面，用来放置讲义和笔记本用，故称"火腿椅"。学生宿舍大多是砖木墙、茅草顶的平板房。当时，工学院设在昆明市拓东路路北相邻的三座会馆里，中间的迤西会馆

---

① 梅贻琦：《梅贻琦自述》。合肥：安徽文艺出版社，2013 年，第 60-61 页。

改建成教学区，西邻全蜀会馆是实验区，东邻四川会馆是学生宿舍区。刚入校时，洪朝生等人住会馆大殿，殿内密密麻麻地住了几十位学生。1939年秋宿舍搬至盐行仓库，也是几十人同居一室。学生食堂也十分简陋，里面摆放许多饭桌而无坐凳，学生大都站立就餐，而伙食则是糙米饭和少油缺肉的水煮菜。因当时英文教科书不易购得，许多教师往往是讲什么课就编什么教材。图书馆在望苍楼，藏书不多，期刊也往往延迟几个月才到，但看书和自习的同学却很多。

工学院课程编制的原则大体上是一年级为共同必修课，二、三年级是有关工程学的基础课和本学院（系）的技术基础理论，到四年级才开始分组学习几门专业的技术课程。洪朝生入西南联大后，先是经历了一个多月的军训，军训结束后进入三年级。课程有电工原理、电讯工程、电报电话、自动电话、实用电子学、热力工程及高等微积分等，相关课程由倪俊、章名涛、赵友民、朱物华、赵访熊、钟士模等人授课。这一时期，洪朝生对高等微积分产生了浓厚兴趣。他记得，当时的高等微积分由赵访熊授课，他讲得很有意思，洪朝生在下面也下了一番功夫，所以成绩一直很好，这为他日后的科研生涯奠定了良好的数学基础。

1939年夏，洪朝生到昆明昆湖电厂实习了6周，这也是工学院所规定的一项重要教学内容。9月，升入四年级，进入了电讯组，学习方向逐渐侧重无线电工程。这段时期，他的授课老师除了前面说过的一些人外，还增加了范绪筠等人。正是从这时起，他和范绪筠有了长达十年的密切接触。

关于西南联大的学习与生活，洪朝生的一段记述很能表达他当时的状态和心境：

> 到昆明后，开始身体不大好，又懊悔在长沙时荒废功课，既然没有决心到陕北去，就安心读书吧。初到昆明半年，课外活动很少。昆明那时大约没有多少战争气氛，我的生活也很安静。经济还是由家里供给，没有感到压迫。功课渐渐不大注意了，虽然还跟得上。常打球，看电影，看些课外的书，小说之类。成功的遐想很多，作

科学家、体育家等。但自己也晓得是在空想，并没有踏实做事的决心。空想后跟着便是对自己的谴责，心情并不是轻松、自信的，要求严肃一些的生活也都是一天半天的决心。那时看了屠格涅夫的《罗亭》，心里很惊慌自己将就是空想一辈子，看不出前途。那时对于踏踏实实地去作一个工程师是看作没有前途的①。

图 3-7　1938 年洪朝生（前排左一）与部分同学在云南昆明街头合影

至于说学习成绩"还跟得上"，除去洪朝生自谦的成分，做到这一点也是很不易的。工学院的教学管理是以严格出名的，教学注意平时、注重练习，学生平时考试成绩约占总成绩的 40%，平时练习占 10%，期末考试占 50%。诸多的课程、频繁的考试亦十分严格，因考试难以通过，造成有些同学毕不了业。西南联大倡导理工会通、通才教育，基础课和专业课均对学生有很高的要求。然而，正是由于如此近乎于苛刻的严格，使学生受到扎实的科学训练。工学院毕业生当中的许多人后来成为我国新兴领域的开拓者和领军人物，能够领导大型项目的总体设计规划，这与他们严格的基础训练、科学的思想方法、不畏艰险的意志品质和开阔的眼界有很大关系。

---

① 洪朝生：历史材料。1950 年，未刊稿。资料存于采集工程数据库。

做科学家还是做工程师，是洪朝生的一个困惑。"是探索自然奥秘抑或是做直接有用的事，这个问题在我并未就此（指前文所述选系与转系之事）解决（而且一直伴随我进入老年）。"① 如尊其意愿，他无疑会选择前者。在西南联大期间，他依然艳羡"联大物理系的学术熏染"。

在西南联大期间，他的兴趣也更加广泛。他迷恋上了古典音乐，尤其喜欢贝多芬和巴赫的作品。以及至后来在西南联大做助教时，听音乐唱片似乎进入"痴迷"状态。昆明电台收有很多古典音乐唱片，他常通过好友借来欣赏，这成为他终生爱好。1997年，洪朝生在与西南联大好友王勉通信时，谈到晚年对音乐的感悟："有时觉得只想听贝多芬的晚年四重奏和钢琴曲，再听一下他盛年时激荡的乐曲时又会觉得激动。我只是觉得贝多芬与巴赫对我就够了……"② 看来，他真是读懂了音乐。

课余时间的另一个爱好便是读书、看报。当时的西南联大各类报纸，包括观点截然对立的《中央日报》和《扫荡报》并陈，他更喜欢阅读《扫荡报》，因为当时进步学生对政府当局并无多少好感。西南联大的壁报办得也很有特色。由进步学生创办的《群声》《引擎》等生动活泼、内容丰富。刚入学时，他还读过恩格斯的《反杜林论》，但卡在开头的"世界范畴"之类的争论上，一直看不懂、看不下去。

> 到了50年代，看了恩格斯的其他著作《论住宅问题》《家庭、私有制和国家的起源》等觉得通俗易懂，这才重新拿起《反杜林论》，跳过前两章，直接看下去。真是相见恨晚，我现在看世界的波折变化还是依据他介绍的历史唯物观。

1940年6月，洪朝生结束了两年多的西南联大学习生活，获得工学学士学位。西南联大的学习生涯对他来说，是人生中的一段重要经历和一笔宝贵的精神财富。

---

① 洪朝生：洪朝生自述。见：中国科学院院士工作局编，《中国科学院院士自述》。上海：上海教育出版社，1996年，第153页。

② 洪朝生给王勉的信，1997年2月4日。资料存于采集工程数据库。

教学相长的助教生涯

1940年联大毕业后，校方希望洪朝生留校任助教，可他对于三年来的学校生活并不满意，想换个地方做一种新的尝试，也希望就此结束多年来对家庭经济上的依赖，过一种独立的生活。也正是在这一年，停办多年的公费留学考试得以恢复。

> 父亲一向准备送子女留学，抗日战争后经济上没有这能力，便鼓励我考留学。才毕业时我没有信心去考，也不着急去，感觉到出国是深造，自己大学的几年没有好好读书，不妨再在国内多学习点再说。①

当时昆明招人的单位比较多，除在西南联大做助教外，还有昆明广播电台、长途电话局以及中央无线电厂等。可此时的洪朝生一心想离开昆明、离开学校。恰巧重庆国际广播电台到学校招人，他报名后被顺利录用。他当初挑选重庆国际广播电台的想法很简单，一是两个姐姐都在重庆任教，可以更多地感受亲情，彼此间也有个照应，二来可以有更多的时间学习物理学，以便为留学深造创造条件。

1940年10月，他和另外两位西南联大同学一起进入重庆国际广播电台，做助理技术员。电台位于沙坪坝区小龙坎，时属国民党中宣部广播事业管理局。电台的工作是极其枯燥乏味的，值班除了开停机器、倒行、记录、排除故障外，别无他事，倒也落得清闲。于是他"值班的空闲时间，都是在读物理，虽然那时还没有明确的要回到物理学来"②。那段时间他读过的物理书籍中有金斯所著的《电磁学理论》，这本书把复杂的原理讲得很引人入胜，对其日后从事教学和研究有很好的帮助③。

---

① 洪朝生：历史材料。1950年，未刊稿。资料存于采集工程数据库。
② 同①。
③ 洪朝生：历史材料。1968年，未刊稿。存地同①。

1941年1月,"皖南事变"后,国民党政府出于政治目的,对事变真相和新四军、叶挺将军做了连篇累牍的歪曲报道。值班中的洪朝生越听越气愤,故意调低输出高压以达到影响播出效果之目的。

现实无情地击碎了洪朝生当初的想象,他对值班生活由无聊进而发展到厌恶,觉得与这里相比,还是西南联大的学习条件更好一些,他打定主意回西南联大,并于7月重返昆明,回到电机系,从此开始了长达四年之久的助教生涯。

时隔一年后重新回到西南联大,学校的学习氛围和年轻学子对留学的向往给了他很深的感触。

> 学校中留学风气很盛,助教堆里几乎是人人抱留学目的,以前几年自己茫无目的,现在总算也有了一个确定的目标。回昆明后至出国前的四年,生活便是环绕在这样一个留学的轴上,读书是很用功了。[①]

当然,读书大都是在教学之余进行的。助教工作是他的本职任务,他完成本职工作是很努力的,始终保持着学子的方正与直率,严于律己,对同学要求也很严格。谈到西南联大,通常人们只注意到教授,实际上工学院的讲师、助教阶层在教学中也起到了重要作用。因为同学接触最多的是这些人。无论答疑、讨论课、习题、实验、小考等,都是由讲师、助教来完成。当时联大电机系的讲师、助教队伍是个比较强大的集体,钟士模、陈同章、杨嘉墀、林为干、唐统一、曹建猷、姚传澄等人均在此列。讲师、助教基本上是从本校学习成绩比较优秀的毕业生中选拔录用的,他们对于保证教学质量有稳定的水平和良好学风能够持久延续起到了重要作用。

这一时期,他的"用功"更主要的是体现在一如既往地阅读物理学书籍和认真查阅外文文献两个方面。1940年后,学校的教学条件有所改善,原版外文图书、期刊比西南联大刚成立时有所增加,商务印书馆、龙门书

[①] 洪朝生:历史材料。1950年,未刊稿。资料存于采集工程数据库。

局刊印、翻印的外文教科书也不断丰富起来，这为他阅读物理学书籍创造了条件。洪朝生用功读书的动因，除前面所说的考留学外，不断充实自己、用不断发展的物理学知识武装自己也是一个重要因素。教师的职责是传道、授业、解惑，向学生传授一分的知识往往需要数倍的知识储备和积累。西南联大的学生知识基础好、求知欲望强、自由精神浓烈，往往向老师提出的问题都很有水平，甚至很"刁钻"，正如学生时代的他一样。这就有意无意地促进教师不断"充电"、终生学习，否则难免陷入"窘境"。即使有经验的老师都不敢懈怠，何况新入此道的助教，洪朝生自然深知这一点。正是从那时起，他将教学相长和学习作为终生的目标追求。

当时，西南联大的工科生对于查阅外文文献不是太重视，这一点与物理系迥然不同。洪朝生从曾在西南联大读研究生的大姐洪晶以及物理系同学那里了解到查阅文献的重要性，从而受到物理学研究方法的熏染，逐渐将查阅文献作为了解国际物理学前沿动态的桥梁和科研工作的重要手段。

当时，西南联大助教可自由支配的时间还是比较充裕的，除授课时与同学见面外，一切备课、批改作业、准备考题等都可在自己的房间里进行，完成这些功课所需的时间也并不多。这不仅为洪朝生提供了比较有利的学习条件，而且也培养了他不少个人爱好，如听音乐、看电影、看小说、体育活动等。工学院在迤西会馆后面的空地上设有篮球场、排球场以及单双杠等体育设备，他常和师生们一起打球，参加体育锻炼。这些课余活动丰富了他们的精神生活，加深了他和教师间、学生间的交流沟通，也培育了他在艰苦的抗日战争环境下积极向上的精神品质。

庚款留美和留英考试

1943 年，洪朝生翘盼已久的第六届庚款留美考试和第八届庚款留英考试终于来临。

庚款是 1900 年"庚子事变"后列强强加给我国的巨额赔款，后来美国出于自身利益考虑，"退还"本已多收的庚款，用于培养留美中国学生；之后其他一些国家也加以效仿，由此形成了一项历时近半个世纪的特殊留学活动——庚款留学。自1933年起，庚款留美考试共举行了6次，分别于1933—1936年连续举行4次，后于1940年、1943年举行两次；庚款留英考试共举行了9次，分别为1933—1939年（其中1939年因国际形势影响，无法赴英，转为加拿大留学）连续7届和1944年、1946年两届。这是民国时期最著名、也是竞争最激烈的公费留学考试，全国选拔留美留英每届20人左右。六届留美和九届留英分别录取132人和193人，总计325人。第六届庚款留美考试和第八届庚款留英考试距前一届时隔较长，竞争难度可想而知。

中美庚款留学是我国唯一一个完全针对国家需要和填补学科空白而精心设计的留学计划。庚款的留学考试严格设定留学生的研究方向，这些方向的确定非常认真，先由清华大学（洪朝生参加的第六届为西南联大）各院院长征集各系专家意见后提些建议，再由校务会议对各院的建议进行讨论和归纳，拟出选派计划，最终报评议会审议通过。评议会议决的计划还要报教育部审核通过，教育部往往征集实业部、社会部、农村部和资源委员会等有关部委的意见，对计划提出修订。例如1941年教育部曾根据社会部和农村部两部部长意见，将清华大学报送的第六届留美公费生应考学门做了修改，删掉了原计划中的英文、政治学、法律、工业经济4学门，改设医学（注重肺病治疗）、制药学、造林学和纺织工程4门。

而庚款留英的宗旨则是"要培养许多专门学者，去充实高等教育"[①]，留英学生以攻读博士学位为主，"凡国内高等教育机关成绩优良的助教及各大学毕业生之服务于社会具有特殊成绩或专门著作，可参加此项考试。"[②] 留英学生经费相对较为宽裕，学生也大都可以选择到比较好的大学去学习。庚款留英考试是20世纪三四十年代最难考取也最具吸引力的考试，历届录取人数只占报名人数的百分之几。其学科分配以理工农医为主。

---

① 朱家骅：关于中英庚款董事会成立经过及其与中国教育文化事业关系的报告。见：中国第二历史档案馆编，《中华民国史资料汇编》。南京：江苏古籍出版社，1997年，第275页。

② 邰爽秋：庚款兴学问题。南京：教育部编译馆，1935年，第120页。

洪朝生报名并先后参加了上述两项庚款考试。1943年8月，他先是参加了第六届留美公费生考试，转年2月，又参加了第八届留英公费生考试。幸运的是，他在众多考生中脱颖而出，双双被录取。一个工科生能够同时考取留美、留英公费生，这让许多同学都艳羡不已。

考试结果出来后，他面临的问题是究竟选择到哪个国家留学的问题，他比较倾向去美国，他的老师范绪筠更是以不容置疑的态度动员他到美国留学。他"接受了范绪筠老师建议，到麻省理工学院去投报诺丁汉姆（W.B.Nottingham）教授学习物理电子学"。至于留英名额，第八届庚款留英公费生物理学共有两个名额，由他和黄昆考取，在他决定去美国留学后，名额即由物理系梅镇岳递补[1]。

按照《清华大学公费留美生章程》的规定，录取生出国前要有二三位指导老师来指导，就拟习科目开展调研和实习工作半年至一年，以获充分准备，并明了国家需要。洪朝生留美考试考取的科目是物理学无线电方向，留学预备期间，校方安排的指导老师是任之恭[2]和范绪筠[3]。两位老师都教过他，对他的能力和特长非常了解。任、范之间，范绪筠对他更为上心、更为主动，具体的指导也更多些，所以洪朝生说他的实际指导老师是范绪筠。

中美庚款留学期限原定为两年，特殊情况可延迟一年。但到他这一届时有所放宽，将期限调至8个学期，这也为读博士学位提供了最基本的时间保障。按《清华大学留美公费生章程》规定，公费生在留学期间，每逢2月、8月需向校方提交修习情况和学习情况证明，如未按规定科目研

---

[1] 黄昆：一生倾情物理学.《中国信息报》，2002年3月4日。

[2] 任之恭（1960-1995），物理学家。1926年毕业于清华大学，后赴美国留学、任教。1933回国后，先后在山东大学、清华大学、西南联大任教授。1955年留居美国，先后任哈佛大学、霍普金斯大学客座教授和霍普金斯大学应用物理研究所基础研究中心副主任，在气体与固体中的微波谱学、限于液氦温度的原子和分子的电子自旋共振等研究中获得创造性的科研成果。1959年当选为美国物理学会理事，同时当选美国国家科学院院士。

[3] 范绪筠（1912-2000），半导体物理学家，1932年毕业于中俄哈尔滨工业大学，后赴美国麻省理工学院深造，1937年获博士学位。同年回清华大学任教，1947年在麻省理工学院从事研究，1948年后一直在美国普渡大学进行科研和教学。他是美国国家科学基金会和国家科学院各种委员会和评审小组的成员、资深的美国物理学会会员以及台湾中央研究院院士。

习或成绩不佳，即被取消学额，因此改变研习科目是不容许的。洪朝生同届考取的一位名叫张燮的学友，所考选方向在学习过程中感到不合自己兴趣，曾申请改换研习科目，但未获批准，他本人也不愿委曲求学，遂提前回国。

考取公费留学是洪朝生人生中的一个重要转折，这不仅实现了他和他的家人多年的夙愿，而且重新点燃了他当一名物理学家的激情，那似乎已经渐行渐远的梦想一下子又变得亲近起来。

关于考取公费留学前后一段时间的状况和认识，从他的一段回顾中可以得到客观的体现：

> 当我从电机系毕业后，在合格地完成助教任务外，我把余力放在准备出国学习物理上，自学几本标准的物理教科书，把原理思考得比较透，这样就通过了公费留学考试。但是在和良好学术气氛熏陶下的物理系毕业生不同，对怎样做物理研究，什么是当今的物理学前沿，我依然毫无概念，也未加思索[①]。

可见，尽管考公费留学在许多人眼里是很风光的事情，他本人也确实为此兴奋了一阵子。但兴奋之后，还是对自己保持了清醒的认识和冷静的分析，他对自己当时的物理学水平是不满意的。正因如此，才促使他目标更加高远，动力也更加强劲。

恩师任之恭和范绪筠

留学预备期，学校安排任之恭、范绪筠作为洪朝生的指导老师。从那时起直至此后的数十年间，他与两位老师有了密切的接触。在为人为学方

[①] 洪朝生：洪朝生自述。见：中国科学院院士工作局编，《中国科学院院士自述》。上海：上海教育出版社，1996年，第153页。

第三章　国破大学在

图3-8 1992年6月9日洪朝生（中）与任之恭（左一）、陶葆楷（右一）在北京饭店

图3-9 1949年洪朝生（右二）与范绪筠（左二）、陈志忠（左一）、王补宣（右一）在普渡大学

面都得到他们很多教诲，他们的言传身教使洪朝生受益终身。在洪朝生眼里，两位老师都具有这样一些共同特点：对待科学事业至热至衷；对于学术研究至严至谨；对于个人生活至俭至约；而对待学生则是至诚至真。两位老师之间，又有鲜明的个性差异：任之恭性情温厚，不急不愠，待人谦和有礼，不喜强加于人；而范绪筠初出茅庐，心气很盛，不苟言笑，对学生讲话直来直去，有时也不太顾及教师身份，喜欢和同学辩论甚至争吵。范绪筠在昆明清华无线电研究所时曾受任之恭的指导，从某种意义上讲，也可算作是任之恭的学生。任之恭长洪朝生14岁，范绪筠长洪朝生8岁，由于性格上的差异，洪朝生感觉任之恭像一位和善的家长，而范绪筠则更像是一个率真、好胜的兄长。范绪筠对任洪朝生的指导老师一事十分积极主动，从留美、留英的确定到留美学校的选择，再到导师的选定、联系都非常热心，态度也很明确，甚至有些不容置辩的意思。他为洪朝生选定的方向是"氧化物阴极热离子发射研究"，任之恭对此并无太大兴趣。正因如此，范绪筠在整个留学预备期实际担负的指导工作较任之恭要多得多。

第二章 少年负志气

第三章　国破大学在

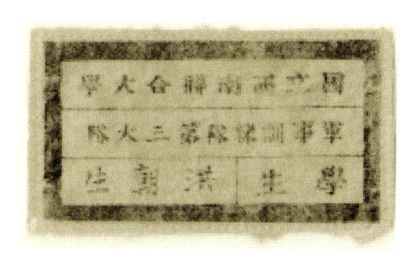

第三章　国破大学在

除了在留学预备期与任之恭的接触外，洪朝生在美国留学期间也与任之恭有比较密切的交往。1946 年他在麻省理工学院读博时，常去任之恭家中看望、求教，任之恭和夫人陶葆柽对他很热情。1948 年，洪朝生入普渡大学后，只要回波士顿，也必然到任家作客。1950 年秋，任之恭去荷兰参加国际专业会议时，也曾与洪朝生会面，师生间情同家人[①]。自此一别后，师生重新见面则是在 20 多年以后的 1972 年。

就在这一年的 7 月 14 日，时任国务院总理周恩来在人民大会堂会见了以任之恭为团长、林家翘为副团长的美籍华人学者参观访问团。代表团一行 27 人，其中包括 12 位学者和他们的眷属。在这次会见中，洪朝生作为翻译及陪同人员。

在代表团来访之前，任之恭曾向周培源询问了一项事情，他的四女儿任峻瑞坚持要到北京大学留学一年（她在耶鲁大学已待过三年）的问题。后经周培源请示周恩来并经周恩来批准，准许任峻瑞在京学习一二年。在此期间，洪朝生和夫人李滢对其生活、学习给予了无微不至的关怀。1972 年以后，任之恭夫妇多次回国访问，每次洪朝生都前往宾馆看望，并多次陪同老师和师母参观游览，师生情谊绵延不尽，从下面给老师和师母信中的一段话中，我们可以感受到他对老师的感激与爱戴。

之恭、葆柽师：

　　92 年一晤，得与你们与小瑞晤面畅谈。转眼已两年多了，我们常在想念，不知吾师近况如何，可是要写信时又总觉得笔杆太重，倒不像个识字的人了。

　　从报纸上得知你们仍在密切关心祖国的发展，很是敬佩。除经济发展迅速外，国内多方面社会情况也逐步有所改善，只是我们科学界一部分对政府的科学发展政策总觉得有点偏于急功近利，希望能更全面地支持科学技术的发展，对基础研究、社会公益研究也能多扶持些。
　　……

[①] 洪朝生：历史材料。1968 年，未刊稿。资料存于采集工程数据库。

回想从 DANA STREET 1 号时起,四十多年来感受你们的友情关怀。还有一件事要特别,特别感谢你们的。1972 年你们代表团回祖国来,开创了海外学人回国访问的先例。我有幸参与接待你们,因而在那动乱的年代里,居然能坐在周总理的近旁,几个小时地聆听总理和你们的谈话,真是莫大的幸福。第二天,我向物理所的广大职工介绍总理会晤你们的情况和他的讲话内容,大家也都十分兴奋[①]。

……

范绪筠的家世、成长经历、工作经历与洪朝生有许多的巧合点。他的父亲范其光幼年丧父,家境贫寒,幼时就学于清政府举办的外语学堂"同文馆"。十二三岁时,被选派为中国第一批留俄学生。十几年后回国时已是一名有实际经验的铁路工程师,1924 年被派到哈尔滨中东铁路任理事会理事,后任中东铁路局代局长。"幼年丧父""选派出国""铁路工程师""铁路局局长"与洪朝生父亲的经历何其相似乃尔。

然而相似点还不止于此。1947 年,范绪筠回到他在美国的母校麻省理工学院物理学院做访问学者时,洪朝生正在此读博士;1948 年秋,他们又一同去的普渡大学物理系。只是后来范绪筠留在了普渡,而洪朝生于 1950 年去了欧洲并于 1951 年年底回国。西南联大——麻省理工——普渡,又是完全一致,只不过期长期短罢了。

1939 年 9 月,洪朝生入西南联大电机系电讯组后,范绪筠曾为他授无线电专业课程。当时的洪朝生年轻气盛,而且有点调皮,他和几个同学对范绪筠不大尊重,往往不好好听讲,有时还和同学一起搞点"小动作""小嘀咕"之类的事情,对范绪筠的训斥也满不在乎,时因观点不一致发生和范绪筠"辩论"的情况。洪朝生手稿中多次载有和范绪筠"吵""辩论"的字样。这在今天看来似乎有悖于"师道"的事情,其实在西南联大是很正常的现象。有一个事例可以清楚地证明当时西南联大的师生关系:当湘黔滇旅行团路经贵州玉屏时,黄钰生教授买了一根手杖,并

[①] 洪朝生给任之恭、陶葆楷的信,1994 年。资料存于采集工程数据库。

刻下"行年四十,步行三千"字样。当时,旅行团的毛鸿参谋长带着一只狼狗,长得非常可爱,同学们很淘气,用纸板写下"行年四十,步行三千",用铁丝把纸板挂在狗的脖子上,老师们也不以为忤。西南联大的师生关系是活泼自由的。因此,吵也好,辩论也罢,范绪筠"都不跟我计较这个。"[①] 他欣赏洪朝生的才气,对洪朝生等人的"小嘀咕"之类根本没太当回事。

范绪筠对科学研究如痴如狂,可对生活要求却极低。洪朝生记得在西南联大时,有一次国民政府资源委员会派员来检查工作,中午范绪筠和他们一起外出吃饭,趁此机会,洪朝生等同学就把他的饭盒打开,看看他每天到底吃什么。饭盒一打开,同学们都惊呆了:饭盒里除了白米饭外,只有一根没有肉的、光杆的骨头!即使在这样清苦的生活条件下,他也一点没有减少工作热情。他始终认为"范绪筠是自己成长当中一个重要的人"。

范绪筠对洪朝生的影响,还体现在当洪朝生工作进展不顺利时所给予的关心和指导。他对范绪筠在普渡期间对自己的帮助记忆犹新:

> 快到一年了,我得到的结果跟简单图像比起来差不多,但又不完全一致,有一天我到范先生屋里走走。他问我实验工作怎么做下去,我的回答是还没有想法。他严肃地说:这样下去是不行的,你必须自己找出方向来。他的话触动了我[②]。

普渡一别后,20 世纪 50 年代中期以前,洪朝生和范绪筠还有书信联系,他也曾受组织委托,写信动员范绪筠回国参加工作。50 年代后半段,政治空气日趋紧张,师生间音讯中断。八九十年代后,他和范绪筠恢复了书信联系,每年照例给范绪筠老师、卞荔年师母寄去贺卡,范、卞亦予以回赠。贺卡的式样历年不变,书写的内容也大致相同:

---

① 洪朝生访谈,2014 年 4 月 10 日。北京。资料存于采集工程数据库。
② 洪朝生:洪朝生自述。见:中国科学院院士工作局编,《中国科学院院士自述》。上海:上海教育出版社,1996 年,第 154 页。

朝生弟

　　恭贺伉俪新禧　　　　　　范绪筠　卞荔年 ①

　　师生情谊，学子情怀，如水之交，思念与祝福，一并跃然于一方纸卡之上。

　　任之恭和范绪筠，两位物理学大家。一位是大象无形、令人如沐春风的前辈；一位是寓宏于微、内热外冷的兄长兼诤友。但对洪朝生的学术成长而言，无疑都是受益终生的，难得的良师与恩师。

---

① 洪朝生：范绪筠给洪朝生的贺卡，1990年。资料存于采集工程数据库。

第四章
越洋苦砺磨

赴麻省理工的艰难旅程

1945年，洪朝生和其他赴美留学的同学一道，踏上了远涉重洋、负笈求学的旅程。

当时赴美行程用异常艰辛来形容一点也不为过。1941年珍珠港事件之后，往返美国的船只在太平洋和大西洋经常受到日本及德国的袭击，民用航运几乎全部停止，留学美国基本停顿。第二次世界大战期间，从印度空运抗日战争物资到昆明的军用运输机，从昆明回印度时时而载客。洪朝生等22名庚款留美公费生就于8月30日先乘这些飞机到印度加尔各答，然后乘撤离太平洋战场的美军运兵船赴美。

由于美国运兵船船次较少，这些留学生在加尔各答候船停留了近两个月。为打发时光，洪朝生阅读了康拉德的名著《吉姆爷》，买了一些他喜爱的琴谱，还参观了加尔各答大学物理系，这是他第一次参观国外大学的实验室。与西南联大当时的实验条件相比，加尔各答大学还是好得多，这使他眼界大

图 4-1　1945 年 11 月洪朝生（右二）与杨式德（左一）、张建侯（左二）、沈申甫（右一）在纽约

开。也正是从那时起，他对参观国外实验室产生了浓厚的兴趣，及至后来，只要有时间、有可能，每到一地，他都会主动到当地的实验室参观访问，这也成为他一贯的爱好和习惯。

关于乘坐运兵船前往纽约的经历，何炳棣在《读史阅世六十年》、杨振宁在《读书教学四十年》中均有记述。

何炳棣回忆：

我们等到 10 月 26 日，总算搭上了美国大批新造的万吨级"自由船"之一 U.S.S.General 号绕锡兰（斯里兰卡）首都科伦坡，经过风平浪静的红海、苏伊士运河和地中海，最后几天才算真正领略到一个重要的历史和地理事实：冬季的北大西洋堪称全地球上最狂暴无制的区域。

杨振宁写道：

"自由船"每艘载几千个在中、印、缅地区的美国兵回国去，船上留一两百个床位给非美国军队的人乘坐。我和一组清华留美同学，一共二十几个人，一同坐上了这样一艘运兵船。船舱非常挤，睡的床共有四层，每层只有两尺高。在床上不能坐起来。我们住在船最底下的"统舱"，里面有好几百人。周围都是美国兵。他们看见来了些年轻的中国学生，以为可以赚一点钱，于是拿出牌来要和我们打扑克，幸亏我们没有人同意[①]。

[①] 杨嘉实：在加尔各答候船赴美的中国留学生。《老照片》第 74 辑。济南：山东画报出版社，2010 年，第 184 页。

晕船也是对留学生们的折磨和考验。

有些人有不同程度的晕船,主要是进入大西洋后。途中杨式德(他在西南联大任教时考取教育部公派留美项目"Ministry of Education Fellowship",到印度后与庚款留美生同行——作者注)晕船严重,到达纽约后,体重下降了 18 磅。①

经历了近一个月的颠簸航行后,留学生们终于到达纽约,在曼哈顿西 42 街码头登陆。从 8 月 30 日搭载美军用运输机至印度之日算起,赴美旅程几乎花费了三个月的时间,这真是一个艰苦而漫长的旅程。

深得诺丁汉姆教授喜爱的学生

1945 年 12 月,洪朝生进入麻省理工学院物理系研究院,师从诺丁汉姆(W.B.Nottingham)教授学习物理电子学。

麻省理工学院(Massachusetts Institute of Technology,MIT)是美国一所研究型私立大学,位于马萨诸塞州的剑桥市,是一所在美乃至全世界都有非常重要影响的大学,是全球高科技和高等研究的先驱领导大学。该校物理科学在世界上享有极佳的声誉。洪朝生的指导老师诺丁汉姆在电子学特别是在电子发射方面有比较深入的研究。第二次世界大战期

图 4-2 1948 年洪朝生在美国麻省理工学院实验室

---

① 杨嘉实:在加尔各答候船赴美的中国留学生.《老照片》第 74 辑.济南:山东画报出版社,2010 年,第 183 页.

第四章 越洋苦砺磨

间，雷达等电子跟踪侦察研究成为热点，他研究的内容就是用电子发射做出黑白颠倒的影像，把这方面的研究推进了一步，在电子物理学界有一定的影响。除担任洪朝生的研究生指导老师外，他也在 MIT 教授电子学专业课和从事电子学的实验研究。洪朝生的研究题目在国内时即已确定，就是氧化物阴极的热离子发射研究。这个方向范绪筠早在 1937 年以前在 MIT 时就做过一些，他对此很有兴趣，建议洪朝生继续做下去。

初入 MIT，首先进行的是基础课和专业课学习。洪朝生入校时，物理系研究院基础课程早已开课好几个月，他是插班进入课程学习的。因为落课较多，既要学习新课程，又要"一个劲儿地赶着补物理的课"，他的一天要顶别人两天用，因此学习非常紧张。好在他当时"在外面租房子住，和人来往不多。美国人是少接近，中国同学中接近的也是限制在比较狭窄的圈子中"[1]，这也为他专心学习创造了条件，很快他就适应了这种紧张的学习生活。

图 4-3 1948 年洪朝生（右一）在麻省理工学院与同事讨论工作

MIT 物理学研究院基础课授课老师是很强的，其中不乏斯利特（J.C.Slater）、万斯考（Vanseakever）这样一些名教授，课程包括量子力学、统计力学、原子物理、电磁学等多门基础课程及相关物理实验，也包括电子学专业基础课。对于洪朝生而言，"学习是很有收获的：除已规范的经典物理原理外，开始接触到生动多彩的物理学内容"[2]。他对梯泽（L.Tisza）教授讲授的固体物理课程记忆很深：

---

[1] 洪朝生：历史材料。1950 年，未刊稿。资料存于采集工程数据库。

[2] 洪朝生：洪朝生自述。见：中国科学院院士工作局编，《中国科学院院士自述》。上海：上海教育出版社，1996 年，第 153 页。

当时固体物理研究正在兴起。我听过的固体物理课是 L.Tisza 开始的。他口齿不灵,黑板上又是随写随擦,听起来有点费劲儿。但这却是我听过最有意思的课,因为他生动地介绍了当时正在进行的某些新研究课题[①]。

在此后数十年间,他兴趣最浓的还是固体物理,这可能也是深受这位老师的影响。量子力学课也是洪朝生喜爱的课程之一。万斯考教授,人称"聪明脑袋万斯考",他把相关的物理学原理、概念讲授的非常清楚,而且总能把当时量子力学研究状况和发展趋势介绍给同学们,"他说量子力学最新的发展都跟你们讲了,下面是你们的事了"[②]。

电子学专业课由诺丁汉姆讲授,相关的实验课程由他来指导,所做课题研究方案也是他提出的。他对学生要求非常严格。洪朝生当年在 MIT 学习期间的讲义、笔记、作业、实验报告等至今仍保留有十余册,其中作业、实验报告上面除留有 10 分、9 分的优秀成绩的记录外,也在多处留有诺丁汉姆精心批阅、修改的痕迹,他对洪朝生每一处错误、疏忽都不放过,总以红笔标出或直接将正确的解答写在上面。

在这段学习期间,洪朝生另一个重要收获是"喜欢上了实验工作,对双手还能干出点灵巧的活儿也自感满意"。在国内,不论是在学期间还是做助教时,他不喜欢动手,没有这个习惯。"在 MIT,一些实验技术、超发真空这些东西比较现成,也爱动手了"[③]。跟一些工人师傅也都混得挺好。他自己设计和动手搭建的氧化物阴极电子实验装置能够形成非常干净的阴极,所得的数据也颇为精准,实验效果非常理想。他和同事菲尼曼(Finiman)一同做实验,合作得相当愉快,而他们实验工作进展和取得的实验结果也令诺丁汉姆感到满意。

转眼到了 1947 年 4 月,洪朝生和他的同学们迎来了论文前的基础课、

---

① 洪朝生:洪朝生自述。见:中国科学院院士工作局编,《中国科学院院士自述》。上海:上海教育出版社,1996 年,第 153 页。
② 洪朝生访谈,2011 年 1 月 19 日,北京。资料存于采集工程数据库。
③ 同②。

专业课考试。MIT 的基础课、专业课考试是很严格的，只有通过考试的学生才有资格进入论文阶段。同学们对此都十分重视，备考复习都很下功夫，对考试结果也极其关注。就在考试结束后不久的一天，洪朝生正好碰到诺丁汉姆，当时有同级同学站在诺丁汉姆身边，不知在说些什么。他走近时，老师和同学都扭过头来看他。这时诺丁汉姆开口说道："英雄来了！"一句话说得洪朝生一时摸不着头脑，听了他们接下来的议论，他终于明白了：他在论文前的基础课、专业课考试中获得了第一名[1]！一位迟来几个月插班进入的学生，能够在这样重要的考试中力拔头筹，这着实令同学们平添了几分惊羡和佩服，而荣光背后的艰苦付出，只有他自己才能体会得到。

考试结束后，洪朝生进入了论文阶段的工作。或许是他的考试成绩和实验工作为诺丁汉姆争了光，诺丁汉姆对这位勤奋踏实的留学生产生了异乎寻常的喜爱，也给予了他"英雄"般的礼遇。他有一个占地 200 多亩的私人庄园，时而单独邀请洪朝生到他的庄园里去做客，一同聊天、一起游玩。

论文阶段进行几个月后，一个令他尴尬的情况发生了，当初清华大学庚款留学的 8 个学期的资助费用，由于洪朝生暑假期间的学费开销（其中一部分课程取消，洪朝生也未将费用追回）以及其他生活费用"花冒了"等原因，已经没有费用支持他的学习和生活。诺丁汉姆了解到这一情况后，亲自出面联系给他安排了一个助教的职位，承担一点教学科研工作。每个月有几百美元的收入，反倒比公费资助的额度多了不少，这就为他解决了大问题。也正是因为助教身份，为他创造了不少便利条件，到楼顶的图书馆查阅文献、借阅书刊都方便了不说，允许夜间使用实验室做实验更是大为便利。因为按规定，学生没有老师或实验师陪同是不得夜间在实验室工作的。自从有了助教身份后，每当他要去实验室工作到通宵时，实验师会很痛快地把房间钥匙交给他，"你使用一万伏的电压时要格外小心！"仅此一句善意的提醒，其他也不再说什么了。打那以后，洪朝生的实验进度明显加快了。

---

[1] 洪朝生访谈，2013 年 10 月 10 日，北京。资料存于采集工程数据库。

1948年夏天，洪朝生的毕业论文进入冲刺阶段。他赶着写论文，修改论文、打印论文，忙得不可开交。8月，他的博士学位论文《加速场和减速场作用下氧化物阴极的热离子发射》(*Thermionic Emission of Oxide-Coated Cathodes: Refarding and Accelerating Fields*)完成。由于实验做得充分，所得到的实验结果很干净，被评审教授们认为是一篇出色的论文。9月，他顺利通过答辩，获科学博士学位。从1945年12月入MIT，到1948年9月获博士学位，洪朝生仅仅用了两年零九个月，比通常所需时间少了一年多。对洪朝生的论文，诺丁汉姆十分满意，推荐他到美国物理学会年会上做了受邀报告，并于1950年1月发表在美国《应用物理期刊》(*Journal of Applied Physics*)上。当时的洪朝生"似乎是有点风光"。但很快就冷静下来，他意识到："实际情况是，我尚未完成博士生训练的要求，学位论文不是我的独立研究成果，里面的主导思想不是我的"①。

　　取得学位以后，在美国以留学生身份还可以有一年半的实习期。怎样进一步提高呢？这时的洪朝生对阴极电子发射问题已不感兴趣。当时固体物理正在兴起，这激起了他的浓厚兴趣。于是他找到MIT物理学的系主任斯利特，还有一些别的知名大师，但他们都未予理睬。

> 　　如果你是搞理论出身，你已经做出了一些有意思的东西，然后你提出要做什么，他觉得这个东西他也有兴趣，看你做得也像个样，那你才有可能的，否则人家才不理你呢。②

　　固体理论研究"碰壁"之后，诺丁汉姆主动与美国普渡大学物理系联系，他在那里有许多熟人，关系也很密切。普渡大学同意招聘洪朝生去做半导体研究，这也合他的意。碰巧，普渡大学此时也邀请范绪筠到该校做访问教授，于是师生二人同时离开MIT，一同踏进了普渡大学物理系的大门。

---

① 洪朝生：洪朝生自述。见：中国科学院院士工作局编，《中国科学院院士自述》。上海：上海教育出版社，1996年，第153页。

② 洪朝生访谈，2011年1月19日，北京。资料存于采集工程数据库。

普渡大学：在哈洛维兹指导下从事低温电导研究

1948年10月，洪朝生进入普渡大学物理系。

普渡大学（Purdue University）是位于美国中西部印第安纳州西拉法叶城的州立大学。普渡大学虽然不是美国最亮眼的明星学校之一，但在四五十年代，该校物理系对半导体和晶体管（的前身）的研究确是极具特色，做出了许多重要的学术贡献。这一点，通过台湾交通大学物理研究所及电子物理系教授、曾在普渡大学读物理博士学位的林志忠教授的相关记述，可以获得比较梗概的了解。

时当40年代，为了第二次世界大战的迫切需要，普渡大学物理系积极投入了半导体的研究（当时同盟国急迫需要稳定和高质量的固态电子整流器，以制造高性能的雷达），但是即使在战时，时机紧急，他们还是觉得需要彻底了解半导体的基础物理特性。因此他们组成研究团队，逐步发展技术，生长高质量的锗单晶，定量地控制杂质（施主和受主）的种类和数量，并且深入研究这些掺杂半导体样品的光学性质和低温电性。为了研究低温电性，他们特地从荷兰Leiden大学聘来了一位教授，成立了低温物理实验室，以期测定和了解掺杂半导体的载流子输运性质，以便发展制作功能优异的固态整流器。这是对锗半导体的器件进行应用与基础物理研究的项目，其研究高峰期是从战前的40年代一直持续到战后的50年代。40年代中期，普渡大学取得领先的优秀成果，更让贝尔实验室（Bell Laboratories）以及John Bardeen、Walter H.Brattain和William B.Shockley等人，利用种种手段旁敲侧击单向套取信息，寝食难安了好几年。后来普渡大学还是失去了发明晶体管的契机，最主要的原因应该在于一方面他们没有强烈的商业化动机，另一方面更因为他们的研究团队中，缺乏一位像Bardeen这样的不世出的功力深厚、又能洞烛先机的固体理论物理学家（贝尔实验室制作的第一颗晶体管，使用的是普渡物理系提供的高质量锗样品；另外，已故的范绪筠教授对普渡大学长年的半导体研究与教学，贡献良多）[①]。

洪朝生到普渡大学物理系做博士后，参与该项半导体低温电性研究的这一时期（从1948年10月—1950年6月）正是普渡大学物理系锗半导体器件应用与基础物性研究的高峰期间。他所在的半导体物理研究组由哈洛维兹（K.Lark-Horovitz）教授领导，全组有20来个人。哈洛维兹是国际知名的半导体物理学家，在掺杂半导体的光学性质和低温特性方面有比较深入的研究，曾与约翰逊（V.A.Johnson）共同提出杂质能级与导带（或满带）融合后在足够低的温度下会出现载流子气的简并化和金属性电导的假设，后被实验证实，推动了相关领域研究的发展。他聘任洪朝生作研究助理，年薪为3000多美元。由于有了固定收入，清华大学的留学资助费用就此终止。

在普渡大学从事半导体低温电导研究的一年零八个月，是洪朝生学术成长的一段重要经历，他"就此在那里度过值得回忆的一段时光，补上了独立研究的初步锻炼"[②]。

洪朝生入普渡大学后的第一项工作是参加创建低温实验研究，这对他来说是个全新的工作。当时与他一同工作的是个名叫凯索姆（Piet Keesom）的年轻人，他是莱顿大学教授、著名低温物理学家W.H.凯索姆的儿子，刚从荷兰卡末林·昂内斯实验室毕业。对于这一时期他和凯索姆合作以及稍后独立开展实验工作的情境，洪朝生有如下忆述：

> 低温实验室技术我本一窍不通，全靠他教会。我们各自做实验，一起操作新买来的氦液化器，经常躺在地上拆修机器。经过多半年的

[①] 林志忠：普渡琐记——从2010年诺贝尔化学奖谈起.《物理》，2010年第39卷第11期，第773页.

[②] 洪朝生：洪朝生自述. 见：中国科学院院士工作局编，《中国科学院院士自述》. 上海：上海教育出版社，1996年，第153页.

时间，我开始做锗单晶的低温测量了。当时只有贝尔实验室开始掌握了区熔提纯和提拉锗单晶的技术，别人有所风闻而不知其究竟。在普渡大学有人专管做材料，只靠再结晶的办法反复纯化，然后切割出小块单晶或接近单晶的块。我用能够到手的不同纯度的样品来测量其霍尔系数（定载流子浓度）和电阻率（定载流子迁移率）。关于杂质含量高的锗单晶的类似测量，过去已委托别的实验室做过。证实了 V.A. Johnson 与 Lark-Horovitz 所设想的：这时杂志能级已与导带（或满带）融合，在足够低的温度下就会出现载流子气的简并化和金属性电导。那么杂质含量低时，是否载流子输运性质就会符合当时的半导体简单图像呢？只能试试看吧，因为当时谁也没有什么想法[1]。

快到一年了，洪朝生所得到的实验测量结果跟简单的图像比起来差不多，但又不完全一致。就在他对下一步工作究竟应该如何去做感到茫然之际，范绪筠对他说的"你必须自己找出方向来"的话深深地触动了他。此后的日子里，他把已经做完的实验结果仔细加以检查和分析，冥思苦索了好长一阵子，低温下的载流子迁移率过低究竟是什么原因？他忽然想起一次学术会议上有人问样品中是否有补偿杂质，他当时回答不出。当然会有的，但是靠化学分析的方法难以测定。存在补偿杂质，迁移率不就要降低吗？洪朝生计算后发现，低温迁移率的温度特征果然完全可用一定的补偿杂质量来说明。反过来，通过低温迁移率测量来确定半导体中施主和受主杂质各自的浓度就可成为当时新的、唯一的分析方法了。得到这一结果，洪朝生的精神有所振作。

在物理系半导体研究组，洪朝生是勤奋的，他"全身心干工作"，每天晚上都是最后一个关实验室的门。在谈到在普渡大学取得的重大科研成就时，洪朝生说得最多的一句就是"运气"。不可否认，任何重大发现、发明，任何一项成功往往都离不开运气的成分，但与运气相比，勤奋永远是成功不可或缺的基石。

---

[1] 洪朝生：洪朝生自述。见：中国科学院院士工作局编，《中国科学院院士自述》。上海：上海教育出版社，1996年，第154页。

"神秘"的"洪朝生现象"

1950 年春，洪朝生在普渡大学工作一年半的期限快要到了，他已经开始和清华大学物理系商议下一步的行踪安排。而手下的实验结果虽然有了重要进展，但还没有获得最终成果，他唯一要做的就是抓紧时间，争取在临行前把半导体锗单晶低温输运现象实验研究做得更充分。

在接下来的实验中，他又得到一些更纯的样品，实验结果令他兴奋，反常现象出现了：低温下霍尔系数出现极大值，同时电阻率趋向饱和。他从样品上和测量系统上找不到实验上的毛病，于是他在半导体组的例行双周汇报会上汇报了自己的实验研究成果，这引起哈洛维兹和同组人员的极大兴趣，"神秘"字样屡次挂在大家的口上。而更加令人兴奋的结果则发生在他预定要离开普渡的前夕。

机遇及时来到。有几个中子辐照过的样品交给我测量，以确定其中嬗变产生的镓、砷杂质含量。这些杂质含量恰好落在以前测过的低电阻与高电阻样品的杂质含量空档中。低电阻样品的霍尔系数峰不那么突出，也可能用载流子散射机制的变化来解释。高电阻样品的霍尔系数不能在全温区内测出，尽管建立了高灵敏度电路，峰值后霍尔系数下降，到更低温度下就测不出了。对这些新样品则霍尔系数随温度的变化完整地展现出，单个样品的温度特征及不同样品之间的差别，规律性都十分清楚。这样，经过几天的兴奋与苦思，突然悟出这个反常现象的机制只能是杂质能级电导与导带（或满带）电导的竞争。简单的计算表明实验结果与这图像完全符合。"悟出"的关节之一是：组里有位博士生在 H.M.James 的指导下做锗中无规分布杂质的能级计算，他在双周会上曾介绍过初步结果：考虑到相邻杂质中心在无规分布下的相互作用，各杂质态与能带边之间的能隙值不是一致的而是有个分布。我这时就想到相邻杂质态间可能有交叠，可以有电导。

这个结果在组里报告后，众人皆大欢喜。我也心满意足地正好离开普渡上路。等我到达荷兰不久，朝鲜战争爆发。如果不是各个时机都对我那么凑巧的话，我看到的"神秘"现象只好留待他人去找出答案了[①]。

离开普渡之前，洪朝生将其在锗单晶低温输运现象的实验中所发现的杂质能级上的导电现象以《同时具备给体和受体半导体的电阻率》（Resistivity of Semiconductors Containing Both Acceptors and Donors）、《锗在低温条件下的电阻率和霍尔效应》（The Resistivity and Hall Effect of Germanium at Low Temperatures）和《极低温条件下的电阻率和霍尔效应》（Theory of Resistivity and Hall Effect at Very Low Temperatures）为题，以快讯（Letter）形式投往美国《物理学通讯》，该刊迅即在第 79 期（1950 年）上将上述 3 篇文章同时发表。

洪朝生的工作成果在普渡大学物理系引起不小的轰动，哈洛维兹也对他的成果表示了由衷的尊重。在洪朝生取得阶段性成果之后，哈洛维兹就主动为他加了薪，年薪由原来的 3000 多美元一下子提高到 4800 美元。

洪朝生到荷兰莱顿大学后，以"快讯"为基础，紧赶慢赶地完成了《锗在低温条件下的电阻率和霍尔效应》（Resistivity and Hall Effect of Germanium at Low Temperatures）的论文，投往《物理学通讯》。当时负责审理此稿的是物理大师肖克利（Willam Shockley），他认为"这是不可能的"，就把稿子压下了[②]。直至 1954 年，该论文才得以发表。

在欧洲期间，洪朝生也曾会晤另一位物理大师莫特（N.F.Mott），莫特当时是英国利物浦大学教授，也是固体物理的领军人物，洪朝生向他介绍了自己的工作。但莫特当时只对位错感兴趣，还很热情地希望洪朝生和他一起做位错理论。但因洪朝生和清华大学物理系有约在先，无权擅自变更研究方向，只得作罢。直到 1956 年，莫特才开始对洪的工作有了兴趣（莫特的个性在于在某段时间对某个方向感兴趣，就全力投入，同时放下

[①] 洪朝生：洪朝生自述。见：中国科学院院士工作局编，《中国科学院院士自述》。上海：上海教育出版社，1996 年，第 154 页。

[②] 洪朝生访谈，2014 年 10 月 10 日，北京。资料存于采集工程数据库。

其他内容），并在此方向上做出重大成就[①]。

洪朝生离开普渡大学以后，哈洛维兹对洪朝生所做的工作极为重视，安排弗里切（H.Fritzche）承接洪朝生继续从事该项研究工作。此后大约20年的时间里，弗里切在洪朝生工作的基础上做出了突出成绩。他和哈洛维兹重复了洪朝生的实验，再一次证实了洪朝生实验的正确性。弗里切还发现在某种杂质密度的Ge-Ga和Ge-Sh在低温下有新的反常现象。弗里切最重要的贡献之一是与莫特共同建立非晶半导体的Mott-CFO能带模型，而洪朝生所做的工作可以被认为是上述模型（包括莫特的变程跳跃导电理论）建立的出发点。弗里切后来曾担任美国芝加哥大学物理系主任，1989年获美国凝聚态物理领域最高奖——Oliver E.Buckley Condensed Matter 奖[②]。

关于该项研究工作在后来一二十年间的发展，洪朝生如是说：

> 对所提出的杂质能级导电的假设，我是深信不疑的，这是对实验结果的唯一可能的说明，但是从理论上解决杂质能级导电的具体机制则不那么简单。几年后，理论家们根据 H.Fritzche 等更详尽的新实验数据，把它作为非晶态固体中电子输运机制研究中第一个类型来解决，由此建立了新的理论概念，为杂质导电研究画上了句号[③]。

关于洪朝生所言的理论家们之一的莫特的研究工作，林志忠曾有这样一段记述：

> 洪先生在50年代初期做出了对于掺杂锗的开创性定量实验量测和解释，揭示了禁带中的杂质带导电（impurity band conduction）之输运行为和概念。这些实验数据和物理现象，深深吸引了凝聚态理论

[①] 李来风：洪朝生。见：陈佳洱编，《20世纪中国知名科学家学术成就概览·物理学卷第二分册》。北京：科学出版社，2014年，第351-352页。

[②] 李来风：洪朝生。见：陈佳洱编，《20世纪中国知名科学家学术成就概览·物理学卷第二分册》。北京：科学出版社，2014年，第351页。

[③] 洪朝生：洪朝生自述。见：中国科学院院士工作局编，《中国科学院院士自述》。上海：上海教育出版社，1996年，第154页。

物理学家莫特（Mott）的注意力，并且引起了 Mott 的极大兴趣。加上 1958 年安德森局域（Anderson Localization）概念的适时提出，实验与理论的因缘交合，相互激荡，终于导致了 60 年代的变程跳跃导电（Variable-rang-hopping conduction）理论的完成。1977 年，Mott 和 Anderson 二人（以及 van Vleck），都因为对于无序系统（非晶态）的研究而获得了诺贝尔物理学奖[1]。

洪朝生的后继者弗里切虽然没有和洪朝生共同做科研的经历，但他对自己的前任始终充满尊敬和钦佩之情。20 世纪 80 年代，他数次来华讲学时，曾努力打探洪朝生的讯息，后终于与洪朝生见面。2010 年，洪朝生 90 寿辰之际，弗里切发来了热情洋溢的贺信：

尊敬的洪朝生博士：

我非常高兴在您 90 岁生日时表达对您的感谢和钦佩。您和您早年在普渡大学的工作对我的一生产生了重要影响。我很荣幸以您的思想为基础，继续您漂亮的实验，用您的设备学习低温物理实验。

您发现了低温下半导体反常的电子输运机理，而且用杂质导电进行了正确的解释，也就是给体和受体掺杂剂之间的电子隧道。您提出在高纯浓度中有可能看到一个非金属到金属的迁移。这些发现开启了一项全新而且令人兴奋的研究领域。我用了大约 20 年的时间进行快乐的研究，更加深入地理解了这些现象。我很感激您，是您给予我解决这些有趣问题的财富。

您还是首次使用半导体原子核变换掺杂，这意味着将锗对热的中子捕获后，用不同的锗的同位素分别变为镓和砷。我采用您的方法，研究它们对杂质导电和非金属到金属的迁移的影响。

您是我这么多年的老师。我非常感谢您，希望我成为您的学生并得到您的指导。当我得到贵院邀请于 1980 年访问中国的时候，我被上海陶瓷所一大群人问及他们能为我做些什么的时候，我告诉他们我想见到

---

[1] 林志忠：普渡琐记——从 2010 年诺贝尔化学奖谈起．《物理》，2010 年第 39 卷第 11 期，第 774 页。

洪朝生博士,但没有任何回应。不久后在南京大学,我说我想见洪朝生博士,仍然没有任何回应。后来我来北京提出相同的要求,当时我还不知道您在院里已经有很高的地位,是低温中心的负责人。找到您后我当时是多么高兴,终于能够对您的思想和原创表达我个人的钦佩和尊敬。

今天我很高兴有另外一个机会表达对您的感谢,祝贺您拥有一个众多朋友和学生尊敬与钦佩的一生。

致以最美好的祝愿!

赫尔穆特·弗里切[①]

值得追述一笔的是,普渡大学哈洛维兹以及他领导的半导体物理组在洪朝生离开普渡大学至荷兰莱顿大学,甚至回到中国以后,在论文发表的署名上所表现出的学术伦理观念与规范。

因为在普渡参与了半导体低温电性的实验,洪朝生先生后来(1950年初——应为1950年6月,引者注)转往 Leiden 实验室继续研究。但是不久之后便束装回国(大陆),因此国际物理文献中,也就不再出现洪先生的名字了。那时期,冷战方酣,东、西方国家之间音讯不通,但是普渡大学的研究人员仍然宽大从容地表现出了坦荡磊落的学术伦理,他们在 1954 年的一篇 *Physical Review*(第 95 卷第 5 期第 1226—1236 页)长篇论文中,仍然将洪先生列为第一作者,并且很诚实地在作者通信处写着:"Last known address: University of Leiden, Leiden, The Netherlands"。半个多世纪之前,普渡大学实验室的研究人员并没有因为洪先生只是他们的一个已经离了职且又行踪不明的博士后,就把他的名字从论文中剔除。显然,至少在 50 多年之前,欧、美的现代学术伦理观念与规范就已经广植人心,根深蒂固了(洪朝生先生返回大陆后,50 年代成为了中国低温物理与低温技术研究的开创者之一)[②]。

---

① 弗里切给洪朝生的信,2010 年 9 月 17 日。资料存于采集工程数据库。
② 林志忠:普渡琐记——从 2010 年诺贝尔化学奖谈起。《物理》,2010 年第 39 卷,第 11 期,第 774 页。

洪朝生的几篇论文数十年间被固体物理界大量引用。他的工作在国内固体物理学界享有很高的声誉，被黄昆及半导体物理学界称为"洪氏能级"[1]"洪朝生现象"[2]或"洪朝生效应"[3]。在"2005世界物理年学术报告会"上，被录入《百年物理大事记》[4]。

参加"北美中国学生会"和"留美科协"活动

在美期间，洪朝生还加入了北美基督教中国学生会（Chinese Student's Christian Association）和留美中国科学工作者协会（Association of Chinese Scientific Workers in U.S.A）这两个进步学生组织，积极参加其组织的各项活动。

1947年秋，他参加了北美基督教中国学生会创办的刊物《中国学生意见》（Chinese Student's Opinion）的编辑工作。北美基督教中国学生会是北美地区最活跃、成员最多、持续时间最长的中国留学生组织，创建于1909年9月。它是在美国和加拿大基督教青年会支持下成立并始终由其给予经济资助的，其宗旨立场与青年会非常相近。

1945年12月，北美基督教中国学生会波士顿支会出版了《中国学生意见》，由同在哈佛大学攻读博士的浦氏二兄弟浦寿昌、浦寿山负责，一年4期。该刊物是以波士顿支会学生之间交流名义刊行，不代表任何党派立场，但在浦氏二兄弟的主持下，逐渐成为宣扬中共观点的刊物。北美学生会执委会曾对该刊物的政治立场颇有微辞，甚至因此考虑停止赞助，但最后还是决定继续支持波士顿支会的出版工作，条件是必须公平地反映不

---

① 李来风：洪朝生。见：陈佳洱编，《20世纪中国知名科学家学术成就概览·物理学卷第二分册》。北京：科学出版社，2014年，第351页。

② 刘士毅：杂质能带与外观激活能的减少。《厦门大学学报（自然科学版）》，1956年第2期，第108–118页。

③ 新学部委员——王启明。《中国科学报》，1992年3月27日。

④ 百年物理大事记。清华大学新闻网站，2005-06-01。

同立场的政见[1]。

洪朝生当时的政治态度,通过他清华大学时的同学、后在哈佛大学就读的常迥的一段忆述可以有所了解:

> 在美波士顿读书的中国学生(麻省理工大学和哈佛大学所在地)大致可分为两派,一派是倾向国民党的,要求苏联从东北撤兵,共产党交出军队。一派是倾向共产党的,主张成立联合政府,共产党不能交出军队。要求美国军队从中国撤出去,对延安有很大的崇敬。在学生中间,常有这两派的争论。洪朝生当时是属于同情共产党一派的。开始时,洪的具体活动比较小,只是思想上倾向进步,后来就比较多些。
>
> 有一件事情。由于当时中国学生思想上的混乱,曾由一些进步同学组织了一个小刊物,名为"中国学生意见"(Chinese Students' Opinion,英文版),编辑是浦寿昌和浦寿山(现在外交部工作,最近随陈毅副总理参加日内瓦会议)。我当时负责发行和订户,洪对这些刊物尽力帮助。我在回国时,把这工作交给洪朝生,洪完全承担下来。后来还写信给我,向国内约稿,曾约屠守锷(党员)写国内学生运动稿寄出发表。洪的思想有很大进展。
>
> 此外,当时介绍国内共产党情况比较多的报纸有华侨日报和香港的文汇报。洪喜欢看这些报纸。在新中国成立前曾来信给我(要我)寄进步书刊,曾寄给他"大江日夜流",他收到后,在同学中传看[2]。

他的汇文中学与清华大学的同学、后在哈佛大学就读并与洪朝生同住一室的卢肇钧也有这样的忆述:

> 我于1947年秋季赴美,在波士顿与洪同处有一年多。这时洪朝生明确表示对中国共产党抱有很大希望,屡次向我谈说中共的革命运动是中国民族唯一的希望。这时他积极反对美国的援助蒋介石政策,

---

[1] 赵晓阳:北美基督教中国学生会及其与中共的关系。《近代史研究》,2011年第6期,第147—151页。

[2] HCS-5-6,常迥:关于洪朝生的材料。存于中科院理化所档案室。

曾在留学生中奔走征求签名向美国政府提出不要援蒋的呼吁。这段期间，他又曾参加办一个进步学生刊物，名"中国留学生的意见"（即上文常涓所提的"中国学生意见"，编者注），这个刊物是有地下党员领导的进步学生所掌握的……这一时期洪朝生的思想进步，曾对我的政治觉悟起了很大影响①。

1947—1948年，洪朝生参与了《中国学生意见》的编辑工作。该刊物由任以都负责，她是民国著名学者任鸿隽和陈衡哲的女儿；另外还有史国衡等人。洪朝生参与出版了四期。

> 每期有四五篇稿。工作是约稿、看稿、商量登哪些稿件。我主要做的事是帮助编制了一个中国学生意见调查表，列出几十个问题（主要是对中国政治局势的看法），每个问题后可以答"是"或"否"，或是在所列出的1、2、3……一种意见中挑选一种（划√）……收回后做出统计（在某个问题上，百分之几的学生是这种意见），在《中国学生意见》上登出结果……我就这些结果写了个很"客观"的说明。结果表明学生中支持蒋介石的是少数。

封二为编辑部介绍，编辑为任以都，编辑部成员还包括洪朝生和史国衡。刊物的联系地址为美国麻省剑桥市奥本街第十八号（18Mt, Auburn Street, Cambridge, Mass）——这正是洪朝生和卢肇钧的住处，联系人为洪朝生。

洪朝生在美期间的另一项重要活动是参加了"留美中国科学工作者协会（留美科协）"。留美科协实际意义是"中国科学工作者协会美国分会"，发起组织者有钱保功、唐敖庆、侯祥麟、葛庭燧、丁儆、黄葆同、冯平贯、陈立等人。后因考虑到美国对外国团体到美成立分会控制很严格，活动受限制，经商议后独立成立组织。中国科学工作者协会于1945年7月1日在重庆成立，第一届理事长为竺可桢，监事长为李四光，总干事为涂长望。抗日战争胜利后，中国科学工作者协会陆续成立了上海、北平、杭

---

① HCS-5-8，卢肇钧：关于洪朝生的一些情况。存于中科院理化所档案室。

州、香港和英国、法国等分会。1946年4—7月，涂长望在对美进行学术访问期间，向中国留美学生宣传中国科学工作者协会的宗旨和目标，推动中国科学工作者协会美国分会成立，得到响应。1948年冬，钱保功、唐敖庆等人发起筹备成立留美科协，发起宗旨为"团结广大的留美科技工作者，把所学到的最新科技知识带回祖国服务"。1949年年初，中共党员、时在芝加哥大学学习的计苏华召集葛庭燧、冯平贯、陈立、丁儆、孙世铮等人决定先成立"留美科协中部分会（美中科协）"，再联络各地留学生，然后建立全美留美科协。1月29日，美中科协在芝加哥正式成立[1]。普渡大学的留美科协组织是冯平贯来发动的，洪朝生、王积涛和屠增权作为联系人，参加的人员有王守武、邓稼先、张文裕等一批人，约占留学生总数的一半。洪朝生于1949年春先后到匹兹堡和芝加哥参加了留美科协的筹备会[2]。

1949年6月18—19日，留美科协在匹兹堡举行全美代表大会，有13个区会的代表共50人出席，宣告留美科协正式成立。洪朝生和谭超夏作为普渡大学推举的代表出席了这次大会。会议讨论并通过了《留美中国科协工作者协会章程》。章程明确提出该协会宗旨有三："联络中国科学工作者致力科学建国工作""促进科学技术之合理运用"和"争取科学工作条件之改善及科学工作者生活之保障"[3]。

会议推举葛庭燧为临时主席。会上有代表提出理事会和监事会应由全体会员通讯选出，代表大会只选干事会，由干事会开展工作，结果选了一个五人干事会，推举侯祥麟为常务干事，由他运作理事会和监事会的通讯选举。干事会成立之后，开展了三个方面的工作：一是发展会员，推动没有成立区会的地方成立区会；二是组织学术专业小组，研究交流国内今后的发展；三是负责出版一份《留美科协通讯》。据1950年5月1日的统计，在美的会员发展到800多人[4]。

1949年9月，留美科协干事会开始运作理事会和监事会的通讯选举。

---

[1] 段异兵：留美科协回国会员名考.《中国科技史料》，2000年第21卷第1期，第14页。
[2] 洪朝生：历史材料.1968年，未刊稿.资料存于采集工程数据库。
[3] 段异兵：留美科协回国会员名考.《中国科技史料》，2000年第21卷第1期，第14页。
[4] 段异兵：侯祥麟与"留美科协".《神州学人》，1999年第2期，第27页。

9月30日，通讯选举在纽约开票，共收到有效票209张，在理事选票中，华罗庚的得票最多，其次是侯祥麟、冯平贯、洪朝生、孙绍谦、张文裕、许如琛、丁儆、余国琮。上述9人当选为留美科协理事。孙本旺得票与许如琛相同，但已经回国，所以不在其中。[①] 根据监事选票结果，赵佩之、洪朝生、涂光炽和严鸣皋当选为监事[②]。

新中国成立后，中央人民政府组织成立了"政务院办理留学生回国事务委员会"，专门负责联系和接待由世界各国回国的留学生、学者，大力争取在西方各国的留学生。1950年1月27日，中国科学工作者协会总会从北京发函给留美科协：

> 新中国诞生后，各种建设已逐步展开，每方面都迫切需要人才，诸会友学有专长，思想前进，政府方面亟盼能火速回国，参加工作……会友们应适当通过各种关系团结我们周围的朋友，即使他们过去政治上稍微落后，只要有一技之长，现在愿意为人民服务，我们都应当争取他们回国，不要局限于会友。

《留美科协通讯》对上述内容予以转载，迅速传递给留学生[③]。从50年代初开始，一批又一批的留美科协会员以及在他们说服和影响下的在美留学生相继回到祖国参加建设，这与留美科协在其中所发挥的积极作用是分不开的。

洪朝生于1950年5月离开美国后，根据国内安排又到荷兰莱顿大学学习工作了一年多，于1951年年底回国。回国后，他通过信件等方式，动员仍在美国的师友、同学回国参加建设。他先后给任之恭、范绪筠、任以都、王霂、陈同章等多人写信，动员回国工作[④]。多年之后，任之恭曾讲起，"对1949年后回大陆工作的科学家如洪朝生等十分钦佩，自己当时是因为有孩子无法回国"[⑤]。

---

① 段异兵：侯祥麟与"留美科协"。《神州学人》，1999年第2期，第27页。
② 段异兵：留美科协回国会员名考。《中国科技史料》，2000年第21卷第1期，第15页。
③ 同②。
④ 洪朝生：历史材料。1968年，未刊稿。资料存于采集工程数据库。
⑤ 范岱年：关于留美华裔科学家。《自然辩证法通讯》，2012年第1期，第4页。

与邓稼先等人的友谊

在美留学期间，洪朝生与许多中国留学生结下了友谊，与同在普渡大学学习和工作的邓稼先、王守武的友谊尤为深厚，共同的理想、信念和家国情怀成为连接他们内心世界的纽带。

邓稼先于1941—1945年就读于西南联大物理系，毕业后在北京大学做助教。1947年考取留美研究生，1948年10月进入普渡大学物理系。由于没有公费资助，邓稼先开始的生活状况是很差的。

图4-4　1950年洪朝生（右）与邓稼先在普渡大学低温实验室简易房前

开始时邓稼先生活很拮据，他只能经常吃最简单的饭食——几片面包、一点香肠，要想顿顿都有饭有菜吃个饱，已经做不到了。他必须计划着吃……即使如此，他偶尔也要空上一顿。

有一段时间，邓稼先和洪朝生合租一间房子，房东是一位和蔼、善良的老太太。她有美国人的直爽性格，和两位青年人愉快相处。这是一幢普通的房子，房顶是尖尖的，他俩就住在靠近房顶的阁楼上。室内有一个隔断，两人各住一半，共同出入一个门。[①]

邓稼先的夫人许鹿希曾讲述过一个邓稼先与洪朝生吃牛排的故事，读来颇为有趣，很能反映二人之间相处之融洽。

还有一次，我们一道去北海仿膳，大家边吃边谈笑着，杨（振宁）先生对稼先说："这回你可以吃饱了，想当年在美国留学的时候，

[①]　许鹿希：《邓稼先图片传略》。合肥：安徽教育出版社，2003年，第64页。

第四章　越洋苦砺磨

你可是常常饿肚子的呀！"可不是嘛，稼先留学的时候，生活很艰苦，开始没有奖学金，吃饭不敢按饭量吃，只能按钱吃。有一段他和洪朝生合住在一位美国老太太的阁楼里。有一次他俩去吃饭，两份牛排端上后，稼先看了看对洪朝生说："我这块小，你那块大。"洪朝生就把自己那份给了稼先……回想起这些往事，杨先生与稼先都笑了。

王守武1945年入读普渡大学，1949年获博士学位，后在普渡大学任助理教授。1948年5月，王守武与同窗三载的葛修怀女士结为伉俪。婚后，他的家便成为中国留学生的常聚之处。王守武回忆道：

>　　自从我们有了小家庭，单身的中国留学生便常来家里相聚，以减轻身在异乡的寂寞。来得最多的是洪朝生、邓稼先等几位好友。大家在一起，免不了诉说思乡之情，倾吐对祖国的眷恋。
>　　我们夫妻二人都是南方人，在吃的方面不大讲究，买来罐头一热，就当菜吃。自己烧饭吃比在餐馆吃便宜得多。这些好友一来，也仅仅烧两三个菜招待。①

邓稼先、王守武和洪朝生于50年代先后回国，回国后同在中国科学院工作，仍保持密切联系。1986年邓稼先逝世后，邓稼先夫人许鹿希与王守武夫妇和洪朝生夫妇经常在一起聚会，温旧叙新，相处十分融洽。

图4-5　2006年9月24日洪朝生（右一）与王守武（左一）、王守武夫人葛怀修（左二）、邓稼先夫人许鹿希（右二）在王守武家中

---

① 何春藩：王守武的青春岁月。中科院半导体所网站，2007-03-14。

1949年10月1日，中华人民共和国成立。当这一激动人心的消息传来，洪朝生和学友们的兴奋喜悦之情溢于言表。9月27日，中国人民政治协商会议第一次全体会议正式采纳五星红旗的方案。9月28日，中国人民政治协商会议主席团公布了五星红旗制作法。次日，《人民日报》刊发了新国旗的图样和制法说明，提供给社会各界制作使用。稍后，纽约《华侨时报》转载了《人民日报》关于中华人民共和国成立的消息和五星红旗图样和制法说明。洪朝生见到后，决定按照图样和制法说明亲手绘制一幅五星红旗，以表达他对祖国的热爱。他找来一张普渡大学印制的坐标纸，按照制法说明的要求一笔一画地描绘起来，直至经仔细对照与图样完全一致时才收笔，然后小心翼翼地将绘好的五星红旗图样保存好。

图 4-6　1949 年 10 月洪朝生在普渡大学时手绘的五星红旗图样

60 多年后，采集小组人员在洪朝生保存的手稿中发现了这幅五星红旗图样。看着它，我们依然可以感受到洪朝生那颗滚烫的心。

到欧洲学低温

洪朝生在普渡大学的这段时间正是新中国成立前后。按照与清华大学的协定，在普渡工作一年半后，应于 1950 年春季回国。于是，他与清华大学物理系主任王竹溪联系，了解回国以后从事哪方面的研究工作为宜——是继续他在麻省理工学院进行的、可与应用有较强联系的阴极电子物理研究，还是开辟基础性的低温物理实验研究？他自己对后者在学术上更感兴趣。这时钱三强、彭桓武已回到清华大学，他们联名回复洪朝生：低温物理很重要，我国也应开展这方面的基础研究，建议其再去西欧一年，以增长低温物理方面的见识[1]。

---

[1] 洪朝生：播种·耕耘·收获——低温物理实验室的兴建与发展.《中国科学报》，1994 年 11 月 21 日。

钱三强、彭桓武在新中国成立初期就提出在我国开展低温物理基础研究的建议，是基于中国当时科技工作的实际状况和未来中国科技工作发展来考虑的。建国伊始，低温物理研究在国内完全是空白，需要从头开始。而低温物理以及与之密切关联的低温技术又是物理学、化学、生物学、医学以及国防工程、航天航空工程等诸多相关领域的基础、先导和重要支撑。此后数十年间科学技术的发展，充分证实了当初低温物理这一棋子落盘的重要性。1950年朝鲜战争中救治伤员对氧的需求而引发的对低温气体分离技术的需求；1954年开始启动的国家工业化进程的需求；1956年制定并开始执行的十二年科学发展规划；1956年开始推进的原子能事业中低温精馏制取重水的任务；1957年随着苏联人造地球卫星上天和美国紧急研制液氢、液氧火箭发动机，我国也将氢氧发动机列为发动机预研项目；50年代开始的"两弹一星"研制任务；六七十年代开展的一系列国防任务，大型空间技术和超导技术等，无不昭示着当年这一建议的远见卓识。

当时低温物理研究的重心是在欧洲，其中荷兰莱顿大学（Leiden University）的低温物理学实验室更是闻名世界的低温物理学的研究中心。由于普渡大学在低温物理研究工作中与莱顿大学有比较密切的联系，洪朝生在此进行的半导体低温电子输运现象的研究中也积累了很好的低温物理基础，因此，经哈洛维兹介绍并与莱顿大学低温物理学实验室联系，莱顿大学同意洪朝生到那里工作一年。

莱顿大学位于荷兰西部的莱顿市，始建于1575年，是荷兰王国历史最悠久的高等学府和最具声望和学术地位的欧洲大学之一，洛伦兹（H.A.Lorentz）、爱因斯坦（A.Einstein）等科学大师都曾在该校任教。这里是现代物理学奠基地之一和世界上第一台心电图仪诞生之地，也是低温物理学科的开创之地。

低温物理是物理学中的一个重要的基础研究分支。1882年，卡末林·昂内斯（H.K.Onnes）在莱顿大学建立了世界上第一个低温物理学实验室。1908年，卡末林·昂内斯成功地液化了氦，获得约1K的低温温度，开始了液氦温度下的物理实验工作，并于1911年发现了金属中奇特的超导电现象。他由此在1913年获得诺贝尔物理奖。为纪念这位低温物理学科的创始人，在他去世后不久的1932年，莱顿大学物理实验室被命名为"卡末林·昂内斯实验室"。第二次世界大战以后，部分国家已有为数不多的几个低温物理实验室进行着宏观量子现象，即超导电性与液氦的超流动性和低温磁性与绝热退磁温度获得的研究。到了战后，由于固体物理学的迅速发展和商品液氦机的出现，使得低温物理学在研究方向和研究队伍上都有很大的扩展。但研究内容主要还是基础研究性质。洪朝生在普渡大学进行的半导体低温电子输运现象研究也是基础研究，与当时刚刚开始的晶体管效应尚无关联[1]。

1950年5月，朝鲜战争爆发前夕，洪朝生到达荷兰，参加了卡末林·昂内斯实验室的超流氦实验研究。这是低温物理学领域中的一项重要基础研究工作。当时任该实验室主任的是著名的低温物理学家戈特（Gorter）。

踏进莱顿大学，洪朝生的第一感觉就是与在美国时物质条件的强烈反差。战后的欧洲，满目疮痍，各种生活用品匮乏，品种单调，质量也差，人民生活非常艰苦。他作为研究助理每月有200荷兰盾的薪水，由于有固定收入，清华大学不再提供任何费用，日子过得相当清苦。时在美国的大姐有时给他寄来一些糖果和小食品，带到实验室和大家分享，同事们都如获至宝，喜不自禁。由于在荷兰预期只有一年，他没有太多时间和精力学习荷兰语，而荷兰同事在私下进行学术讨论甚至开小组会时又不习惯用英语，因此彼此间交流不太方便。

由于在普渡时所做的工作，哈洛维兹一直与洪朝生通信联系，希望他重回普渡大学，继续进行他的杂质能级低温电导研究[2]。但洪朝生是个重约守诺的人，他记得钱三强、彭桓武的嘱托和鼓励，这种嘱托和鼓励使他没有理由扭转自己人生的航程。按照钱、彭二人"增长低温方面的见识"的建议，洪朝生在紧张的科研工作之余，先后到英国、德国、法国、比利时等国家考察了一些物理实验室。他对参观物理学实验室始终是情有独钟，在美期间，他先后参观了耶鲁大学、芝加哥大学、印第安纳大学、罗切斯特大学、俄亥俄州立大学等一批大学的物理实验室以及贝尔实验室等。当然，有时参观也不那么顺利。在参观贝尔实验室时，开始人家不让看，有

---

[1] 洪朝生：播种·耕耘·收获——低温物理实验室的兴建与发展.《中国科学报》，1994年11月21日.

[2] 洪朝生访谈，2011年1月19日，北京。资料存于采集工程数据库。

时好不容易有个机会可以靠近看一眼时，人家又以"车来了"为由把他给支走了。到欧洲后，他又参观了慕尼黑、布里斯托、里丁、伦敦等多所大学的物理实验室以及居里实验室等欧洲著名的物理实验室。1951年八九月间，他利用到英国参加国际低温物理会议的机会，对牛津、剑桥等大学的低温实验室做了约一个月的较详尽的考察。

通过这些活动，我获益匪浅。因为我虽已在普渡大学做出了很有意思的发现——低温下锗半导体中杂质能级上导电的新现象，但毕竟还是物理学识浅薄，迫切需要加强。①

在超流氦中观察到低温临界速度的存在

洪朝生到达卡末林·昂内斯实验室时，卡末林·昂内斯已逝世20多年，但他生前的名言："从实验中获得知识"一直高悬在实验室的大门上。在这里，昂内斯的事业从未停止过。作为世界低温物理的研究中心，当时的昂内斯实验室人才济济，其中不乏像戈特（G.J.Gorter）、凯索姆（W.H.Keesom）这样的国际著名的低温物理学家。不仅如此，昂内斯实验室的实验装备和实验条件经过数十年的积累，在欧洲乃至世界上也是顶尖级的，可以从容裕如地开展多方面的低温物理实验研究。

在如此优越的科研环境下，洪朝生不仅比较系统全面地了解

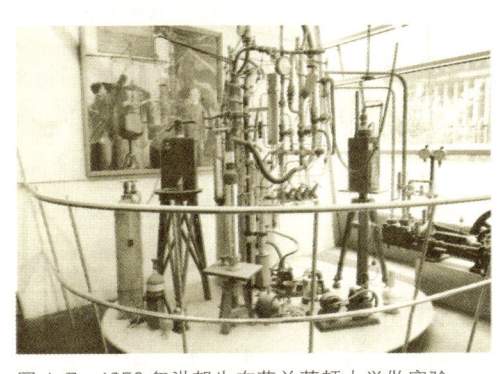

图4-7　1950年洪朝生在荷兰莱顿大学做实验的地方

---

① 洪朝生：播种·耕耘·收获——低温物理实验室的兴建与发展．《中国科学报》，1994年11月21日。

了当时的低温物理学研究前沿，而且从多位物理大家身上学到和感悟到低温物理学的科研思想、实验研究方法和科学精神，不仅充实了自己的低温物理学知识，而且大大开阔了眼界。这些对洪朝生而言，是一笔极其宝贵的人生财富和科学财富，也为他回国后开创祖国的低温物理与低温技术研究奠定了基础。

在昂内斯实验室，洪朝生参加了超流氦实验研究。我们知道，温度低于 2.1768K 时，液态 4He 进入无黏滞性的超流态，称为 He Ⅱ，He Ⅱ 呈宏观量子现象，是物理学长期研究的对象。当时洪朝生的合作者有亨特（B.Hunt）和温克（P. Winkel），他们研究的题目是超流氦中低温临界速度问题（由于 Gorter-Mellink 互摩擦耗散的出现）。几位年轻人合作得非常愉快，结下了很好的友谊，并在该项研究中取得了新的突破。

一次实验后，温克将实验结果拿给洪朝生看，他自己并未看出其中有什么特别的地方。在仔细看完实验结果后，洪朝生发现在图像中有一个不太明显的拐点，不仔细看几乎察觉不到。他敏锐地意识到，这个拐点极可能是有意义的，很可能就是临界值的图像反映。在他的启发下，几个人又做了进一步的实验印证。最终证实洪朝生的推断和分析是正确的。正是他从蛛丝马迹中抓住了事物的本征，使得即将到手的机会没有白白溜走。此后，他们将此项研究中获得的发现以 "Transport Phenomenon of Liquid Helium II in Narrow Slits" 为题完成论文，并发表在荷兰 *Physica* 1952 年第 18 卷上。洪朝生为第一作者。

昂内斯实验室对这一研究成果很重视，推举洪朝生参加当年 8 月在英国举办的第二届国际低温物理会议（LT2）并做会议报告。国际低温物理会议在当时是规格很高的国际会议，会议不设墙报论文（Post），参会人数也严格控制，能在这样的会议上作报告实属不易。会后，该报告纳入 LT2 论文集中[①]。

昂内斯实验室的工作及生活经历给洪朝生留下了美好的记忆，荷兰人（包括在该实验室的非荷裔人）豪爽、真诚的性格也使洪朝生与他们结下了深厚的友谊。回国后的前几年，洪朝生和该实验室还保持书信联系，他也曾给

---

① 李来风：洪朝生。见：陈佳洱编，《20 世纪中国知名科学家学术成就概览·物理学卷第二分册》。北京：科学出版社，2014 年，第 352 页。

图 4-8　2014 年 7 月李来风在荷兰莱顿大学采访温克

实验室的朋友们寄过《人民画报》等，以后联系中断[①]。

2014 年 7 月，第 25 届国际低温工程会议在荷兰召开。洪朝生的学生、中科院理化所研究员、洪朝生学术成长资料采集工程小组成员李来风一行参加了这一会议，并藉此机会访问了莱顿大学昂内斯实验室，拜访了温克等洪朝生的老朋友。

年近九旬的温克见到李来风一行十分激动，他在接受采访中深情回顾了和洪朝生一起相处的愉快时光，还委托李来风把他的一封热情洋溢的信转交给洪朝生。信的内容如下：

敬爱的洪朝生博士、教授：

见到李来风教授听他说您仍然在世，这让我十分惊讶。同样惊讶的还有我的妻子雷尼。这带给我们太多的记忆，在 1950/1951 年您在莱顿大学卡末林·昂内斯实验室，同贝蒂·亨特和我研究液氦。从那时起与此相关的人，在中国，在世界，发生了太多的事情。但是我知道您仍然在物理领域，成为您研究所的负责人。我 1954 年在莱顿大学获得博士学位后，去了爱恩德霍芬的飞利浦研究实验室；后来我离开物理研究，做了多年人事管理工作。

但是多少年过去了，莱顿仍还是那个样子；我重温了和您在一起的回忆：您还记得航行时意外落到冷水中吗？还有亨特给我们的图案？您参加我和雷尼（仍然是我的妻子！）的订婚招待会；您送给我的礼物现在还在。

我听李来风教授说，您后来也结婚了，并且您的妻子也在世。在我们这个年龄，我们正在失去太多的朋友和亲人，所以我们仍在世就

---

① 洪朝生：历史材料。1968 年，未刊稿。资料存于采集工程数据库。

是特别的快乐!

雷尼和我祝您和您的妻子在我们"余下"的日子过得非常好。

再说一遍:我们通过李来风教授得知关于您的事情,感到非常高兴。美好的祝福!

雷尼和彼得
2014 年 7 月 23 日 [①]

筹建低温物理实验室

1949 年 11 月,中国科学院成立。成立初始,中科院即明确了以科学研究方向的确立、科学人才的培养与合理分配和科学研究机构的调整与充实作为建院初期的三大基本任务。时仟计划局正副局长的竺可桢、钱三强为了摸清家底,对全国科技专家情况做了精细调查,掌握到当时全国有相当成就的自然科学家总人数为 865 人,其中 147 人因种种原因尚滞留国外。在这 147 人的名单中,洪朝生在列[②]。清华大学和中科院对洪朝生都很重视。清华大学的周培源很希望洪朝生回国后到清华大学任教,并允以补助回国路费[③]。此时,中科院应用物理所代所长陆学善等人也决定在应用物理所开展低温物理研究,他的这一决定得到钱三强等人的大力支持。钱三强刚刚在国内开展核物理研究,非常清楚核物理与低温的关系,当他了解这一消息后,亲自向陆学善点将,希望洪朝生到应用物理所兼职,参加低温物理实验室的筹建工作。在"全国一盘棋"的思路下,尚在荷兰的洪朝生已明确要身兼两处的工作。

[①] 温克给洪朝生的信,2014 年 7 月 23 日,资料存于采集工程数据库。
[②] 中国科学院 1949-1950 年全国科学专家调查综合报告。《中国科技史料》,2004 年第 25 卷第 3 期,第 231 页。
[③] HCS-5-6,常迥:关于洪朝生的材料。存于中科院理化所档案室。

在欧洲期间，我收到中国科学院应用物理所陆学善先生的来信，说明中国科学院决定建立低温物理实验室，并已与清华大学商妥，邀我到应用物理所兼职。我欣然接受了邀请，从此就开始了与中国科学院的终身结合①。

接下来发生的事情更让洪朝生惊喜不已：

就在我国百废待兴、抗美援朝战事又起的困难时期，中国科学院决定拨款10亿元人民币（即币制改革后的10万元）购置建立低温实验室所需的基本设备，这在当时是极为不易的②。

中科院在拨款之前，首先委托洪朝生在欧洲做些调研。1951年5月，他按照要求先行到德国、比利时等国调研，"了解了西欧一些氢氦液化设备的设计原理、机器配置情况和少部分实验仪器的规格，并向厂家询价"。③10亿元人民币对于刚刚成立的中央人民政府而言是一笔不小的数字，但对于购置低温实验室所需的设备而言，却显得非常不足，"盘子"必须设定在一个合理的"区间"，每一项花销都必须精打细算。洪朝生对此反复比较、思量，并提出了购置"基本设备"的清单。然而更大的问题不在于购置哪些仪器设备，而在于购货渠道，即如何才能购来这些设备。当时的情况是西欧厂家与我国没有贸易往来，西欧科研仪器设备对我国全面"禁运"。

所幸，1951年夏，国家派出科学仪器采购团到民主德国，采购团成员有沈其震、钱临照等人。钱临照写信给洪朝生，邀其到东柏林与采购团会面，商讨订购低温仪器设备事项。洪朝生将其在德国、比利时等国所了解到的有关情况向采购团做了汇报，并提出自己的建议。然而，"到柏林采购就很难买东西了，有很多东西没有，你要买新的东西也办不到，办不成"④

---

① 洪朝生：播种·耕耘·收获——低温物理实验室的兴建与发展.《中国科学报》，1994年11月21日。

② 同①。

③ 同①。

④ 洪朝生访谈，2011年1月19日，北京。资料存于采集工程数据库。

"在那里用了一周时间，我们向前东德厂家订购了小型液化空气机，氢与氦压缩机等机械设备和有关仪表"①。而所订购的液化空气机只能液化空气，并不能实现液氮和液氧的分离。

在这些仪器设备确定之后，洪朝生还向钱临照等人提出需要购买一些低温物理实验所必需的材料，包括德银管、不锈钢板材以及其他一些管材等。由于这些材料属禁运品，他表示可以试着委托卡末林·昂内斯实验室代买。钱临照表示同意，并在洪朝生返回荷兰不久后汇给他少量美元。

怎样才能搞到这些低温实验所必需的材料呢？洪朝生找到了实验室的一位名叫塔科尼斯（K.W.Taconis）的教授，请他给予帮助。塔科尼斯是个正直善良的人，对洪朝生非常好，"他不觉得我们这个国家是个什么魔鬼国家"②。当得到洪朝生这一请求后，满口应允，帮他凑了满满一大箱子管材、板材，还有部分小设备等。经与实验室商议，除代买的部分按原价计算外，其他的均为免费赠送或只是象征性地收一点费用。"这些东西都是特别有用的"③，洪朝生回忆道。

1951年11月，洪朝生从荷兰到英国桑顿上船，启程回国。除随身行李外，他还带着塔科尼斯筹来的满满一大箱低温实验所用的材料和几件小型设备。船到香港时，香港海关的一位公职人员不允许他登陆，同行的三个中国学生都放行了，只有他被扣在船上一天多。那个公职人员执意要把他的箱子撬开检查，洪朝生坚决不肯，因为他知道，"如果一撬开，这个东西根本不让你过去"④。洪朝生揣摩这个人的故意刁难无非是想要"敲竹杠"。无奈，到后来只好塞给那人100多美元，这才算放行⑤。

终于进入罗湖，踏上祖国的土地，此刻洪朝生百感交集。从抗日战争胜利后不久到加尔各答候船时起，屈指算来，已经整整六年了。多少艰辛，多少苦涩，多少屈辱，多少喜悦，从此刻起将化为报效祖国的动力。

---

① 洪朝生：播种·耕耘·收获——低温物理实验室的兴建与发展.《中国科学报》，1994年11月21日。
② 洪朝生访谈，2013年10月18日，北京. 资料存于采集工程数据库。
③ 同②。
④ 洪朝生：历史材料. 1968年，未刊稿. 存地同②。
⑤ 洪朝生访谈，2013年10月21日，北京. 存地同②。

第五章
回国拓低温

建立低温物理实验室

1952年年初,洪朝生风尘仆仆地回到北京。阔别14载,眼前的一切令他既熟悉,又陌生,但更多的是亲切。这里有他儿时的记忆、家人的温暖、学友的情谊,更有他即将开始并与之终生厮守的低温事业。

到京后的第二天,洪朝生急急火火地赶到应用物理所报到。应用物理所当时位于北京东皇城根,与刚成立不久的原子能所毗连。时值春节将至,应用物理所人员已经放假了,只有一个值班的工作人员。洪朝生对那位工作人员说"我来服务来了"。那个人说"今天不行,等上班吧"[①]。

春节过后开始上班。洪朝生第一感受便是"看了看科学研究的环境,对低温工作没有信心,以前自己假想的计划似乎不适合目前发展的实际,究竟自己该做什么研究工作,自己也还想不通"。其实早在欧洲期间,陆

---

① 洪朝生访谈,2011年1月19日,北京。资料存于采集工程数据库。

学善来信说明中科院建立低温物理实验室并邀请他兼职时，洪朝生在回复中就提出"如果有低温设备便来所工作"的意见[①]，这是他当时的真实想法。然而现实是，在民主德国订购的小型液化空气机等设备最

图 5-1　1989 年中国物理学会第四届第二次理事会上严济慈为洪朝生（背影者）颁发第一届"胡刚复物理奖"

早 1953 年才能到货，低温物理实验尚无从谈起。他此时所能做的，只有等待和把不切实际的想法转移到现实当中来，立足现实，着眼发展。

1952 年春，"三反"运动在全国开展，洪朝生被派到天津华仪厂去做"三反"查账工作，这项工作大约进行了三个月。5 月，他作为兼职教授到清华大学授课，当时的清华大学物理系教授除洪朝生外，还有叶企孙、周培源、王竹溪、杨立铭等，皆为名重一时的物理学家。1952 年秋，知识分子思想改造运动开始，与其他知识分子一样，他认真学习，接受改造，清除帝国主义、封建主义和官僚资本主义的政治思想影响，树立为人民服务的思想，努力使自己适应新中国建设。

1953 年年初，应用物理所开辟填补国内空白的半导体物理和低温物理两个领域，并设有光谱学组、磁学组、半导体组、结晶学组、低温物理组 5 个研究组，洪朝生为低温物理组负责人[②]。并负责制订低温物理组五年发展规划。他在《发展规划》中首先提出了研究组的发展方向和目标：

一、本门科学的基本工作是研究物质（主要是固体）在低温度下的物理性质，包括：

甲、最低温度下的物理问题，这些问题虽然是在最低温度下的表

[①] 洪朝生：历史材料。1950 年，未刊稿。资料存于采集工程数据库。
[②] 李俊杰：中国科学院物理研究所简史（1928-1983）。1988 年，内部资料。

现，但是对其认识却关系宏观物质的原子及电子结构的基本问题，是有广泛、基本的意义的。

乙、物质在普通温度下的研究推广到低温度来，由各种不同温度下物质性能改变的认识，可以更好地了解在普通温度下各种现象的机构，低温度实验可以说是作为其他物理研究的重要工具。

本门学科主要的任务虽然并不是为了直接解决生产上的问题，但是通过对物质结构的认识的提高，可间接影响生产。

二、本门科学在本所才开始建立，目前国内并没有其他机构做这方面的研究。本所应当担负起建立低温物理研究的中心工作，以后协助高等学校及其他物理研究部门发展低温研究工作。

三、本门学科在本所的发展方向应当是，主要的在于最低温度下广阔领域的探求，在低温实验技术逐渐为一般实验工作者所熟悉后，那么"一、乙"项的大部分工作便可由半导体学工作者、结晶学工作者担任起来。

目前因我们是开始建立，五年内的工作对于"一、甲、乙"两项工作并重。五年内要达到的目标是：

甲、建立起一个完备的低温实验室，熟习各种必要的实验技术，可以从事各方面的低温物理研究工作。

乙、配合本所其他各组进行研究工作，使各组的研究能充分利用低温度研究的工具以解决问题。

丙、为五年以后大力发展最低温度物理研究打下坚实广泛的基础。对于最低温度物理的各主要方向都做了初步的研究工作，掌握了这些方向中主要问题所在，熟习存在的理论和实验材料，使在五年后有一定的方向致力于解决这些问题[①]。

《发展规划》中还明确了五年内的重点工作、发展的步骤和规模。在五年度的主要工作中，明确1953年的重点工作为低温物理实验室基本设备建

---

① 洪朝生：低温物理组五年规划。1953年，未刊稿。资料存于采集工程数据库。

立；1954年的重点工作为实验室基本设备的建立、技术性工作（氖、氩气体的分离）、室温到低温范围内物理的研究（半导体的电子能位分布及迁移率问题）、低温实验技术的建立（低温X射线结构分析、低温吸收光谱、低温绝热去磁）；1955年的重点工作为技术性工作（氖、氩气体的分离、液化器的研究）、室温到低温范围内物性的研究（半导体、发光体的电导，吸收光谱研究，金属的力学性质研究）、最低温度下的物理问题（低温绝热去磁、超电导的研究）；1956—1957年的重点工作为技术性工作（液化器研究、工业上的咨询）、室温到低温范围内物理的研究、最低温度下的物理问题（绝热去磁、高频磁性吸收现象、超电导、液体氦Ⅱ的研究）[1]。

在国内尚无任何低温设备、低温物理研究尚属空白的状况下，能够做出如此明晰的学科发展规划实属不易。它凝聚了洪朝生的心血，显示出他的战略眼光和科学精神。

组建低温物理研究组，基本建设是一项至关重要的工作。基本建设主要包括两个方面，一是实验室基本设备，另一项是实验及科研办公场地。低温实验室基本设备所包括的液体空气机，氢、氦压缩机及抽气机等将在1953年后陆续到达。鉴于应用物理所地处市中心、空间狭小且已有迁出意向，故实验及办公场所受到限制，洪朝生提出一个比较紧缩的方案——1953年液化器部分占地200平方米，到1957年研究部分共需300平方米[2]。这已是能够开展工作的最低标准。

关于人员配备，当时的低温物理研究组除洪朝生一名高级研究人员外，只有一名初级研究人员、一名技工及一名徒工。洪朝生在《发展规划》中提出根据工作开展需求，逐步增加人员配备，到1957年达到高级研究人员2～3人、中级6人、初级12人、技术人员7人，形成约30人的规模队伍。他还提出人才队伍配备的渠道：研究人员一般由大学毕业生逐步培养；理论物理方面有一至二人希望由研究院毕业生逐步培养；技术人员一般由初中和高中毕业生培养[3]。

---

[1] 洪朝生：低温物理组五年规划。1953年，未刊稿。资料存于采集工程数据库。
[2] 同[1]。
[3] 同[1]。

洪朝生的这一人才队伍发展规划后被证实与实际发展是基本吻合的。根据中科院计划局1959年调查统计，这时的低温物理研究室已扩至47人，其中包括研究员1人（洪朝生）和副研究员2人（他们是1956年先后从美国回国的曾泽培和周坚）、助理研究员1人、研究实习员9人、见习员30人、技工4人，科技实力显著增强[①]。

除前所述的各项外，思想观念的转变是根本性。这一时期的他，逐步调整了国家需求和科研工作关系的认识。1953年7月5日，科学院邀请各有关研究所、各高等学校的物理学家和产业部门的代表开座谈会，讨论应该怎样结合我国实际来学习苏联先进经验，改进我国物理科学方面的工作。座谈会由中科院副院长吴有训主持。洪朝生在会上的发言很能体现他思想认识上的转变：

> 我们应该面向国家建设需要，为产业部门解决关键性的问题；只要能够抓住关键性问题，科学理论的水平就一定会随着问题的解决而提高。[②]

这与中科院后来提出的"以任务带学科"的说法十分相近。

由于气体液化的特殊性质，在开展工作前必须申报科研生产的相关许可手续。洪朝生亲自找到有关管理部门，几经周折，终于办妥。这样他们就可以抢出时间，一待民主德国的设备到位，即可开展工作。

洪朝生1954年晋升为中科院应用物理所研究员，成为我国低温物理领域的第一位研究员。1958年，中科院应用物理所更名为中科院物理所。1959年，物理所决定将原研究组扩大为研究室，全所设有光谱学、磁学、固体发光、晶体学、低温物理、金属物理、固体理论、固体电子学和半导体物理9个研究室及物化分析组[③]。洪朝生任低温物理研究室（五室）负责人。

[①] 洪朝生：低温物理组五年规划。1953年，未刊稿。资料存于采集工程数据库。

[②] 科学工作者对于学习苏联、发展我国科学工作的意见。《科学通报》，1954年第1期，第46页。

[③] 物理所大事记。中科院物理所网站，2009-07-08。

在国内首次实现氢的液化

1953年，从民主德国订购的小型液化空气机、氢与氦压缩机等机械设备和有关仪表到位。这些低温设备成为我国低温事业初始阶段的重要物质基础，新中国的低温事业将在此基点上起步。

1954年5月，低温物理组利用购入的空气液化设备开始生产液体空气。除作为下一步开始的氢液化器的预冷外，还提供应用物理所及外单位人员使用，并开始研制低温下各种物理性质测量装置，开展一些初步的低温物理研究。

液化空气成功后，洪朝生带领青年技术人员开始设计和研制液空预冷、节留循环、真空绝热，产量为每小时6升的氢液化器。这项工作得到中科院及应用物理所的大力支持。"新建实验室用房、购置各种器材、拨给重要设备等都顺利进行。"[①] 应用物理所还为低温室配备了部分新毕业的大学生、见习员和技术工人。

对于氢液化以及稍后开展的氦液化系统的设计工作，洪朝生在荷兰莱顿大学昂内斯实验室有所了解，其原理是清楚的，但将原理通过一步步的设计、研制、调试来实现，这些工作他从来没有做过。他在普渡大学和莱顿大学做低温物理实验，液氢和液氦都是现成的，而现在必须不断在实践中摸索和改进；加之当时我国工业基础十分薄弱，所需加工材料和加工精度往往达不到工艺要求，因此，这项工作是有相当难度的。在开展工作之前，吴有训曾对洪朝生说："你是不是买一个液氦机，你在国外不也是用现成的液氦机吗？"洪朝生深知，能买到氦液化机固然最好，直接买来可以做更多新的东西、能出更好的成果。而现实情况是，欧美具备氦液化机生产能力的国家对华禁售，根本无法买到。在别无选择的情况下，洪朝生下

---

① 洪朝生：播种·耕耘·收获——低温物理实验室的兴建与发展.《中国科学报》，1994年11月21日。

图 5-2 1964 年中科院物理所低温研究室研制的中国第一台长活塞膨胀机式氦液化器

定决心:"这个我得自力更生,自己来干"①。

在洪朝生指导下,白伟民、朱元贞等进行了传热与热交换和管道中压力降的计算、设计和绘图。零部件由应用物理所附属工厂加工,热交换器等几个特殊部件则在实验室研制,总装置在实验室进行装配。由于靠自己的力量从头做起,氢液化系统在设计过程中也曾不可避免地走过一些弯路。起初,有些设计没有抓住主要问题,有些设计事先考虑不周,例如过分强调用高真空、氢压气吸气管的管径选择存在偏差、液化器的外筒设计与实际需求不匹配等,此外在加工方面也存在漏气和运转不畅等问题。洪朝生和室内科技人员一起对设计、安装、调试中出现的问题反复研究分析,逐项调整和改进,使之逐步完善。经全组人员的共同努力,1956 年,我国自己设计、自行加工的第一台林德型(利用节流膨胀效应)氢液化器终于调试成功,在国内首先获得了液氢,其生产率为 6 升／小时。

氢液化器的研制成功,在中国的低温物理史乃至中国科学史上具有重要意义。我们知道,氢气的液化可以给出比空气液化时更低的温度。在正常的大气压力下,液体空气依氮与氧含量的不同,沸点一般在 60～90K 之间,液氢为 20.4～21K,液氦为 4.2K。因此,有了液氢以后,可以满足低温物理试验室在比液体空气更低的温度下进行研究工作。此外,液氢也是林德型氦液化器制取液氦的预冷剂。

由于该氢液化器是我国自主研制的第一台氢液化器,其本身在结构上

---

① 洪朝生访谈,2011 年 1 月 19 日,北京。资料存于采集工程数据库。

存在某些缺点，需要进一步完善。为此，1959年11月，应用物理所邀请苏联乌克兰物理研究所专家苏朵夫卓夫前来进行为期三个月的指导工作。当他来到物理所时，发现低温室已实现氢的液化，于是说："你们这里都有人做了，还找我干什么"①。但当进一步了解情况后，苏朵夫卓夫坦诚地指出了存在问题的原因并提出新的设计方案。在他的指导下，低温室在原有氢液化器的基础上很快研制成功5914型氢液化器。与原氢液化器相比，5914型氢液化器具有安全性能好、操作简便以及效率高等优点。其设计效率为14立方米/小时，但由于当时不是使用液氮预冷，而是使用自己生产的液体空气预冷，因此实际液氢产量为10立方米/小时②。

对于液氢从无到有、从小到大的发展历程，洪朝生感触颇深：

> 我们对氢技术是从头做起，气体的生产净化和液化，液氢的储存、使用和安全技术等都是经过设备设计、试验的过程，所以在小规模液氢上的经验对于50年代末酝酿大规模液氢技术应用也起了参考作用③。

在低温室氢液化技术的基础上，化工部在大连化工厂建立了大型液氢生产设备和液氢精馏制备重水的设备，为国家的航天事业以及"两弹一星"工程创造了重要的条件。其间，物理所低温室还建立了生产氢气的1500安培低压电解槽及氢气纯化和纯度分析装置④。

原中科院党组书记、原国务委员张劲夫在《请历史记住他们》一文中这样记述洪朝生和他所领导的低温团队的氢液化工作及贡献：

> ……实验基地的主要实验方向是先试验液氧，要把氧气变成液体，它需要低温。科学院在中关村建立了一座气体站，可以集中相当

---

① 洪朝生访谈，2011年1月19日，北京。资料存于采集工程数据库。
② HE1215-5.3-8-01，5914型氢液化器概述。存于中国科学院档案馆。
③ 同①。
④ 《中国科学院物理研究所志》编委会：《中国科学院物理研究所志》。北京：中国大百科全书出版社，2015年，第144页。

数量的氧气、氢气。既供应民用，也供科研使用。科学院物理所洪朝生负责的低温实验室专门研究低温，把温度降低，氧气就变成液体燃料了。首先用液氧，需把温度降到零下180摄氏度左右。但推力大的是液氢，可制成液氢的难度就大了，需要把温度降到零下250多摄氏度左右，氢气才能液化，而且氢气还容易爆炸[①]。

引文中所提到的中关村气体站（又称低温车间）是低温组（室）为开展气体液化工作而建立和逐步发展起来的。最初建于城区黄城根应用物理所内，1962年为安全和事业发展考虑，迁至中关村物理所内。新建的低温车间由液氮、液氢和液氦三个主要部分组成，为独立建筑。新车间建成后，生产条件有了明显改善。为了建好低温车间，洪朝生从总体设计、总体要求、布局安排以及辅助性建筑安排等方面都花费了大量的心血。

在国内首次实现氦的液化

从1956年开始，洪朝生带领低温室青年科技人员进行建立氦液化系统工作。应用物理所在"建立低温物理实验室基本设备"中心课题下，将"建立氦液化系统"作为1956—1957年研究课题，洪朝生任课题负责人。年度研究课题的"目的是产生液体氦"；预期最终结果是"建立起用液体氢预冷的林德型氦液化器，每小时产出约3升的液体，可供本所一般实验的需要"；年度预期达到的目标是基本完成液化系统及液化器的设计工作；年度课题的起讫日期为1956年7月—1957年12月31日。研究工作的内容和进度为：①建立氦液化系统的准备工作——完成各部分零件（1957年1—6月）；②装置氦液化系统（1957年6月）；③装配氦液化器（1957年6—9月）；④液化实验——氦液化系统的改进工作（1957年9—12月）[②]。

[①] 张劲夫：请历史记住他们.《人民日报》，1999年5月6日。
[②] HE1215-（57）501，1957年度研究课题说明书。存于中科院档案馆。

研究课题计划制订后，从事氢液化系统的原班人马即据此开展工作。后因"反右"运动以及其他因素影响，工作进展有所拖延。1958年"大跃进"以后，低温室工作人员增速较快，许多人是从初高中毕业生和复员转业军人中招来的，文化知识及专业知识比较薄弱。针对这一情况，洪朝生合理调整力量，实行分组管理和指标管理，对参加该项工作的"各部分人员提出工作指标，各部分内又订出分工作指标，分步提出试哪一些、试成哪一些、有哪些现在就改装的"。他在低温室组织开展低温技术课学习，并采取了实际操作和专业文化课测验等措施。他强调发挥大家的主观能动性，"要求工作人员思想一致，努力完成所需要进行的各项工作。要大家积极主动，不能有些事落空。一定要学得扎实、做得扎实，钻得好"[①]。

1959年，低温室开始进入氢液化系统试车和改进阶段。低温室科技人员在洪朝生带领下，不分昼夜，先后进行数十次开车试验。为了提高效率，他在每次试验前，首先对试验目的加以明确，列出需要通过试验解决的各项问题。例如在4月27日第三次氢液化器试车前，他明确提出主要试验液氢产量、振荡问题、液氢消耗量、液体空气消耗（漏热）、液体空气预冷操作、液氢预冷操作、放出液氢的效率以及真空8个方面的问题。在氢液化器试车和液氢温度活性炭纯化器等专项试验中，他先后发现辐射罩温度不满意、液化器漏气、预冷管路堵塞、管路真空封接不可靠、杜瓦瓶真空不好、液氢和液体空气耗量过大、液化率低、氦气柱震荡、辐射屏作用不满意、仪器仪表显示不稳定或不准确以及工作人员操作不熟练等一系列问题。每一次试验后，他都会写出试验结果报告，总结试验的成效及存在的问题，并在此基础上进行试验结果分析讨论，提出改善、改装和调整方案，逐项加以解决。在试验过程中，曾经出现过氦气震荡现象。曾泽培提出，国外实验室也曾发现过氦气在管道中因产生震荡而损失大量冷量，因而不能液化的现象。根据他的意见，低温室改变了管道的长度并采取了相关措施。

---

① 洪朝生：工作记录（编号0001）。1959-1960年，未刊稿。资料存于采集工程数据库。

经过"提出试验目的—试验—取得试验结果—结果分析—改进（完善、改造与改装）—再试验"的多次反复，低温组于4月、5月间成功地实现了氢的液化。1959年9月9日，氢液化试车中产出液氢约6升，液化率为每小时4～5升；9月11日和17日又先后产出液氢6升左右，分别供给电子所和低温室520组和530组使用①。此后经进一步完善，液氢车间开始有比较稳定的产出，并作为国内唯一的液氢供应源，提供部分科研单位使用。

在总结我国低温物理发展历程时，超导专家赵忠贤曾说：

> 1959年，我国首次用自制的氢预冷的氦液化器生产了液氦，为低温物理实验研究提供了初步的但是必要的条件，这是我国低温物理学及相应技术发展的开始。从这个意义上讲，我国低温物理学的发展应从1959年算起，至今是二十三年而不是三十年②。

当时的氦液化器采用的是林德循环方法，设备庞大、技术复杂，技术安全性较差。1960年，洪朝生领导的项目组开始研制带活塞式膨胀机预冷的氦液化器，以便取消液氢预冷。开始时膨胀机方案参照科林斯型和卡皮查型的结构与工艺，但由于其要求加工精度很高，未能试成。

1962年年底，以实习员身份参与这项研究的周远大胆提出采用室温密封长活塞结构代替原设计方案的设想。这一设想起初并不被低温室内一些人认同。洪朝生支持周远对氦膨胀机作根本性改进的设想，在他的支持下，周远等科技人员与技术工人相结合，经共同研究、设计、加工、调试，于1964年12月将新型长活塞膨胀机预冷的氦液化器研制成功，并于1965年完善定型运转，同年召开全国鉴定会议后，在国内推广使用③。

洪朝生对周远这个敢想敢干的年轻人十分看重。周远从清华大学毕业后，被分配到中科院半导体所，洪朝生亲自出面将其调入物理所低温研究室，着力加以培养。1989年，周远接替洪朝生任中科院低温中心主任，由

---

① 洪朝生：工作记录（编号0001）。1959–1960年，未刊稿。资料存于采集工程数据库。
② 赵忠贤：我国低温物理发展三十年。《物理》，1983年第7期，第401页。
③ 带活塞式膨胀机预冷的5升/小时氦液化器。科技成果登记表。存于中科院档案馆。

于周远在长活塞型膨胀机替代液氢预冷的氦液化器研制和低温工程、小型制冷技术研究领域的突出贡献，2003年当选为中国科学院院士。

对于氦液化技术推广使用的意义及影响，赵忠贤有如下评价：

图5-3　90年代洪朝生（右）与周远（左）在洪朝生办公室

> 1964年，又研制成我国第一台氦活塞膨胀机，并以此为基础制造了氦液化器。这个研制过程与美国麻省理工学院同时期改型研制的同类结构的氦膨胀机是独立并行的。1965年以后，国内先后制成这种氦液化器约20台，产量由每小时5升到35升。低温和氦液化技术的普及及推广，不仅促进了低温物理实验研究，更主要是为超导电技术的应用、空间低温技术、低温电子学与低温生物学的发展提供了条件和必要的技术储备。这方面的成绩先后受到中国科学院和全国科学大会的嘉奖。对发展我国低温技术的先导者及他们的创业精神，从事低温物理以及超导电技术研究的科技工作者一直怀有深切的敬意[1]。

参加"十二年科技发展远景规划"的制定工作

1956年，为了满足国家建设飞速发展的需要，也为了使中国的科学技术迅速赶上世界先进水平，中央决定编制《1956—1967年科学技术发展

---

[1] 赵忠贤：我国低温物理发展三十年。《物理》，1983年第7期，第401页。

远景规划》(以下简称《十二年规划》)。《十二年规划》的目标是：迅速壮大我国的科学技术力量，力求某些重要和急需的部分在十二年内接近或赶上世界先进水平，使我国建设中许多复杂的科学技术问题能够逐步地依靠自己的力量加以解决，做到更好更快地进行社会主义建设。《十二年规划》的基本方针是"重点发展，迎头赶上"。基本原则是：从中国的实际出发，适合中国当时的发展目标，"以任务为经，以学科为纬，以任务带学科"。《十二年规划》从13个方面提出了57项国家重要科技任务，包括了616个中心问题，并提出了12项科学研究重点[①]。这一规划对新中国的科技发展起到了重要的推动作用，意义重大，影响深远。

规划分为两个阶段进行：第一阶段由中国科学院、各产业部门及高教部门分别提出本部门的规划草案，在2月底以前完成；第二阶段从3月开始，以中科院各个学部为基础，会同全国的科学家对各部门的规划进行综合和审查。洪朝生参加了前后两个阶段的工作。

在第一阶段，中国科学院的规划工作是由不同学部进行的。各学部按学科小组进行了分组讨论，经反复讨论，各学部提出了初步的规划草案，并就各个学科的中心问题的重要性、国内外情况、工作内容和步骤等，指定相关科学家起草各学科及各分支学科的学科规划。各分支学科的规划是通过起草学科说明书来进行的，这是规划的一项重要的基础性工作。

根据学部指定，洪朝生起草了"低温物理说明书"。在说明书中，他列出该学科的6项中心问题：①半导体与金属在极低温

图5-4 2006年4月26日洪朝生（前排中桌左侧）参加在中科院举办的纪念十二年科技发展规划50周年座谈会

---

① 1956-1967年科学技术发展远景规划纲要（修正草案）。见：中央文献出版社编，《建国以来重要文献选编》(第9册)。北京：中央文献出版社，1994年，第436-540页。

度下的电学与磁学性质。②金属与合金的超导电性；③极低温度下磁性的探讨；④极低温度下原子核磁性的研究；⑤绝对千分之一度以下温度领域；⑥液体氦的超流动性。此外还提出带有交叉性质的中心问题一项，即固体的低温力学性质（应包括在金属物理范围内）。在上述中心问题中，他将①②两项列为科学研究重点[①]。在说明书中，他还对中心问题的意义、研究内容、国内和国际现状分析、研究队伍、研究机构等方面问题加以阐述。

在各分支学科说明书的基础上，中科院学部组织进行了各学科十二年规划草案的编制工作。包括洪朝生在内的60多位物理学家于1956年3月完成了《物理学十二年远景规划草案（初稿）》（以下简称《初稿》）的编制任务。纳入《初稿》的分支学科包括理论物理、无线电电子学、半导体物理学、光学、晶体学、金属物理学、磁学、声学和低温物理学，此外还包括同位素。《初稿》是制订《十二年规划》初始阶段的工作成果，基本上没受到"任务带学科"原则的影响。它作为新中国物理学发展的早期设计，为《十二年规划》的制定奠定了基础，充分体现了物理学家按学科发展物理学的思想，对推动中国现代物理的发展产生了积极作用[②]。

在《十二年规划》制定的第二阶段，洪朝生参加了《十二年规划》的集体讨论工作和制定工作，先后参与了《1956—1967年基础科学学科规划》中的物理学科规划和半导体科学技术发展规划的讨论和制定。

1956年3月，国务院正式成立科学规划委员会，全面负责《十二年规划》的制订。在制订过程中，科学规划委员会经过讨论提出"以任务带学科"原则。对于这一原则，部分老科学家担心可能造成不重视基础研究的后果。为解决这一争论，根据周恩来指示，《十二年规划》增加一项任务，即重要科技任务的第56项——"现代自然科学中若干基本理论问题的研究"，其中包括数学、力学、天文学、物理学、化学、生物学、地质学及地理学八个基础学科。"现代自然科学中若干基本理论问题的研究"同时

---

① 洪朝生：十二年科学规划。1956年，未刊稿。资料存于采集工程数据库。
② 孙洪庆，陈崇斌：新中国物理学发展的早期规划《物理学十二年远景规划草案（初稿）浅析》，《中国科技史杂志》，2010年第31卷第3期，第283页。

也被列为 12 项科学研究重点之一。这一举措为包括物理学在内的基础学科在《十二年规划》中设定了相应的位置。在《1956—1967 年基础科学学科规划》物理学科规划制订过程中，洪朝生独立起草了"低温物理"部分，并和叶企孙共同起草了"热物理"部分①。《1956—1967 年基础科学学科规划》于 1956 年 7 月完成，并于同年 10 月下发各部门、各省市征求意见，后来成为《十二年规划》的一个附件，成为《十二年规划》的重要组成部分。它是在《初稿》的基础上，充分考虑了国家任务后制定出来的，在内容上与《初稿》有比较紧密的联系，但在制定方针、出发点、侧重点、规划内容、发展思路上有了比较大的调整。

　　洪朝生在这一阶段参加的另一项重要任务是参与《十二年规划》的集体讨论和制定工作。1956 年 3 月，在周恩来亲自主持下，全国 600 多位科学家和以拉札连柯为首的 18 位苏联专家参与了规划的制定工作。洪朝生参加的是半导体科学技术发展规划制定小组，组长是应用物理所所长施汝为，副组长是黄昆和王守武。半导体科技规划分半导体科学和半导体材料两组进行，施汝为、黄昆、王守武、程开甲、卢嘉锡以及苏联专家伏尔等数十位物理学家参加了规划制定工作。洪朝生同这些科学家一起，就半导体科技发展进行了认真的研讨，积极倡导在我国加速发展半导体科技事业。根据他们的意见，《十二年规划》将半导体列为优先发展的重点方向。在规划制定过程中，国家科学规划委员会又制定了 1956 年的四项紧急措施，发展计算技术、半导体技术、无线电电子学、自动学和远距离操纵技术的紧急措施。紧急措施所采用的方案是：采取有力措施，集结力量，建立研究基地，培养干部，赶上国际先进水平。按照这个方案，在半导体方面采取两项重大措施：一项是在北京大学内，联合北京大学、复旦大学、厦门大学、南京大学和东北人民大学五校师生，开办我国第一个半导体专门化课程，为以后的半导体研究培养急需的科技人才；另一项是在中国科学院应用物理所的半导体研究室，邀请全国各地的与半导体有关的教授、

---

　　① 孙洪庆，陈崇斌：新中国物理学发展的早期规划《物理学十二年远景规划草案（初稿）浅析》．《中国科技史杂志》，2010 年第 31 卷第 3 期，第 276 页。

专家和科技工作者集中力量进行半导体研究的科技攻关[①]。此后，我国半导体事业的快速建立和蓬勃发展，这得益于我国物理学家对半导体科学技术重要性的远见卓识和国家科学规划的政策保障。

参与创建中国科学技术大学低温物理专业

十二年科学技术发展远景规划之后，我国科技事业蓬勃发展，而科技人才缺乏，从高等学校分配的毕业生远远不能满足中科院的需要。参照苏联科学院新西伯利亚分院与新西伯利亚大学所系结合的经验，1958年5月9日，中国科学院党组向聂荣臻和中宣部呈送了院办大学的请示。6月2日得到中央书记处批准，6月8日成立筹备委员会，仅用3个月就筹备就绪。

1958年9月20日，中国科学技术大学（以下简称"中国科大"）在北京西郊正式开学。中国科大创建时设13个系，均聘请中科院的相关研究所所长与专家担任系主任，13个系中与物理相关的系有7个，分别是原子核物理和原子核工业系、技术物理系、化学物理系、物理热工程系、生物物理系和地球物理系。首届招生1600名。中国科大学制为5年，学生入学后的前3年是不分专业的，全系统一上基础课，几乎所有主干课程都是由研究所专家担任。由于办学时间仓促、缺乏师资，中国科大采取

图 5-5　中国科学技术大学低温物理专业首届毕业生在校内合影（右五为洪朝生）

[①] 顾永杰，高海：简述半导体研究应对《十二年科学规划》的紧急措施.《山西大同大学学报（自然科学版）》，2013年第29卷第1期，第94页。

第五章　回国拓低温

的办法是"全院办校，分头包干"，即各系的教学管理工作由有关研究所对口分包。建校初期，与中科院物理所紧密对口结合并由物理所分包的是技术物理系（1964年经合并后改为物理系）。技术物理系的名称及其专业设置完全体现了当时的办学宗旨，强调理论和技术的结合，所设专业都是当时国家急需发展的、最有应用前途的固体物理前沿学科。其专业设置也与物理所研究室设置基本吻合，技术物理系首任主任由物理所所长施汝为担任[1]。在技术物理系中和物理所的低温研究室相对应的设有低温物理专业，这是我国第一个低温物理专业。

中国科大低温物理专业的设置，令洪朝生喜出望外。1953年，他在制订低温物理研究组的发展规划时就提出研究人员由大学毕业生逐步培养的思路，着眼点还在物理专业。仅仅过了几年，中国的高校就有了自己的低温物理专业，这对他是很大的鼓舞和激励，为此他呕心沥血地投入到该专业的教学和科研工作中。

随着58级即将进入专业课教学，技术物理系的教学设施和专业教师队伍急待形成，然而玉泉路校区的基础建设远没有达到基本教学需要的程度，中国科学院物理所和半导体所（1960年在物理所半导体室基础上组建）就及时承担起在中关村帮助建设技术物理系专业实验室和专业课教学的责任。物理所派出黄有莘到技术物理系任专职副主任；中国科大任命一批研究室主任兼任各专业教研室主任，其中洪朝生任低温物理教研室主任。1961年下半年，为解决58级学生上专业课和做专业实验问题，物理所低温室动员很大力量备课和建设专业实验室。物理所腾出一座小楼供技术物理系建立专业实验室，这座小楼因为是一座红砖墙楼而得名"小红楼"。该系从1961年开始一直使用到1969年中国科大迁至安徽合肥时止。为加强所校联系、做好具体教学和教学实验，物理所对每个专业都指定了对口联系人，低温物理专业的对口联系人由曾泽培担任[2]。

低温研究室完全承担了前几届低温专业课的课堂教学工作。洪朝生和曾泽培等人共同承担了低温技术、低温物理实验技术专业课的授课任务；

---

[1] 叶邦角：中国科学技术大学物理50年.《物理》，2008年第8期，第548页。

[2] 同[1]，第549页。

管惟炎等人承担了超导电性专业课的授课任务。由于低温物理是在国内高校首次开课，洪朝生与其他授课教师一道精心谋划、认真备课，针对本科生特点，系统而有重点地讲授了相关课程，使学生受益很大。在采集到的洪朝生为中国科大低温专业授课所写的几本讲义中，每一节内容的选定、每一段文字和每一张图表都一丝不苟，他以严谨求实的教学态度和清晰明了的授课风格赢得了学生们的尊重。及至2010年，他当年教过的学生已然年逾七旬、白发满头，却依然有人时常前来看望他。参加中国科大低温专业学习的58—61级的学生共计60余人，毕业后大都成为我国低温物理、低温技术和超导研究的中坚力量。其中赵忠贤后来在超导领域做出杰出贡献，1991年当选为中科院院士。参加中国科大低温专业学习的还有阎守胜等数名北京大学物理系选派的代培生，他们后来在创建北京大学低温物理专业中起了重要作用[1]。

除课堂教学外，低温研究室还为学生开设了气体温度计、退吸附制冷、低温电阻测量、比热测量等专业实验。所开设的专业实验不仅是国内其他所有高校都没有的，并且所有的专业实验都可以说是一个科研项目，在当时都是国内最先进的[2]。物理所和半导体所还承担了前几届大部分学生的毕业论文工作。能够在如此优越的实验条件下、在科研一线研究人员的指导下，以比较前沿的课题为内容做毕业论文，前几届学生得到了很大的收获[3]。

洪朝生和他领导的低温室还对中国科大筹建自己的低温实验室给予了很多人力、物力上的支持。据中国科大物理系低温实验室人员回忆：

> 刚开始筹建实验室的时候，我们除了两间空房子以外，真是一穷二白，甚至连一把老虎钳都没有。在人力方面只有两个教员和一个实验员，三个人刚走出校门，而且都不是学低温的……有的在以前连低温这个专业名词都没有听说过，要单靠这样的人力和物力在不到三年

---

[1] 陈兆甲：第五节——低温技术与低温物理。2012年，内部资料。
[2] 阮耀钟：我的第一项科研任务。新浪网站，2008-02-26。
[3] 叶邦角：中国科学技术大学物理50年。《物理》，2008年第8期，第549页。

的时间内建成一个初步满足教学需要的低温实验室，是比较艰巨的。幸亏物理所及时地给我们派来了一位副研究员和一位研究实习员，在物力上也给了我们大力的支援。当时杜瓦瓶在市场上是无法买到的，由于我们实验的需要，物理所一次就给了我们八个。有许多东西，如德银管、康铜丝，研究室自己使用都是一寸一寸计算的，但只要我们需要，他们无不慷慨援助。我们实验室现有设备，很大部分是物理所支援或加工的，所以说，如果没有所系结合，我们实验室绝不可能建设得这样快①。

该低温实验室从 1961 年开始筹建，至 1964 年初步开出 6 个专业实验，其中 4 个在当时国内其他学校尚未开出；接受了 58 级、59 级几位同学在物理所专家指导下在此做毕业论文，占全部毕业生的 20%。此外还承担了 1 项国家任务。引文中所说的德银管等物，低温室控制得相当严格，据当时的领料单显示，每领一笔都要室主任签字。而对中国科大低温专业，洪朝生却很慷慨，他真的是把他们当成自家人，甚至比自家人还要亲。

推动低温物理与超导研究

低温组建立之初，洪朝生将其定位于"应当担负起建立低温物理研究中心工作，以后协助高等学校及其他物理研究部门发展低温研究工作"②。在未实现氢和氦液化之前，他根据国际上低温物理的发展趋势，按照需要与可能相结合的原则，提出初步开展一些液体空气温度条件下可以进行的研究工作，为下一步的发展奠定理论基础、实验基础和人才基础。当时提出的研究方向主要有两项：一项是 1954—1955 年开展室温到低温范围内物性的研究，其中包括半导体电子能位分布及迁移率问题和半导体、发

---

① 所系结合建设低温实验室。《教学资料汇编》。1964 年第 4 期，第 23 页。
② 洪朝生：低温物理组 53 年规划。1953 年，未刊稿。资料存于采集工程数据库。

光体的电导、吸收光谱等研究（配合电学组半导体研究、光学组固体发光研究）、金属的力学性质研究（配合结晶组初步进行金属结构等研究工作）；第二项是最低温度下的物理问题，其中包括低温绝热去磁工作（利用45千瓦大磁铁对1K以下温度范围内的技术有更好的掌握，初步测量顺磁性晶体盐的磁性）、超电导的研究（初步进行一些研究，如中间状态的研究）[1]。

针对当时低温物理人才短缺和人员知识、能力与科研工作不相适应的状况，洪朝生提出争取欧美留学生回国、选派留苏研究生、招收研究生、招收高等学校毕业生、人才外送培养和加强已有科技人员知识技能培训等多方面、多渠道引进和培养人才的举措。他的这些建议得到所领导的重视。1956年曾泽培和周坚从美国回国，1960年管惟炎从苏联回国，先后到物理所低温室工作。这些科学家后来在低温物理与超导方面做出了突出贡献。从1958年前后至"文化大革命"前，物理所低温室从复旦大学、南京大学、清华大学、北京大学、中国科大、西安交通大学等高校接收了大批大学毕业生，技术队伍中有的是在中科院创办的科技学校中培养的中专毕业生，有的是转业军人。低温室人员最多时达到148人[2]，曾是物理所人数最多的研究室。

1958年9月，洪朝生建立了国内第一个超导研究组，即超导体薄膜及电子计算机元件研究组，超导学科从此在中国建立。这个时期正值超导电性微观理论已经创立，国际上对超导电性产生的根源有了共识，如何寻找高超导转变温度的超导体

图5-6　1991年5月13日洪朝生（左一）参加中国物理学会低温物理专业委员会成立大会

---

[1] 洪朝生：低温物理组53年规划。1953年，未刊稿。资料存于采集工程数据库。
[2]《中国科学院物理研究所志》编委会：《中国科学院物理研究所志》。北京：中国大百科全书出版社，2015年，第142页。

第五章　回国拓低温

和发展超导应用就成为超导研究的重要课题。洪朝生此时明确提出了高临界温度超导体（目标是液氮温区超导体）探索的设想[1]：

> 开展这个工作的目的就是要找寻到在较高温度下存在的超导体，首先是要达到在液体空气温度下（80K左右）的超导体。由于液体空气温度在目前的技术条件下已较容易获得并长时保持，因此80K的超导体就有可能实际应用到电工设备中去，这样就可以大量节省电能的消耗，使电工技术改观[2]。

为此，他向物理所提交了题为"获得超导转换温度在80K以上的超导体（金属与合金）"的立项建议书。建议书中提出该课题的实施路径为：开辟新的道路来大量配置化合物，同时注意用各种物理因素来影响超导体的转换温度；从大量配置的化合物的结果中分析总结出比较可靠的规律；发展超导体的基本量子理论以求解决关于超导体温度上限问题，并使基本理论能与实际的超导体结合，用基本理论的结果来指导化合物的配置。尽管由于种种原因，这项工作最终没有成功，但国内超导界对此仍给予了较高的评价：

> 1958年，物理所曾提出了80开超导体的设想，并做了一些工作，虽然没成功，但毕竟是中国人向高温超导体发起的第一次冲击[3]。

1956年，国际上利用超导–正常态转变作为"0"和"1"状态，提出了高速、大容量、小体积和低能耗的计算机元件研发的设想。最早是建构线绕冷子管，这是超导材料应用于计算机元件的最初尝试。随后提出了连续膜存储元件和交叉膜冷管的构想。超导体薄膜及电子计算机元件组（组

---

[1]《中国科学院物理研究所志》编委会：《中国科学院物理研究所志》。北京：中国大百科全书出版社，2015年，第177页。

[2] 洪朝生：找寻高温度的超导体。1958年，未刊稿。资料存于采集工程数据库。

[3] 赵忠贤：液氮温度超导体的发现。《物理》，1988年第1期，第4页。

长由洪朝生兼任，编号为 505 组）组建后，主要集中于连续存储元件的研究，涉及的工作包括三个方面：

（一）高真空镀膜设备研制及成膜工艺研究。505 组从 1958 年起，先后自行设计和研制了 5 台不同类型的高真空镀膜设备，可供薄膜生长和研究之用。由杨海清等和上海曙光厂设计和研制了第一台。它设有两个工位、6 个蒸发源和多个图型模板，真空度为 10^{-7} 托，各模板间对准精度为 0.01 毫米。通过摸索和实践，建立和完善了基板清洗、各种蒸发源设计制作、蒸发源温度测控、镀膜沉积率及厚度测控、基板温度测控、膜厚分布、剩余气体影响等整套成膜工艺。

（二）薄膜超导电性及其与制备条件关系的研究。1959 年起，郑佳祺等开展了此项研究。1961 年，洪朝生又为其研究生张裕恒开展了独立的薄膜研究工作。他们的研究成果指出，从对膜条件及超导特性的考虑，铟膜比铅膜更适合于研制超导计算机元件；在铟膜上生长对超导转变起屏蔽作用的 SiO/Pb/SiO 薄膜后，铟膜的临界电流转变宽度减小到原来的 10% 以下，更适合于计算机元件的需要。

（三）全薄膜元件制备工艺研究及性能测试。60 年代，电子枪加热蒸发及溅射技术尚未进入镀膜工艺，505 组采用欧姆蒸发方法。为制作全薄膜型的计算机元件和矩阵，必须解决绝缘薄膜制备工艺，即各种图型的超导膜和绝缘膜在一次真空环境下的交替沉积、参数控制以及相互精确对准等问题。元件和矩阵参数的测试要建立毫微秒级的测量设备和技术，此项工作由陈佳圭（八室）等担任。其间洪朝生的研究生张殿琳和崔长庚也参与了相关工作。他们克服了工艺上的困难，减少了薄膜针孔漏率，

图 5-7　1990 年洪朝生（前排右二）、赵忠贤（右一）在全国超导工作会议上

增强了连续膜特性，研制出由十数层各种图型相互对准的超导/绝缘薄膜交替构成的全薄膜超导元件，并于 1965 年制成了 3×3 矩阵。薄膜宽度和图形对准度分别为 0.1～0.3 毫米和 0.01 毫米，器件开关时间达到 4×10^{-7} 秒。这是国内首个开展的超导薄膜器件研制的工作。1968 年该项目结束[①]。

这一阶段更有成果的工作是由管惟炎负责的另一个研究小组对实用的第二类超导材料进行的研究。他的研究成果对我国随后进行的实用超导材料的研制在工艺上有着重要的启发和指导意义。他们相关科学研究的论文于 1964 年分别发表在《中国科学》（英文版）和《物理学报》上，这是国内在超导实验研究方面发表的第一篇论文。在此期间，低温室也初步试探获得极低温条件，利用绝热去磁方法于 1964 年达到 0.01K。

50 年代末、60 年代初，我国的低温物理实验研究主要是在中科院物理所进行的，北京大学、南京大学、复旦大学的理论工作者也做了一定的工作。1966 年以前，我国的低温物理学研究是很有生气的[②]。

[①] 《中国科学院物理研究所志》编委会：《中国科学院物理研究所志》。北京：中国大百科全书出版社，2015 年，第 181-182 页。

[②] 赵忠贤：我国低温物理发展三十年。《物理》，1983 年第 7 期，第 401 页。

第六章
协创半导体

固体物理课程设计

洪朝生自回国后至60年代初，领导组建了我国第一个低温物理实验室，在国内首次实现了氢与氦的液化，并相应地开展了低温物理方面的科学研究。而与此平行的，或者说与此相互交叉进行的另一项工作是参加了新中国半导体事业初创期的各项工作。他同黄昆、王守武、汤定元等人一道为国家半导体科学技术的起步和发展做出了重要贡献。

追根寻源，我国半导体科学的开拓工作起源于20世纪50年代初。1950—1952年，自美国回国的专家王守武、汤定元、洪朝生都先后分到中国科学院应用物理研究所工作。应用物理研究所位于北京东城区美术馆后街大取灯胡同9号，原北平研究院旧址。就是在这里，新中国这几位难能可贵的专家胸怀满腔爱国热情，开始了半导体科学的征程。

1950年秋，王守武回国后，以半导体作为研究方向。1951年中，汤定元回国后，也选择了半导体物理作为自己的学术追求。他俩与新来的大学毕业生廖德荣、周帅先四人组成了以王守武为组长的半导体研究组，开始研究硫化铅、氧化亚铜等半导体。

1951年黄昆自英国回国，于1953年开始主持北京大学物理系的固体物理教研室的工作。1952年洪朝生自美国回国。由于他们都对新兴的半导体科学将会给人类带来的重大变革有着共同的认识、共同的理想和追求，自1953年起，王、汤、黄、洪四人的交往也就逐渐增多起来[①]。

在上述四人当中，黄昆与洪朝生相识和交往最早。早在西南联大期间，黄昆在物理系读研究生，洪朝生先后在电机工程系读本科和做助教，庚款考试后又一同出国留学，因而可称"故友"；而黄昆与王守武、汤定元则是他们回国后才开始有较多接触的，可谓"新交"。

洪朝生与黄昆回国后最早的接触主要源于北京大学物理系固体物理教学的课程设计。

> 从1953至1955年的三年中，黄昆给他的研究生和中国科学院应用物理研究所的科研人员系统地讲授了现代固体物理的基本理论和各分支的基础知识，以后发展到为北京大学本科生也正式开设了这门课程，开创了我国高等学校的固体物理专业教育。[②]

1952年，高等学校院系调整，原清华大学物理系的周培源、叶企孙、王竹溪、杨立铭、洪朝生（兼职）五位教授调入北京大学物理系。此后由于工作关系，洪朝生与黄昆二人交往日益增多。洪朝生钦佩黄昆的创新思维，而黄昆对洪朝生的学识也很敬重，更重要的是他们对固体物理有着共同的钟爱和追求。

固体物理学是研究固体的物理性质、微观结构、固体中各种粒子运动形态和规律及它们相互关系的学科，是物理学的重要分支，涉及力学、热

[①] 夏建白，陈辰嘉，何春藩：继往开来，任重道远——纪念中国半导体事业五十周年。《物理》，2006年第12期，第987页。

[②] 朱邦芬：黄昆——中国固体物理和半导体物理的奠基人。《中国科学院院刊》，2005年第5期，第414页。

学、声学、电学、磁学和光学等各方面内容。现代固体物理学形成于20世纪前40年，它是先进的微电子、光电子、光子等各项技术和材料科学的基础。黄昆早年在国外所学和所从事研究的就是固体物理，而洪朝生也一直热衷于固体物理研究，用他的话讲是"特长在实验低温物理方面，兴趣在固体物理研究。"①

1953年，北京大学物理系设立了固体物理专门组教研室，黄昆担任教研室主任。在为研究生和本科生开设固体物理和半导体物理课所进行的课程设计中，他常约洪朝生一起参与讨论。黄昆讲课前的备课是极其认真的，"当时我教普通物理课，每周上三次课，备课足足要用50—60小时。"②而且他还有白天讲课、夜晚备课的习惯，他与洪朝生关于固体物理课程设计和授课内容的讨论大都安排在洪朝生下班后。每次讨论时，洪朝生乘公交车或骑车赶到北京大学，一讨论起来就没早没晚，通常讨论结束后已是半夜，学校大门已锁。好在洪朝生对此早有准备，他往往会把自行车锁在校园外，讨论结束后，走到校门口，先看看大门锁得紧不紧，若不太紧，他还可以从两扇栅栏门之间钻出去；若是锁得太紧，就只好翻越墙头到校园外，然后骑车返城回家。一位北京大学的兼职教授，每每半夜钻栅栏门或翻越墙头出校，这是一幅多么有趣的画面，然而这也正是新中国成立初期那一代知识分子忘我工作的真实场景。

1954年，应用物理所在所内为科研人员开设了固体物理课程。据北京大学教授许振嘉回忆：

> 当年国家对我们这批青年知识分子确实寄予厚望，爱护备至。要求我们攀登科学高峰，循序渐进地打好扎实的基础；同时也不能迷失方向，要又红又专。为此研究所成立了教学小组，王守武任组长，他给我们教授高等数学、量子力学。黄昆先生每周从北京大学骑车来所讲授固体电子论，洪朝生先生教授热力学、统计力学，潘孝硕先生讲

---

① HCS-1-1，洪朝生干部履历表。存于中科院理化所档案室。
② 黄昆：科学家的人文基础很重要。见：中国科学院院士工作局编，《科学的道路》（上卷）。上海：上海教育出版社，2005年，第309页。

授固体的热学性质，等等①。

应用物理所为科研人员开设固体物理课程一事，采集工程小组在资料采集中发现一本1954年洪朝生关于固体物理教学小组的课程设计和教学要求的讨论记录（SG-002-004），上面详细记录了关于课程设计、主讲人和具体要求等多达十数次的讨论内容。时任应用物理所所长施汝为和王守武、洪朝生、钱临照、徐叙瑢、潘孝硕、许少鸿等人为此花费了大量的心血。每位主讲人备课也是极为认真的，讲课取得了很好的成效。洪朝生人事档案中有这样的记载：

> 洪先生在物理学各个方面知道得比较多，基础也比较坚实，他在全所性的固体物理课中担任热力学与量子统计力学部分，他讲得清楚而有重点，因之青年人对这部分的学习获益最多。②

黄昆曾说："其实这样一门课（固体物理）应主要包括什么，我也不清楚，还是以后经1953—1955年，先后给几位研究生和中国科学院物理研究所的人员两次讲课，并结合专业建设才形成一门比较系统的大学课程。"③ 实践证明，黄昆为北京大学研究生和本科生开设固体物理这门课程，开创了我国高等学校的固体物理专业教育，不仅为我国培养了大批固体物理专业人才，同时也为后来蓬勃发展的半导体科学技术奠定了相关基础。

与黄昆、王守武、汤定元的密切合作

新中国建立以前，我国的半导体研究几乎是空白。新中国成立初期，由于国家对科学技术的重视以及正在迅速发展的工业上的需要，一些科

---

① 许振嘉：我的研究生涯。中科院半导体所网站，2010-11-10。
② HCS-9-1-2，中国科学院晋级人员登记表。1954年12月20日。存中科院理化所档案室。
③ 黄昆：科学家的人文基础很重要。见：中国科学院院士工作局编，《科学的道路》（上卷）。上海：上海教育出版社，2005年，第309页。

研、工业、教育部门注意到了半导体研究的重要性，在完全没有基础的情况下，开始了半导体若干方面的研究工作，并取得一些成果。1951年下半年，中科院应用物理所半导体研究组王守武、汤定元等人开始了对半导体研究的开拓工作。当时的研究工作还仅仅局限于对硫化铅、硫化镉、硒整流器、氧化亚铜整流器之类的半导体器件研究，并结合氧化亚铜整流器和硫化铅光敏电阻的试制工作，建立起研究半导体的一些基本测量设备，从而掌握了有关测量方面的一些基本知识和技术。

由于科学技术发展和生产建设的需要，包括北京大学在内的一些高等学校物理系在所选择的专门化方向中都重视了固体物理，一些学校也特别重视半导体物理。自1953年开始，北京大学、复旦大学、厦门大学等多所学校相继开展了有关半导体研究和建立培养半导体物理人才的专门化。[1] 黄昆曾邀请王守武、洪朝生一起给北京大学固体物理专门组研究生上半导体物理课，1954年后又继续为半导体专门组本科生讲这门课，讲课人还增加了汤定元[2]。

尽管当时大家对半导体科学技术的重要性以及在某些理科学生教学的重要性有共识，但对如何发展这一新兴学科的研究和教学尚缺乏系统的认识。1954年下半年，由黄昆发起，与王守武、洪朝生、汤定元一起就此进行了深入的研讨。

> 每周讨论一个下午，每一次发言讨论都由黄昆主持，由他提出问题，大家敞开发言。黄昆记下大家发言的要点，回去进行整理，再提出下次要讨论的问题，这一工作持续了很长的时间[3]。

1954年，北京大学物理系固体物理专门组为1955年毕业生开设半导体物理学课程，1955年又为1956年毕业生继续开设这门课程。当时开设这门课程的难度是很大的，"半导体物理的开设更是没有蓝本可以遵循，连

---

[1] 顾永杰，高海：简述半导体研究应对《十二年科学规划》的紧急措施。《山西大同大学学报（自然科学版）》，2013年第1期，第93页。

[2] 吴自勤：园丁曲——记黄昆教授教书育人。《物理》，1992年第8期，第461页。

[3] 夏建白，陈辰嘉，何春藩：继往开来，任重道远——纪念中国半导体事业五十周年。《物理》，2006年第12期，第309页。

综述性的文章当时也很少",更"无现成的教科书可借鉴"。黄昆回忆道:

> 第一次开课是由中国科学院应用物理所王守武、洪朝生、汤定元和我各依据自己熟悉的一点知识,每人讲九个学时拼凑起来的。回顾起来,开设这两门课(固体物理和半导体物理,引者注)最大的受益者恐怕是我自己。[1]

黄昆、王守武、洪朝生、汤定元当时为北京大学物理系固体物理专门组所编写的讲义,为日后编写半导体物理教材提供了有益的借鉴和参考。1956年五校联合创办半导体专门化期间,黄昆与谢希德[2]合作主讲半导体物理,在整理授课教材的基础上,于1958年合作撰写了一部专著《半导体物理学》,这是当时国际上一部学术水平很高的权威性著作[3]。

这一时期,有关半导体方面的参考书籍也极为稀少。20世纪50年代,东西方两大阵营互相对立的世界政治格局,决定了中国"一边倒"的对外关系政策,中苏关系处于黄金期,因而从苏联物理学家的著作中翻译有关半导体书籍成为当时的主要选择。在黄、王、洪、汤四人中,汤定元是最早学会俄语的。1952年,他从广播中学会了俄语,翻译了苏联半导体权威学者 А.Ф.约飞写的《近代物理学中的半导体》一文,刊登在《科学通报》1953年5月号上[4]。

1953年,中国科学院掀起学习俄语的高潮,应用物理所全体研究人员暂时放下工作,用一个月的时间突击掌握2500多个单词,做到借助字典能看懂俄语专业书刊。时任代所长施汝为先生年逾50岁,

---

[1] 黄昆:科学家的人文基础很重要。见:中国科学院院士工作局编,《科学的道路》(上卷)。上海:上海教育出版社,2005年,第309页。
[2] 著名固体物理学家和教育家,我国半导体物理和表面物理学科的奠基人之一。1951年获美国麻省理工学院博士,1952年回国后在复旦大学任教。
[3] 陈辰嘉:忆创办中国第一个五校联合半导体专业。《物理》,2003年第10期,第655页。
[4] 夏建白,陈辰嘉,何春藩:继往开来,任重道远——纪念中国半导体事业五十周年。《物理》,2006年第12期,第309页。

仍克服体力和记忆力差的困难,和青年人一样学字母、练发音、记单词和词组、认句子,上午听新课,下午做练习,十分紧张,但施先生学得一点也不逊色。一个月后,大家如期完成了任务。经过半年的巩固,大家逐渐能看俄语书刊了。[①]

稍后,约飞的专著《近代物理学中的半导体》在苏联出版,汤定元、王守武、洪朝生、黄昆四人又合作将该书译出,于1955年由科学出版社出版,成为半导体科研和教学的重要参考书籍。

此外,从1955年下半年起,洪朝生还参与了《物理译报》的创建和编辑出版工作。该刊物由中国物理学会主办,以翻译苏联科学家学术文章和介绍苏联科学成就为主,王淦昌任常务编辑委员会主任,何成钧、洪朝生任常务编辑委员会副主任[②]。洪朝生除编辑和审稿工作外,还为该刊翻译过多篇苏联科学家的科技文章。

为了把1950年以来迅速发展的半导体科学技术广泛地介绍给我国的物理学工作者,中国物理学会于1956年1月30日—2月4日召开了全国第一届半导体物理学讨论会。参加会议的除了物理学会的会员外,还有各研究机构、产业部门和高等学校的有关科技和教育工作者。会议的主要目的是一般地介绍半导体的各种特性。除此之外,对如何在我国迅速开展半导体科技工作也进行了座谈。

讨论会第一天,洪朝生向到会者做了一般介绍性的报告,为的是对一些以前很不了解半导体的听众介绍一下半导体的基本性质和用途,为了解后面的报告打下基础。此后,王守武做了"半导体的整流效应"的报告,高鼎三做了"锗整流器的制造问题"的报告,分别就半导体整流器方面做了一般性介绍。黄昆做了"半导体的放大作用"的报告,成众志做了"锗放大器的应用问题的报告",分别就半导体放大器方面做了一般性介绍。汤定元做了"半导体的光电效应"的报告,许少鸿做了"固体发光"的报

---

① 赵见高:中国现代磁学事业的开创者之一——施汝为院士.《物理》,2005年第10期,第760页。

② 物理译报编辑委员会.《物理译报》,1956年第3卷第3期,封3。

告，徐叙瑢做了"固体发光中的新发展"的报告，分别就半导体光学性质方面做了一般性报告。除上述专题报告外，周光地做了"半导体材料"的报告，洪朝生做了"能量转换"的报告，均为一般性介绍报告。上述报告会后以专集的形式，由科学出版社出版。此外，会上还宣读了5篇工作报告，分别是王守武的"半导体的电子生伏打效应的理论"；陈志全的"氧化亚铜整流器特性受拉力的影响"；曹昌祺的"Cu_2O整流器中形成n型层的可能解释"；赵广增、徐世秋、王传钰的"硫化镉单晶体中的激子光谱"；汤定元、周帅先的"一种硫化铅光敏电阻的制备"。这些报告基本反映了我国当时半导体研究的实际状况和水平。

本次半导体讨论会的另一重大收获是通过了如下几项决议：

（1）请中国科学院迅速召开包括与半导体有关各部门的半导体工作会议，进行讨论，为综合制定全国半导体科学发展远景规划及早准备条件。

（2）在科学院系统中立即考虑筹建综合性半导体研究所，作为半导体科学及技术发展的基地。

（3）首先在综合大学物理系重点设立半导体专门化，在工业大学设立半导体工艺专业或专门化，并在有关的学科中增开半导体的课程。

（4）在建立基地和培养干部的工作中，应充分发挥各方面现有的潜在力量，并在一切有条件在半导体方面进行工作的人才给予积极的援助与指导。

（5）在进行半导体学科全面规划的同时，有关工业部门应立即筹建半导体工厂，先用国外原料生产半导体器件，并通过工厂生产培养干部。

（6）有关矿冶、化工部门应迅速设法解决原料来源，以便大规模生产各项半导体器件。

（7）和半导体工作有关的科学工作者应广泛地开展半导体科学技术的宣传工作，使半导体的知识深入群众，以利工作的开展[1]。

这次半导体物理学讨论会在中国半导体事业发展史上具有非同寻常的意义，中国半导体界通常将1956年作为中国半导体事业的开始，将其与

---

[1] 王守武：半导体讨论会.《科学通报》，1956年第3期，第89页。

《十二年科技规划》将半导体技术列为我国新技术的四大紧急措施、五校联合半导体专门化、半导体联合攻关等作为"半导体元年"的重要标志。会议取得的成果对同年进行的《十二年科技规划》制定和国家半导体科技发展的决策产生了积极而深远的影响。以黄昆、王守武、洪朝生、汤定元为代表的老一代半导体科技工作者在此前所做出的铺垫性、先行性工作，为半导体事业的发展奠定了一定的基础，而四人间的密切合作以及在合作中体现出的真知灼见和实干精神，更是在中国半导体界传为佳话。

五校联合半导体专门化

《十二年科技规划》制定期间，参加制定规划的科学家们考虑到世界现代科学技术的发展趋势和我国经济发展、国防需要及当时我国科技领域的实际情况，提出了对四门新兴学科采取紧急措施的建议，并得到中央批准，半导体科学技术被列为这四项紧急措施中的一项，从而奠定了我国快速发展半导体科学技术的基础。

关于"四项紧急措施"的落实，据王守武回忆：

中国科学院为配合紧急措施中所提出的要求，1956年在当时应用物理所内成立了半导体研究室，成为我国最早的一个半导体研究机构。与此同时，我们采取了两项划时代的措施。一是在北京大学内，联合北京大学、复旦大学、厦门大学、南京大学和东北人民大学五校师生，开办我国第一个半导体专门化课程，为此后迅速培养急需的半导体科技人才起到了决定性作用。另一项是在中国科学院应用物理所的半导体研究室里，邀集了来自全国各地的与半导体有关的教授、专家和科技工作者；我们白手起家，群策群力，搞起了我国最早的一批半导体科研工作[①]。

---

① 夏建白，陈辰嘉，何春藩：继往开来，任重道远——纪念中国半导体事业五十周年。《物理》，2006年第12期，第988-989页。

由于原有基础十分薄弱，由任何一个学校来承办半导体专业，不论是人力还是物力都很困难，而联合办学就十分必要。五校联合半导体专门化，集中了五个学校的30多名教师和实验技术人员组成了较强的师资力量，并且集中了五个学校的教研设备，以保障教学的顺利进行。通过教师和学生的共同努力，在1956年的秋季，在没有经过任何筹备阶段就正式开课。

当时的高等教育部选择北京大学黄昆和复旦大学谢希德两位在固体物理方面造诣精深的科学家分别担任教研室正副主任，具体领导五校联合半导体专门化的创建。他们二人对于半导体专业的建设做出了重要贡献。除了对专业的整体规划和具体领导外，还亲自为大学生讲授半导体物理课程；为研究生和青年教师课开设科学专题；分别主持了电子－晶格相互作用于能带理论的研究工作，并亲自指导学生的毕业论文[①]。

  在黄昆和谢希德领导下，王守武、汤定元、洪朝生等专家的帮助下，五校联合半导体专门化先后开设了固体物理、半导体物理、半导体实验、晶体管电路、半导体器件等基础课程和专业课程。[②]

五校联合创办半导体专业期间，一些优秀的中青年教师在实验室建设、开设新课程和开展科学研究等方面发挥了骨干作用。他们分别在半导体物理、半导体理论、半导体器件和工艺方面开展研究工作，并指导学生毕业论文。当时的半导体基本性质研究组由郭长志负责，洪朝生任研究组顾问。

关于半导体实验课的筹备情况以及洪朝生指导相关实验的情况，当时的教研室秘书张月清回忆道：

  而半导体实验课的备课，则是一个壮观的令人感动的事情。半导体实验室被安置在物理北楼最上层的阁楼，没有窗户，白天也得点灯，在北京七八月炎热的气候下，在实验室内工作经常是汗流浃

[①] 陈辰嘉：忆创办中国第一个五校联合半导体专业。《物理》，2003年第10期，第654页。
[②] 何春藩，宫苏艺：在研究所所长的位置上。中科院半导体所网站，2010-11-10。

背，但把要排十几个实验的任务分配给大家后，大家立即分头查文献，定方案，找仪器和材料，进行实验，编写讲义。每天工作到晚上十一二点。

半导体霍尔效应和电导实验的准备工作我们请了中国科学院应用物理所洪朝生先生做指导。洪先生 1949 年左右在美国做研究时首先发现了锗的低温电导新现象，他当然是这方面的专家。他不但提供了当时国内尚无的 N 型和 P 型锗单晶材料作为实验室样品，而且每天下班后，由北京东皇城根应用物理所赶到北京大学，在实验室里工作到半夜，每到夜里十点多钟，大家都要催他去赶末班车，并送他到汽车站。有时他索性骑自行车从城里来，晚上做完实验后再骑车回城。洪先生已成为教研室的编外人员[1]。

在五校联合半导体专门化期间：

还组织著名的专家指导教学、科研，如中国科学院王守武、林兰英、洪朝生、汤定元、成众志等，他们多次为师生做学术报告，开阔了师生的科学视野，这些深入实际的现场指导更使有关师生在如何从事工艺实践、如何做测量实验方面受到很大启迪[2]。

五校联合半导体专门化比较系统地培养了中国第一批半导体专业的毕业生共 240 多名，这些学员后来大多数成为我国半导体事业的骨干力量，几位成就突出者还当选为中国科学院和中国工程院院士。1958 年五校联合专门化解散后，参加专门化的各校都陆续创办了自己的半导体专业。随后全国许多高校也纷纷效仿成立了半导体专门化，并结合实际建立了半导体科学研究的基地。

---

[1] 夏建白，陈辰嘉，何春藩：继往开来，任重道远——纪念中国半导体事业五十周年。《物理》，2006 年第 12 期，第 989 页。

[2] 顾永杰，高海：简述半导体研究应对《十二年科学规划》的紧急措施。《山西大同大学学报（自然科学版）》，2013 年第 29 卷第 1 期，第 95 页。

半导体联合科技攻关

根据《十二年科技规划》的规定，中科院于1956年秋在应用物理所原有半导体组的基础上，扩充组建了半导体研究室，这是我国最早的半导体专门研究机构。半导体研究室由王守武负责，下设半导体材料与物理、半导体器件和电子学三个大组。半导体材料与物理组组长由王守武兼任，洪朝生参与领导半导体材料研究，任材料组组长；半导体器件组和电子组组长分别由1956年先后从美国回国的计算机与电子学专家吴锡九和半导体电子学专家成众志担任。其中，半导体器件组又分设晶体管小组、二极管小组和化学腐蚀小组。

为了能尽快取得成果、满足生产需要，中科院向有关高等院校和工业部门研究单位发出邀请，请他们派有关科研人员来应用物理所半导体研究室开展半导体设备、半导体材料、半导体器件和半导体测试的科技攻关，并要求这些人员在1957年年底以前集中在应用物理所内。当时，来半导体研究室参加工作的科研人员主要有南京大学、武汉大学、二机部11所（后改为四机部13所）、一机部电器科学研究院、北京工业学院等单位人员共计40余人[1]。他们当中既有南京大学的吴汝麟、熊子璥，武汉大学的戴春洲等老一代物理学家，也有武尔祯、李卫、刘颖等一批年轻新锐。设于应用物理所的半导体联合攻关和设于北京大学的五校联合半导体专门化这两项工作是密不可分的。洪朝生分别参加了两头的工作，南京大学的吴汝麟、熊子璥等人也是既参加了五校联合筹备半导体专业，又参加了半导体联合攻关的相关实验工作。"他们奔波于北京大学与东皇城根之间，早出晚归，风雨无阻"[2]。

联合攻关开始后，在应用物理所半导体研究室开展了锗的区域提纯、抽制单晶和晶体管的试制、测试等研究工作。洪朝生参与领导或

---

[1] 顾永杰，高海：简述半导体研究应对《十二年科学规划》的紧急措施.《山西大同大学学报（自然科学版）》，2013年第29卷第1期，第95页。

[2] 魏荣爵：追忆物理学家熊子璥教授.《物理》，1995年第11期，第701页。

指导了锗的区域提纯工作、锗单晶的掺杂研究和材料物理测试工作。他指导王启明等人对国产锗进行区域提纯，在国内首次获得区域超纯锗材料，达到"9N"纯度并制备成水平单晶，满足了制备锗晶体管的要求[①]。

1957年，半导体材料科学家林兰英回国。1958年5月，根据中国科学院决定，洪朝生将主要精力用于低温物理研究和氢氦液化等工作，不再担任半导体材料组组长一职，该职位由林兰英接任[②]。此后，洪朝生继续承担了一部分半导体材料测试等方面的科研和指导青年科研人员的工作。据中科院院士王启明讲述：

> 1960年10月，半导体研究所正式成立，材料组扩大为半导体材料研究室。林兰英先生担任室主任，立即在材料研究室设立物理测试组，并指定由我主持材料物理测试组工作。在她和洪朝生先生的合作指导下，着手建立了液氢到室温（15～300K）变温Hall系数和电导率测试系统，测试了锗材料中迁移率的温度变化特性[③]……在Ge和锑化铟样品中，在国内首次观察到杂质带低温反常导电效应——洪朝生效应。[④]

对于半导体联合攻关的成效，王守武说道：

> 我们从烟灰中收集半导体原材料——锗，自己用区域熔化法提纯，在自己设计制造的单晶炉中拉制成锗单晶，终于在1957年年底研制成功了我国第一只锗合金晶体管，实现了我国自行制造晶体管的愿望。紧接着，于1958年8月我们又研制成功了锗合金扩散晶体管，其截止频率可以比合金晶体管提高一个数量级，这就为我国的

---

① 范春蕾：事业在他心中．中科院半导体所网站，2010-11-10．
② HCS-3-3，洪朝生小传．1959年．存于中科院理化所档案室．
③ 王启明：那盏永恒的明灯——追记林兰英先生．《中国科学报》，2013年3月8日．
④ 范春蕾：事业在他心中．中科院半导体所网站，2010-11-10．

电子计算机从第一代（电子管的）升级到第二代（晶体管的）提供了物质基础[①]。

半导体联合科技攻关同时也使一大批年轻的科技工作迅速成长起来，参加攻关的许多人后来成为我国半导体事业的科技骨干和学术带头人，王启明、陈星弼等人后来还当选为中国科学院院士。

1956年，我国半导体事业还有一件比较重要的大事，就是高教部围绕四大紧急措施在成都创办的"成都电讯工程学院"正式开始招生。为支援该校的师资力量，从全国各院校选派了一批骨干教师到校任教。陈星弼1956年从南京工学院调入成都电讯工程学院，同年被派往应用物理研究所进修并参加了电子学组的科研工作。在半导体联合攻关期间，他在这里工作了近3年，曾得到洪朝生的言传身教。对此，《陈星弼传略》一书中有这样的记述：

在中国科学院，年轻的陈星弼最佩服的是洪朝生。这位物理学家是中国低温物理与低温技术研究的创始人之一。1950年，在美国普渡大学进行半导体锗单晶低温输运现象试验研究时发现了反常电导与霍尔效应，提出了杂质能级上导电的新概念。这一工作结果成为此后国际上关于新的电子输运机制研究的开端。

有一次陈星弼正在实验室忙碌，他的导师生病住院了。一位近40岁的老师走了进来，戴着眼镜，穿着中山装。他自我介绍说：我是洪朝生。"他在中科院是一个又红又专，名气大的不得了的人物"，当洪先生问起在研究的工作时，陈星弼简洁流利地做了回答。"我听懂了"，向来言简的洪朝生说。一个"懂"字是他对科学工作的最高评价。

"陈星弼，我在图书馆查资料，看到《技术物理》上苏联专家布列多夫的一篇文章，你去看看。"洪朝生工作严谨，对待资料文献查

[①] 夏建白，陈辰嘉，何春藩：继往开来，任重道远——纪念中国半导体事业五十周年。《物理》，2006年第12期，第989页。

询异常认真。他在带陈星弼做研究时，也常就相关资料与其讨论。这位名满天下的物理学家为人谦虚，口头禅就是"不懂"。他不了解的东西都老老实实地说不懂，并认真向人请教。但他自称"懂"的东西都"非常厉害"，国内几乎无人能出其右。20世纪50年代，国内困难，洪朝生出国期间，倾其所有工资购买国债，支持国家建设。这位人格与学问俱臻完美的学者对陈星弼影响很大。尽管非常崇拜洪朝生，陈星弼却很少去叨扰恩师①。

在中国半导体事业早期的开创者、建设者和见证人中，匆匆流逝的是岁月，但磨不掉的是记忆。尽管洪朝生从60年代初期就逐渐淡出了半导体科研工作，但人们对于他所做出的贡献并没有忘记。1978年，半导体所组建新一届学术委员会时，时任中科院半导体所所长黄昆聘请洪朝生为该所学术委员会委员②。1986年10月，北京大学举办"纪念我国半导体专业创办二十周年学术报告会"，黄昆、谢希德、王守武、林兰英、洪朝生、汤定元等19人进入会议主席团，黄昆、洪朝生、林兰英、汤定元、谢希德、黄敞、高鼎三等人为大会做了特邀报告③。1982年，在中国物理学会成立50周年年会上，根据钱三强的意见，钱临照委托赵忠贤做了"我国低温物理三十年"的报告。报告后，谢希德在会议发言中讲到，"过去只了解洪先生在半导体方面的贡献，这次了解到洪先生为我国低温事业做出的巨大贡献"④。而有意思的是，低温界的科技工作者往往只知道洪朝生在低温事业中所做出的贡献，对他在半导体方面特别是在我国半导体事业起步阶段所做的贡献并不十分了解。洪朝生低调为人、不事张扬的品格从中也可以得到一定程度的体现。

---

① 电子科技大学党委宣传部：《中国科学院院士陈星弼传略》。成都：电子科技大学出版社，2010年，第32-33页。
② 中科院半导体所聘书。1978年4月1日。资料存于采集工程数据库。
③ 我国半导体专业创办三十周年学术报告会欢迎信、主席团名单和日程安排表。北京大学物理系，1986年10月16日。存地同②。
④ 赵忠贤：我国低温技术与低温物理的奠基人——洪朝生先生。2010年，未刊稿。存地同②。

随中国科学院考察团赴苏联考察

1956年1月14—20日，中央召开了知识分子问题会议。会上周恩来代表中央做了《关于知识分子问题的报告》，报告专门论述了发展我国科学事业的问题，强调指出："科学是关系到我们的国防、经济和文化各方面的有决定性的因素。"在当今世界科学技术迅速发展"把我们抛在科学发展的后面很远"的情况下，必须赶上世界先进水平，制定十二年的科学技术发展远景规划，向现代科学进军。

为了最迅速、最有效地实现科学规划，使科学技术赶上世界先进水平，周恩来在报告中提出要采取六项措施。其中第一条就提出，对于我国最需的学科门类，要迅速派人到苏联和其他国家学习，回国后立即在科学院和政府各部门建立发展这些门类科学和技术的基础。另外，还有要把在华苏联专家作为导师来用，以便加速培养干部等五大方面[1]。

为了贯彻中央的指示，中科院于1956年12月组建了以中科院副院长、技术科学部主任严济慈为团长，中科院电子所所长顾德欢为副团长的赴苏科技考察团。考察团包括钛合金、半导体、自动化、电子学、电工、机械、动力7个组。38个团员中有科学院的研究人员、产业部门的工程师和高等学校的教授[2]。考察团半导体组（以下简称考察组）的成员有王守武、洪朝生、成众志、吴锡九、武尔祯、廖德荣、周帅先、庄蔚华（兼翻译）等人。成员分工有所侧重：王守武考察半导体物理，洪朝生考察半导体材料，吴锡九考察半导体器件，成众志考察半导体应用。考察组先后在莫斯科、列宁格勒和基辅等地参观考察了苏联科学院所属的8个研究所和产业部门的研究所，除参观一些有关半导体物理的研究工作外，还重点参观了锗晶体管的制备工作，实地考察了制作锗晶体管的工艺过程、测试手段，

---

[1] 吴锡九：《回归》。上海：上海辞书出版社，2012年，第111页。
[2] 严济慈：中国科学院赴苏考察团工作报告。《科学通报》，1957年第13期，第385页。

并详细了解制备晶体管的腐蚀工艺。

通过两个多月的实地考察，考察组对苏联的半导体研究工作的历史和现状有了比较清晰的了解。苏联的半导体研究工作从1930年左右便已开始，特别是在半导体光电效应和温差电效应的研究与应用方面有长期的发展历史和特殊成就。尤其在关于硫化物光敏电阻与光电池的发展、关于温差电效应的理论研究和温差发电器及温差电制冷器的发展上都占着领先地位。50年代中期，苏联科学家仍在这些方面付以很大的努力，进行大量的工作来求得更大的成果。但是在无线电技术中使用半导体电子学器件这个新兴的半导体技术的最重要的部门中，苏联的发展迟了一些[①]。

在考察中，大家发现苏联科学家对于外国科学技术的新成就十分关注，并能虚心学习。他们向考察团中新由美国回国的中国科学家详细询问了美国工作的发展情况。在半导体电子学器件方面，他们在材料和器件的制备和物理研究方面对美国已有成就的掌握非常重视。他们很多工作是从重复国外的一些基本实验开始的[②]。超导专家管惟炎曾讲述过这样一件趣事：

> 我在苏联留学时，他（指洪朝生，引者注）曾经到苏联访问，我还当过他的翻译。参观苏联莫斯科大学低温实验室时，有一个女生就向洪朝生介绍洪朝生的文章，因为她不认识洪朝生，而她正在做类似的东西[③]。

尽管当时中苏两国科研实力和实验水平有比较明显的差距，但出于考察的学术交流性质，同时也是出于"礼节"，苏方提出邀请中国科学家做一个学术报告，考察组把这个任务交给了洪朝生。苏联科学院院士、世界著名的物理学大师朗道（L.D.Landau）等人起初提出的题目是请洪朝生介绍他在荷兰昂内斯实验室所做的超流氦摩擦系数研究工作。但洪朝生并没有按他们的意愿去做，而是结合自己在普渡大学期间所做的半导体锗单晶低温输运现

---

① 严济慈：中国科学院赴苏考察团工作报告。《科学通报》，1957年第13期，第386页。
② 同①，第391页。
③ 阮耀钟博客，新浪博客，2014-12-12。

象的实验中发现杂质能级上的导电现象及由此形成的杂质导电概念的工作介绍,扩展了一些新的内容,并对相关研究工作提出了新的思考和展望。

苏联科学家对洪朝生的报告充满敬意,并给出很高的评价。这也算是为中国考察团增了光。

对于赴苏考察的收获,洪朝生总结了以下六点:(1)社会主义制度;(2)理论联系实际;(3)大胆提拔年轻干部;(4)苏联政府对科学人力、物力的支持,积极利用现有条件;(5)很好地组织工作,使研究人员专心工作;(6)虚心接受世界先进科学[1]。

洪朝生还就加强与苏联科学院的合作与密切联系方面,提出了在莫斯科设立中科院办事处、建立交换资料制度、改善研究生实习生制度、加强研究所俄文学习、改进器材采购制度以及收集英美资料等项建议[2],这些建议在严济慈的赴苏考察团工作报告中均有所体现。

考察组在实地考察和研究分析的基础上,提出了近期半导体研究的重点和工作内容:①锗和硅材料的制备。除了首先在1957年内掌握超纯锗单晶的制备工艺外,应着重硅的提纯和单晶制备工艺的研究,并进行硅的晶体缺陷和晶体生长的研究。②晶体管的制造,在1957年内完成锗合金结中频三极管的实验定型制备。③锗和硅的物理研究。④晶体管电子学研究。并提出目前急待解决的重要问题之一是锗的原料问题[3]。这些意见对当时开展的半导体科学技术研究具有非常重要的指导意义。

---

[1] 洪朝生:随中国科学院考察团赴苏联时的工作记录。1956年12月至1957年3月,未刊稿。资料存于采集工程数据库。

[2] 同[1]。

[3] 严济慈:中国科学院赴苏考察团工作报告。《科学通报》,1957年第13期,第392页。

第七章
风雨科研路

在"反右"和"文化大革命"中遭受冲击

就在洪朝生从苏联考察回国后不久,国内的政治气候发生了变化,"反右"运动的扩大化波及科技界和教育界,洪朝生也在所难免。

1952年7月,洪朝生经葛庭燧、邓稼先等人介绍参加了九三学社,后任九三学社北京分社委员和中科院支社委员。1957年4月,中共中央公布《关于整风运动的指示》,决定在全党进行一次以正确处理人民内部矛盾为主题,以反对官僚主义、宗派主义和主观主义为内容的整风运动,发动群众向党提出批评建议。当时九三学社北京分社的负责人是严济慈,由于严济慈浙江口音很重,别人不易听懂,所以北京分社开会时,他常让洪朝生代理主持和代为传达文件。政治上并不成熟的洪朝生在会上会下曾有意无意地说过或流露出对某些领导思想作风和工作作风的不满。6月以后,中央开始了大规模的反击右派的斗争,洪朝生一开始对"反右"的某些做法不理解、不赞同,说了一些不合时宜的话,对党对高级知识分子的评价也有不同意见。但随着形势的发展，他开始变得谨慎起来，不再多讲什么。此后，九三学社内的杨肇燫等人被划为"右派分子"，九三学社组织对其展开批判，洪朝生对这些"右派分子"的批判很不得力，被认为是"严重的温情主义"[①]，他的真实感受并不认为他们是反党、反社会主义的。他的这些言论导致他在"反右扩大化"中受到冲击，而最先到来的是"大字报"。

  铺天盖地的大字报，大鸣、大放、全国性的群众运动……"反右"的扩大化致使一大批忠贞的共产党员、正直的知识分子蒙冤受辱。陈星弼仍坚持工作学习，一次他从北京大学听课回来，发现一天间，院子里贴满了攻击洪朝生先生的大字报。这样一位人格高尚、深孚众望的科学家却被人上纲上线、无中生有地乱扣帽子。陈星弼也被个别人贴了一张大字报："你平时不是最崇拜洪朝生吗？你怎么不写他的大字报？"[②]

  眼前的情景把洪朝生惊呆了，从来没有经历过如此阵仗的他竟像一个涉世未深而又蒙受委屈的孩子一样，"哇"的一声大哭起来。恰巧施汝为所长也在洪朝生身边不远的地方看大字报，他赶忙走过来安慰他[③]。

  1958年春节后不久，洪朝生开始接受组织审查。尽管他深挖思想根源，一遍又一遍地检查、交代和批判自己的错误，为自己扣上许多"大帽子"，可依然难以过关。而此时，他的未婚妻李滢一封又一封地写信给他，催促他端正态度、深刻认识错误、努力改正错误[④]。一时间，洪朝生真不知如何认识、检查和批判自己才好，他陷入莫名的惊恐和深深的痛苦之中。

  好在当时中科院党组在"反右"运动中是非常理性的。时任中科院党组书记、副院长的张劲夫是一位尊重科学、尊重人才的领导，在他的努力下，中科院最大限度地保护了一批科学家。据张劲夫本人回忆：

---

① HCS-3-3，洪朝生小传。1959年，存于中科院理化所档案室。
② 电子科技大学党委宣传部：《中国科学院院士陈星弼传略》。成都：电子科技大学出版社，2010年，第34页。
③ 洪朝生访谈，2014年5月26日，北京。资料存于采集工程数据库。
④ 李滢给洪朝生的信，1958年3月28日。存地同③。

在1957年反"右"派斗争的时候，我事前亲自找到毛主席本人。我认为那样搞，中国科学搞不下去了，我很难工作了。我说："毛主席，我来向您请示。你不是让我向科学进军吗？'物以稀为贵'，科学进军要靠科学家，中国现在没有多少科学家，科学家人很少，要培养新生力量，现有的老科学家是宝贝，是'国宝'。因此，我的意见是采取保护政策，不然向科学进军、十二年规划很难实现。"毛主席说："你张劲夫还敢讲出这样的意见，好哇！有道理。'物以稀为贵'，是这样的嘛！"……我先给毛主席谈了，毛主席让我到书记处谈，书记处当然同意我的意见了，小平同志说："那你中科院党组代表我们书记处起草一个中央文件，由中央发给全党。"……起草工作也是老杜（指杜润生）他们几个人搞出来的，书记处同意了。文件以中央的名义发到全国，它划清了几个界限。①

　　对于张劲夫，洪朝生始终充满钦佩、尊敬和感激之情。在他陷入人生"低谷"之际，曾多次得到张劲夫的亲切关怀、深切同情和热情鼓励。

　　"反右"运动后，洪朝生"虽然在感情上对党直接领导科学研究工作，对于在工作跃进中特别强调批判资产阶级的思想与强调青年人的作用，仍有些不易接受，但还能暴露与批判自己这样的一些思想，没有因为'双反'受到批判而（抱）消极情绪。工作跃进中干劲是足的，能和青年人一起夜以继日的工作。"②

　　1966年9月，世界著名的低温物理学家门德尔松③访华，洪朝生负责接待。时值"红卫兵"造反狂热，门德尔松说了一些对"红卫兵"做法很不理解的话，洪朝生出于对国际友人的"面子"问题，没有及时予以正面

---

① 刘振坤：在科学院辉煌的背后——张劲夫回忆1956-1966年的中国科学院.《科技潮》，1999年第3期，第6-7页。

② HCS-3-3，洪朝生小传.1959年。存于中科院理化所档案室。

③ 世界知名的低温先驱，他对低温物理方面的建树涉及超流与超导两大方面。1938年他与当特（J.G.Daunt）实验证实了超流氦中氦膜的存在是一种宏观量子现象，且超流氦的焓值为零。与此同时，亦证明了超导电子的焓值亦为零。因这一重要发现，他于1951年成为英国皇家学会会员，1967年荣获英国皇家学会的休斯（Hughes）奖章，1968年获物理学会的西蒙奖金。他是国际低温工程委员会的创始人，历任该委员会第1届到第6届的主席。同时也是国际制冷学会低温工程委员会主席。

第七章　风雨科研路　*135*

批驳，这也成为他的一条新"罪状"。新"罪状"加上"历史问题"，致使他从1967年年底至1969年下半年近两年的时间里反复接受审查。参加所内外劳动、写历史交代材料成为他这一时期的主要工作。1969年下半年，时任物理所业务负责人的赵忠贤以技术需要为由，向当时的物理所领导提出让洪朝生参加到国防任务中来。后经领导研究同意并指示"要限制使用"。这样，洪朝生得以成为国防任务组一名成员，并于1970年初承担了G—M型制冷机研制等项科研任务。1972年，任之恭率美籍华人学者访问团回祖国访问，洪朝生陪周恩来会见访问团后，他的境遇才得到改善。此后，他多次陪同周恩来等领导人会见美籍华裔科学家。

洪朝生最崇拜的人是周恩来。1950年初回国以后，他曾多次聆听过周恩来的教诲。1962年2月15日—3月10日，洪朝生参加了在广州召开的"全国科技工作会议和全国剧协工作会议"（广州会议）。会上，他聆听了周恩来和陈毅的报告。周恩来在报告中指出："十二年来，我国的大多数知识分子已有了其根本的转变和极大的进步""我们历来把知识分子放在革命的联盟内，算在人民的队伍当中"[①]。陈毅在报告中提出要为知识分子"脱帽加冕"。他们的讲话令洪朝生感到格外温暖、亲切，倍受鼓舞。

1976年1月8日，周恩来不幸逝世。在向周恩来遗体告别和十里长街送灵车期间，洪朝生正在怀柔基地参加KM4项目的值班，尽管他非常想最后看周恩来一眼，但由于工作无法离开，他选择了坚守岗位并认为这是对周恩来的最好的悼念。怀柔值班结束后，洪朝生回到物理所，适逢物理所有少量到六国饭店陪同邓颖超为周恩来守灵的名额。起初名单中并没有洪朝生，但对周恩来深厚的感情趋使他执意要参加这一活动。他急匆匆找到物理所领导，说道：让我去吧，算我求你们了[②]。最终，他的愿望得以实现，他在灵堂前默哀、守灵，眼泪扑簌簌地掉了下来。

在洪朝生家中，书架上方最醒目的位置上摆放着一张周恩来的大照片，多年来从没有挪动过位置，可见周恩来在他心目中的位置之重和感

[①] 转引自吴锡九：《回归》。上海辞书出版社，2012年10月，第135页。
[②] 洪朝生访谈，2014年4月16日，北京。资料存于采集工程数据库。

情之深。

  政治运动带给洪朝生心理上的创伤随着时间的流逝渐渐平复了，但是他宝贵的科研时间却无可挽回。即便是在那样的政治压力下，在大量宝贵的科研时光被挤占的情况下，洪朝生仍以一名科技工作者的责任感努力工作着。"文化大革命"中，洪朝生和他所在的低温室、组研究方向调整，从半导体、超导体的低温物理研究转到主要承担微型制冷机和制冷设备方向上来，他先后参加、参与或指导科研人员共同承担了斯特林制冷机、参量放大器用 G-M 制冷机研制任务，KM3、KM4 空间环境模拟设备制冷装置的研制任务，此外还承担了汉中低温与超导研究所的调研、论证和筹建工作等，为国家航天和国防建设付出了不懈的努力。

卫星空间的环境模拟装置——KM3、KM4 低温氦制冷系统

  由于我国返回式卫星研制工作的需要，航天部门于 1965 年提出建立 KM3（空间模拟实验 3 号）空间环境模拟设备；1967 年又根据大型应用卫星试验规范、试验方法、模拟误差与可靠性的研究，提出建立 KM4（空间模拟实验 4 号）空间环境模拟设备[1]。

  空间环境（即太空环境）是指航天器在轨道上运行时所遇到的空间环境，包括自然环境与人为环境。主要研究内容有：空间环境对航天器的影响及其机理；空间环境地面模拟方法及其模拟技术；空间环境的利用；空间环境模拟的试验方法、试验技术、试验方案与设计；提供航天员训练的空间环境模拟条件与试验方法等。空间环境工程学是随着航天技术发展而产生的新兴学科，是航天工程学科中的重要分支。空间环境工程中的低温技术包括模拟真空冷黑环境的热沉技术、液氮制冷技术、氦制冷技术、气

---

[1] 黄本诚：我国航天器环境工程的发展进程。《航天器环境工程》，2005 年第 1 期，第 5 页。

氮调温技术、低温抽气技术、航天器真空热实验技术等。在空间环境模拟中，人们利用低温凝结原理来获得超高真空，即通过气体氦制冷系统使冷屏的温度达到20K来捕获可冷凝的气体分子，该方法是大型空间环境模拟达到无油超真空的最佳途径[①]。

KM3和KM4低温氦制冷系统都是航天部511所委托物理所开发研制的。KM3设备的真空容器直径3.6米、长7.3米，第一次采用单相密闭液氮系统与活塞式氦制冷机。在洪朝生指导下，由雷文藻、叶家鼎等负责设计、制备。该设备于1970年建成，是当时国内最大的不锈钢真空容器。KM3的热沉温度100～373K、发射率0.93、超高真空度$5×10^{-7}$ Pa，是当时国内最大的金属超高系统，是我国首次采用大型深冷泵，对O_2、N_2的抽速可达到$1×10^6$ L/s。设备由7个分系统组成，其中液氮系统、氦系统采用封闭式循环，是国内首次使用，系统复杂，难度较大。它的研制成功不仅为整星试验提供了保证条件，还为大型柔性结构，如天线、太阳能电池阵在空间环境下的展开提供了超高真空与高、低温环境条件。该设备性能达到当时国际先进水平，1971年为我国第一颗返回式卫星、科学实验卫星作整星试验，并进行了"风

图7-1　KM3大型空间环境模拟试验设备

图7-2　中国第一颗气象卫星在KM4空间环境模拟系统中做实验

---

① 《中国科学院物理研究所志》编委会：《中国科学院物理研究所志》。北京：中国大百科全书出版社，2015年，第145页。

云一号"太阳能电池阵展开试验、星箭包带解锁试验等[①]。

1967年开始建造的KM4真空容器直径7米、高12米，容积400立方米，热沉温度低于100K，配有模拟太空冷黑环境的热沉、真空系统、液氮系统、氦系统、太阳模拟系统、运动模拟器、红外模拟器、总控系统等，用以模拟太空热真空环境[②]。设备中的氦低温系统由物理所杨文治、杨克剑与511所李鸿勋等人负责。该系统采用了我国首次研制成功的静压气体轴承透平膨胀机。系统制冷量为1200W/20K，氦板面积为62.8平方米，可产生的抽速为$2×10^6$L/s，使KM4模拟室的空载极限真空度达到$5.1×10^{-6}$Pa，KM4低温系统的研制从1970年开始到1976年，其间经过了十多次大的改进和实验，包括改进透平制动风机的叶型，提高透平制动能力；改进透平低温部分的结构，解决低温氦气泄露的问题等。尤其是研究开发了一种带补偿孔的外压气体轴承，提高了气体轴承的承载能力和高速稳定性能，使KM4氦气透平成功地在每分钟88000以上的转速下稳定运行，在20K温度下净输出制冷量达到1300W，是我国首台成功运行使用的氦透平膨胀机[③]。

KM3和KM4氦制冷机系统分别承担了多种型号的卫星实验工作。我国第一颗通信卫星实验时，起初未考虑使用氦制冷系统。实验过程中，真空度突然下降，整个实验面临失败的危险，但启动了KM4氦制冷系统后，很快恢复了高真空度，保证了试验的成功。

由于大型航天器，特别是载人航天器气体载荷大，要求采用抽速为每秒百万升的内装式深冷泵，深冷板温度必须低于20K。内装式深冷泵一般有4种结构形式，其最佳尺寸按蒙特卡罗法计算，要求设计出具有较大的抽速与较小的热负荷，为防止直接受航天器的热辐射，氦深冷泵是在液氮热沉板的保护下，以减少热负荷。氦深冷泵的热负荷计算方法首先由洪朝生提出[④]。

---

① 黄本诚：我国航天器环境工程的发展进程。《航天器环境工程》，2005年第1期，第6页。
② 同①。
③ 《中国科学院物理研究所志》编委会：《中国科学院物理研究所志》。北京：中国大百科全书出版社，2015年，第145页。
④ 同③。

1975年，洪朝生在中科院"五七"干校劳动期间，项目负责人之一杨克剑曾写信给他，询问技术方面的一些问题，并请他回京休假期间前来指导和讨论工作。从干校回所后，洪朝生参加了KM4项目中后期的试验工作。KM3、KM4实验室设在怀柔，是利用中科院中技校的校办工厂改造成的。由于工作的保密性质，这里戒备森严，管理异常严格。有一次时任中科院副院长钱三强到这里视察参观，洪朝生陪同前往。由于钱三强没有证件，卫兵不予放行，任洪朝生百般解释也无济于事，最后还是通过电话逐级请示，钱三强才得以进入①。1976年1月10—24日，在这里进行了KM4氦制冷系统的连续实验，连续运转10天未出现任何故障，各项指标都达到和超过设计要求，解决了空间模拟设备的急需，并为我国研制这类透平膨胀机提供了试验资料，为我国研制大型氦液化器或制冷机做好了技术准备②。在此期间，洪朝生参加了连续试验的工作，吃住都在怀柔KM3、KM4试验室所在地。

1976年4月，KM4完成联合试验，全面达到设计指标，交付用户单位使用，1978年用于我国第一颗通信卫星的热真空试验。此后，该设备先后提供我国通信卫星系列、气象卫星系列、返回式卫星系列等30多颗应用卫星的大型热真空实验，并提供运载火箭分离罩的分离试验，为我国航天技术的发展做出了重大贡献③。"KM4大型航天环模设备的研制"获得1985年国家科技进步奖一等奖④。

G-M型制冷机的研制

我国的小型制冷机研制工作始于60年代，是由物理所低温室首先

---

① 洪朝生访谈，2013年10月25日，北京。资料存于采集工程数据库。
② 科技成果登记表：KM4透平制冷机。存于中科院档案馆。
③ 黄本诚：我国航天器环境工程的发展进程。《航天器环境工程》，2005年第1期，第6页。
④ 85KG7-1-054-3，获奖证书。存于中科院物理所档案室。

开展的。在科学实验中，利用小型制冷机可以不必依赖于液体冷剂的供应，在红外遥感和卫星通信等技术中，这种替代更是十分有利或必要的。

1962年，在我国击落的美国U-2型无人驾驶侦察机上，发现美国将整体式斯特林制冷机用于U-2型飞机上，使低温下红外的分辨率很高，这促进物理所开始研究斯特林循环小型制冷机。1967年物理所开展了单级或双级斯特林制冷机研究，1969年物理所研制的单级2W/38K制冷机冷却电子部11所的锑镉汞（HgCdTe）红外探测器的红外激光雷达，野外联试取得成功[1]。

1970年，洪朝生等人受通信兵19所的委托，为微波量子放大器（MASER）应用研制小型4K制冷机。其最初目的是为美国总统访华通信卫星的电视转播提供使用。根据应用方提供的条件要求，洪朝生、张亮等人采用两级G-M型制冷机为基础加节流流程的方案，排出器的运动由气动控制，配气由平面旋转阀控制。1971年6月，G-M型制冷机的制冷能力基本达到：第一级制冷温度为60—80K，在80K的制冷量为10W；第二级的制冷温度为12—20K，在20K的制冷量约为3W，同时试验节流流程，1972年空载温度达4K。此时，该研制任务发生变动，由量放变更为冷参放作为卫星通信地面接收系统，要求的温度提高，改为20K以下即可，于是就停止了节流试验，集中改进制冷机。为满足试验要求，用两台2FZ-6.3氟利昂压机改装成两台氦压机，给G-M机和节流流程供气。从1971年年底开始制冷机与参放配合试验，经过几次改型、制冷机和参量放大器联试，证明制冷机的温度、制冷量和振动情况都满足要求。以后将制冷机的活塞驱动改进为气动式，简化了结构，提高了制冷机的长期连续工作能力。在解决了冷凝真空问题后，制冷机工作时不需另用真空抽机来抽真空罩，这更符合地面站使用要求。1975年10月，该制冷机在中国研制的地面接收站冷参放设备上应用[2]。

---

[1] 《中国科学院物理研究所志》编委会：《中国科学院物理研究所志》。北京：中国大百科全书出版社，2015年，第146页。

[2] 同[1]。

在"文化大革命"中，洪朝生同志从超导薄膜的研究工作转到研制微型制冷机工作。这是我国的配套新技术，他与他所在的五〇三组同志们一起，坚持配合使用单位把工作做到底，经过多年努力，终于使该项成果成功地用于我国第一个全部是国产仪器装备起来的卫星地面接收站，并收到了国外播发的黑白及彩色电视[①]。

该 G-M 型制冷机既可以用在低噪声接收的冷参放上，也可以用作其他各种用途的冷源，例如高真空或超高真空冷凝泵、波谱分析的试样冷却（可变温度）、小件材料的热物理性质测定、低温温度计标定等。四机部等部门专门安排这种制冷机在通讯技术等方面得到应用[②]。

在该项研制任务中，洪朝生等人始终坚持为完成国家任务、切实解决实用问题而努力，与使用部门配合紧密，根据参放的改型要求改进制冷机，尽可能促进参放试验工作，得到使用部门的有力支持。他们也为在国内推广这项制冷机技术做了许多工作，将已取得的经验全部提供给研制这种制冷机的兄弟单位。同时在关键材料、设备上也得到兄弟单位的大力协助[③]。

在研制路线上，洪朝生等人坚持走自力更生的道路。这种制冷机是美国地面站中采用的装置，已经过长时间考验，性能比较好，它的基本原理是清楚的。洪朝生等人对蓄冷器的填料规格、冷损分析、制冷机工作参数进行了多次试验，做出初步分析，为兄弟单位提供了数据，也通过实验对比摸清了加工工艺要求，使得制冷机的制冷能力逐步提高。按等量气源比较，制冷效率高于美国制冷机（约为 1.5:1），但由于所用压机效率较低，所以总的热功率比美国机略低。关于活塞驱动机构和配气阀，洪朝生等人没有仿照美国机器结构，而是经过试验，采用了气压驱动和旋转配气阀。他们认为，这种机构相对简单，经过长时间试验，效果也比较好。这就为国内定型推广提供了不同方案，可供比较选择。

供参量放大器使用的 G-M 制冷机是物理所低温室与物理所工厂共同

---

① HCS-7-1，洪朝生先进个人登记表。存于中科院理化所档案室。
② 洪朝生：G-M 型制冷机研制工作总结。1975 年，未刊稿。资料存于采集工程数据库。
③ 同②。

完成的。该项目从任务提出到研制项目结束共用了 6 年多时间。该制冷机是我国首次研制出并成功使用的 G-M 型制冷机，它的研制成功表明中国科学院的低温技术不再只是局限在实验室中，而是已具备为国防应用服务的能力。而且从此以后美国等国家也解除了 G-M 型制冷机对华的全面禁售，从而开启了自行研制与引进技术相结合的发展途径，加速了我国微、小型制冷机的发展。

筹建汉中低温与超导研究所

1965 年，中科院根据当时国际上物理学发展趋势及国内应用物理发展现状，提出组建一个技术物理研究的专门机构——"技术物理中心"。该机构最初计划包括 6 个部：低温技术、超导物理与超导应用、强磁场、超高压、固体物理、等离子体。当时这个项目由国家科委下达，中科院新技术局牵头，物理所承建。因考虑到当时的国际大环境，该项目投资巨大，只能在大三线选址。经考察，决定在汉中地区略阳县建设[①]。1966 年 5 月，中科院物理所在陕西略阳县黑河坝成立技术物理中心工程处进行技术物理中心的筹备工作[②]。6 月，洪朝生与时任物理所所长施汝为及何寿安等科研人员赴略阳，进行项目先期考察和实地调研工作[③]。

"文化大革命"开始后，物理所很多工作处于停顿状态，而低温室因承担了某些国防和生产的科研开发任务，因而工作相对较为平稳。按照时任副总理兼国家科委主任聂荣臻"成熟一个部，建设一个部"的指示，1967 年 9 月，经国家科委和国防科委批准，决定先组建低温技术与超导两个部。此项建设由物理所业务处白伟民负责，王听元牵头。

项目批准后，物理所迅即组织低温与超导方面的骨干科技人员开展了

---

① 陈兆甲：第五节：低温物理。2012 年，内部资料。
② 物理所大事记。中国科学院物理研究所网站，2009-07-08.
③ 洪朝生：历史材料。1968 年，未刊稿，资料存于采集工程数据库。

调研、论证、建设方案初设计等项工作,并在此基础上按照上级要求写出该项目建设的综合报告(相当于项目建议书)。王昕元、洪朝生、管惟炎、曾泽培等10余人参加了调研等项工作,并为项目建设提出许多重要建议。① 洪朝生等人于1967年10月5日至11月上旬赴西安参加了汉中低温技术与超导项目的建设会议,集中研讨和编写综合调研报告。"在此前和此后各一个月参加该研究所的设计工作"②。在长达三个多月的时间里,洪朝生等人为项目建设倾付了满腔的热情和大量的心血,他们现场考察、实地勘测、反复研究、不断完善,形成了工程设计的总体思路和初步方案,并完成了项目建设的综合报告。

综合报告报送国家科委并经聂荣臻批准后,国家科委在科学会堂召开了方案论证会,邀请全国各低温、超导科研单位和国防科委系统有应用需求的部门共计数百人参加了该建设工程的论证。会上,钱学森做大会主题报告,朱元贞代表物理所做该项目综合调研报告。会议代表一致认为应及时建设一个低温与超导的综合性研究机构③。

国家科委很快批准了此项建设,一次性投资2250万元人民币。该机构名称为"低温与超导研究所",项目建设代号为"325工程"。"325工程"项目由西北工业建筑设计院负责设计,王昕元等人负责对低温研究大楼、超导研究大楼、低温站、大型低温与中型设备调试实验室进行工业设计,并提出仪器设备及机加工设备清单,进而组织了设备订货。低温与超导研究所的预期1000人左右,机加工设备约500台件,这在当时的中科院内是少有的④。"325工程"建设项目于1972年10月竣工投入使用,基建总投资3500万元,建筑面积6万平方米⑤。

汉中低温与超导技术研究所建成后,物理所有关科研、技术人员因故只去了一小部分。后因历史变迁,该所归属及工作方向有所变动。从有利于发展我国低温、超导技术的角度,洪朝生对该所归属权和研究方向的变

---

① 陈兆甲:第五节:低温物理。2012年,内部资料。
② 洪朝生:历史材料。1968年,未刊稿,资料存于采集工程数据库。
③ 陈兆甲:第五节:低温物理。2012年,内部资料。
④ 同③。
⑤ 汉中三线建设综述。汉中档案信息网站,2010-11-05.

动有自己的看法，1976 年，他曾写信给中科院当时负责科技工作的领导人之一郁文，信中明确表达了这一意见。

  1973 年高能会议时，管惟炎和我曾向你谈过关于略阳技术物理所的去向问题，我们当时认为经总理（指周恩来，引者注）和聂总批准建立的这样一个低温、超导单位，一个三线单位，是很可贵的，如果国防科委不准备充分利用来开展低温、超导研究，那么科学院应积极争取过来，作为今后发展的一个主要基地。那里低温条件已建立，规模较大，一般加工设备较齐全，低温实验条件较好。也有一批技术工人与技术人员。如果加强领导，并适当加强技术力量（有经验的）是可以发挥不小的作用。国内还没有另一处有这样规模的。
  1974 年曾以为略阳所归属科学院问题已解决，只待最后正式批准。但最近听说基本回归四机部作为发展低温电子学之用，只把超导材料与超导应用两个室拨给科学院。不知这个消息是否确实。我想发展低温电子学是不需要这样大规模的低温条件的，主要应以把小型低温设备供应到各电子学研究单位来发展为宜……
  如果事情未决定，我建议科学院考虑基本接过来（一部分低温电子学力量也可以考虑划归四机部，也可一同接过来）。三线单位虽然办起来比一二线有一些困难，但是首先国家需要三线建设，从社会主义革命与建设的角度都需要；只要有团结肯干的领导班子，困难是可以克服的，经验是可以取得的，干部中不安于三线的情绪通过方向上明确、上下一致是可以克服的。略阳地点有优越的地方：南面入川有绵阳 35 所和清华无线点系，简阳空分设备厂（杭氧分厂），成都川大低温物理专业，乐山二机部 585 所（受控所），威远天然气，北面有西安交大深冷专业，宝鸡有色所（超导材料），银川有色所（超导材料），兰州物理所，工作可以有很多联系，目前他们已和兰州、宝鸡、绵阳有较密切的来往[①]。

[①] 洪朝生给郁文的信，1976 年。资料存于采集工程数据库。

略阳低温与超导研究所随后移交国防科委,称为"1016所"。若干年后,随着中央战略决策调整以及其他方面的一些原因,迁至安徽合肥,改名"合肥低温电子研究所"(电子16所),成为国内专业从事低温电子技术应用研究的研究所。

"武汉会议"和"长沙会议"

1973年3月13—30日,中科院组织召开了高能物理与高能加速器预制研究工作会议,明确提出要发展低温、超导技术,为今后建立高能加速器准备好技术基础[①]。洪朝生参加了这次会议,并承担了为高能物理研究和高能加速器预制研究规划中"低温技术的研究与低温条件的建立"项目的编制任务。

当时国内开展低温与超导方面的研究工作已有10年以上时间,在液氦技术与超导材料方面有了初步的基础。全国十处以上单位有了液氦,生产了多种超导线材,某些指标接近国外先进水平,一些单位已开始进行超导大线圈和超导电机的研制,但与国际先进水平相比,我们落后了一大段距离。表面看来,国内从事超导与低温技术研究的单位有数十家,但缺乏全面规划、统一安排和合理分工,研究力量分散,研究方向重复交叠,彼此间交流、协作很少;低温条件并没有系统建立,液氦供应存在严重问题,一些单位氦液化器质量差、效率低,甚至不具备液氦、液氮条件,直接影响了相关工作的开展,等等。

为了交流低温和超导研究方面的经验,加强情报联系,促进低温技术、超导材料、超导应用、超导基础理论以及有关人员培养方面的工作,应国内各有关单位的要求,由中科院物理所、中科院上海冶金所、上海电机厂、上海电器科学所等单位发起,于1973年4月16—24日在湖北武汉

---

① 洪朝生:关于北京地区发展低温、超导技术的报告。1973年,未刊稿。资料存于采集工程数据库。

召开了第一次全国超导与低温技术座谈会("武汉会议")。这次会议是以中科院物理所作为联系中心负责筹办的。参加会议的有国内60多家单位(其中有30多家已不同程度地进行了低温和超导方面的工作)的200多名代表。会议介绍了国内外超导和低温技术方面的情况,交流了国内低温技术、超导材料和超导应用方面的经验,讨论并提出了超导和低温技术方面今后如何开展工作的建议,研究了今后超导和低温技术方面的情报交流问题[①]。

洪朝生出席了这次会议并作会议发言。发言中,他介绍了国内外超导应用的有关情况,分析了国内超导与低温技术的现状,提出"当前的任务应当是根据我国技术发展的需要,选择关键应用项目,适当集中力量,大力协同来突破,并且开展理论与技术基础研究,在低温与超导技术上创新,实现赶超。"他建议,在已明确"低温、超导围绕加速器预制是确定的一项重要任务"的同时,要"根据我国迅速发展的电力工业的需要,研制大型超导发电机也应考虑作为一项集中任务,争取在若干年内实现,使我国早日进入超导电工的新技术阶段"[②]。在谈到加强和改善低温条件时,他建议液化器争取近期过关,做到国内供应可靠设备,一定要有工厂负责低温设备的研制与小批量生产,低温技术研究要有储备,为超导应用的大发展开路。他还就发挥高等学校的研究力量、培养超导与低温技术专业人才等问题提出了自己的建议[③]。

在参会各单位的共同努力下,"武汉会议"取得了显著的成效:一是向国家建议及时召开规划会议,确定超导应用的主攻目标,带动超导材料与理论基础和低温技术的有计划发展,以期不失时机地赶上超导电工新技术的大发展,为我国的电工技术革命和国防建设、科学实验做出贡献。[④]二是通过高能加速器预制研究会议和"武汉会议",中科院确定把低温、超导技术作为发展新技术的一项重点,并与北京市科技局联合组织北京市各

---

① "416"会议领导小组:大会开幕词。1973年4月16日,内部资料。
② 洪朝生:在武汉超导与低温技术座谈会上的发言提纲。1973年4月,未刊稿,资料存于采集工程数据库。
③ 同②。
④ 洪朝生:关于北京地区发展低温物理、超导技术的报告。1973年6月,未刊稿,存地同②。

有关单位的协作,定出近期规划[1]。三是一些代表在会上提出成立一个低温中心,建立相应的低温研究所,以集中力量开展低温工程方面的研究活动;在北京、上海等有条件的城市,建立大型液化气体中心供应站[2]。四是大多数会议代表接受了会议组提出的学术、技术和工艺内容应一律公开的原则,扩展了单位之间的交流与协作[3]。

根据高能加速器预制研究会议和"武汉会议"安排,洪朝生于1973年6月完成了《关于北京地区发展低温、超导技术的报告》的起草工作。报告明确提出了1973—1980年发展低温、超导技术的主要任务:①完成超导高能环形与直线加速器的预制任务;②研制受控热核反应的超导实验装置;③大力开展超导电工应用研究;④利用低温、超导技术解决精密实验设备和国家计量基准的一些项目。为完成上述任务,他提出了五项需要进行的低温、超导关键课题:

低温技术——解决技术关键,普及液氦实验设备条件;进行原理与装置、工艺研究,大大提高制冷机的效率;液氦特性、传热、隔热、材料、低温计量等基础研究;大体积、高精度低温容器与低温系统的研究。

超导材料——超导材料的临界场强与临界电流密度的提高;超导低频交流损耗的降低;超导材料工艺研究和价格的降低;新材料的探索。

超导磁体——大体积、强场超导磁体的稳定性、设计与工艺、脉冲与交流性能研究。

超导微波腔——超导超纯材料与完整表面的工艺研究;微波吸收的降低;破坏场强的提高。

超导基础理论——超导电性的基本机制研究;超导隧道效应与相关现象的研究;交流与微波吸收机理研究。

---

[1] 洪朝生:关于北京地区发展低温物理、超导技术的报告。1973年6月,未刊稿,资料存于采集工程数据库。
[2] "超导与低温技术座谈会"简报第三期。1973年4月19日,内部资料。
[3] 陈兆甲:第五节:低温物理。2012年,内部资料。

在低温技术方面，洪朝生提出1980年以前重点抓好四项工作：一是中关村液氦条件的建立；二是超导腔及超导磁体低温容器、低温系统研究；三是1.8K高效率制冷机研究；四是低温技术基础研究。他在报告中特别强调了分工协作问题，在低温技术四项重点工作中，提出由中科院物理所、电工所、高能所、西安交通大学、浙江大学、北京通用机械所、大连光明化工所、杭州制氧机厂、北京气体厂等多家研究所、大学和企业协同进行①。

"武汉会议"带动了我国低温、超导技术的进展。至1976年，全国各部门中已有五六十个单位进行了低温超导工作，技术队伍达上千人；全国各地区建立了十余处液氦实验室，小型氦液化器开始小批量工业生产；较大型的氦透平制冷机建成；通信卫星地面站用上了国产微型制冷机；超导合金与化合物材料，包括多股细芯扭绞复合材料，已小批成材生产；制成了一些达十万高斯场强的小磁体，受控热核反应实验磁笼装置等中型应用磁体在建立；半超导交流电机和半超导直流电机研制在进行；超导隧道效应器件的研制和几种应用的试验在开展，我国低温、超导新技术有了初步的工作基础。

1976年初，国家将低温、超导新技术列入1976—1985年全国科学技术发展规划重点项目第44项。为了交流自"武汉会议"以来我国在低温、超导科研方面所取得进展，特别是为了制订《全国低温、超导科学技术十年重点项目规划》（以下简称《低温、超导规划》），1976年6月21日—7月4日，中科院在湖南长沙组织召开了第二届全国低温与超导会议（"长沙会议"）。这次会议是继"武汉会议"后召开的规模最大的低温与超导会议，参加会议的单位有90多家，正式代表及列席代表近300人。

为开好这次会议，5月5—7日，中科院主持召开了"长沙会议"筹备会，确定中科院物理所为大会筹备组组长单位，并成立了由洪朝生负责的低温、超导规划工作筹备小组。筹备小组成立之后立即紧锣密鼓地开展

---

① 洪朝生：关于北京地区发展低温、超导技术的报告。1973年6月，未刊稿。资料存于采集工程数据库。

工作，先后到有关部门征求意见、开展调研并集中各成员单位了解情况，在6月初形成了《低温、超导规划（讨论稿）》。讨论稿中将超导在电力工业上的应用、舰船超导电力推进装置、超导磁力选矿的研究、超导磁体在高能与受挫实验中的应用、中小超导磁体应用研究、超导隧道器件的研制与应用、超导材料研究、低温工程技术研究与设备研制、低温测试研究、超导基础研究与探索高临界温度超导体等列为低温、超导规划的重点项目，并列出50多项重点研究课题[1]。

在"长沙会议"上，洪朝生代表规划筹备小组做了《低温、超导十年重点项目规划（讨论稿）起草经过的报告》。报告指出，为了保证实现工业、国防、应用上的重大突破，要提出一些大家共同关心、支持的项目，组织全国和地区协作攻关，这些项目是有重大政治、经济意义，代表一个方面发展的。"这些项目（可能有不够）规模不同，但都是很有意义的，需要发挥各方面的积极性，努力进行，使低温与超导比较全面、平衡地发展，适应各方面的需要。"他说，从全国分工来讲，低温材料和制冷设备的研制、生产将主要由工业部门承担，而先走一步的低温技术基础研究为材料、设备研制提供技术储备则应由科学院和高等学校大量承担。针对忽视低温技术基础研究的状况，他多次强调抓好该项基础研究的重要性。

> 如果不抓住低温技术基础研究的话，我们对于各项重大的低温超导装置将提不出先进的设计，而且由于缺乏结合我们具体工作的数据经验，将无法向工业部门提出确切的要求；另一方面，工业部门在缺乏技术储备的情况下，也只能大体仿照国外方案进行设备研制或是采用的技术。这样赶超就必然落空。尤其不应忘记，在低温超导这门新兴技术中，发展革新的潜力极大，我们正应不受国外的框框束缚，走自己技术道路迎头赶上。[2]

---

[1] 全国低温、超导科学技术十年重点项目规划。1976年6月，内部资料。

[2] 洪朝生：低温、超导十年重点项目规划（讨论稿）起草经过的报告。1976年6月28日，资料存于采集工程数据库。

会上,《低温、超导规划(讨论稿)》经参会代表认真讨论后获得通过,在此基础上,经中科院科技办组织反复修改完善,最终完成了《1976—1985年全国科学技术发展规划重点项目》第44项《低温超导新技术发展规划》。洪朝生认为该规划有四点值得肯定:一是强调了"两服务一结合"和开门办所办学,提出了应用带动材料、低温技术;二是重点是比较清楚的;三是列入了基础工作,受到重视;四是措施上强调了全国协作。从而推动了全国低温、超导技术的发展[①]。

---

① 洪朝生:规划5,76年长沙会。1976年,未刊稿。资料存于采集工程数据库。

第八章
建低温中心

"中国科学院低温技术实验中心"的缘起和正式建立

1977年8月，在党的第十一次全国代表大会上，党中央正式宣布"文化大革命"结束。科学的春天悄然来临。在其后的几年里，洪朝生各种荣誉和责任接踵而至。

1977年9月27日—10月31日，洪朝生出席全国自然科学规划会议，参加全国物理学科及凝聚态物理学科规划制定工作。会上，许多物理学家再次强调了加强我国低温技术研究工作的意见。其实早在60年代中期到70年代初，国内对发展低温技术的呼声一直很高，汉中低温与超导研究所就是这种呼声和要求的产物。1973年"武汉会议"和1976年"长沙会议"期间，先后有一些代表提出成立一个低温中心，建立相应的低温技术研究所以集中力量开展低温工程方面的研究和在上海、北京等城市建立液化气体中心供应站的呼吁。1977年下半年至1978年上半年，中科院各有关方面根据学科规划会议要求，提出应加强中科院的低温技术研究工作，为此建议将中科院物理所低温研究与试制部分与中科院气体厂合并，组建一个低温技术的专门研究单位。

图 8-1　80 年代洪朝生在中科院低温中心办公室

中科院气体厂正式组建于 1964 年 3 月，以生产氧气、氢气和液氮为主，1968 年划归国防部门，1970 年后划归北京市，更名为北京气体厂，1978 年又重新回归中科院领导。1978 年 9 月，经中科院批复，决定将物理所低温技术研究室（室主任为洪朝生）转入气体厂，并协调物理所低温设备车间的部分技术力量，开展低温技术基础研究、新设备的研制以及继续向院内京区单位提供液氮和氢、氧等其他气体。1980 年 4 月，洪朝生兼任中科院气体厂副厂长，并主持低温中心的筹建工作。1982 年 5 月，经中国科学院批准，建立"中国科学院低温技术实验中心"（低温中心），洪朝生任低温中心主任。1984 年 3 月，低温中心获国家科委批复后正式建立[1]。

低温中心的建立，对中国低温技术研究的发展具有重要意义。从国际方面来看，50 年代初，美国为了大力开展原子能和宇宙航行研究，建立专门的低温技术研究机构——美国国家标准局低温工程实验室，对美国的低温技术发展起了很大推动作用。60 年代初，国际上发现第二类超导体和约瑟夫逊效应，紧接着发展了重大的技术应用，低温与低温条件下的研究也越来越为人们所重视，并渗透到物理、生物、电子学、航空航天、遥感技术、能源、工程材料等各学科中，成为一门独立的新技术。从国内需求方面分析，低温、超导在各方面的应用与我国现代化建设有着密切联系，"长沙会议"讨论通过的《低温、超导规划》中所提出的各项重点项目和重点

---

[1]　秦金哲：中国科学院理化技术研究所。见：王扬宗、曹效业主编，《中国科学院院属单位简史（第一卷，上册）》。北京：科学出版社，2010 年，第 199 页。

研究课题，正是这种需求和联系的体现。低温超导是一门新技术，本身仍处在发展阶段，要使其从实验室过渡到广泛的工业应用还有较长距离，集中力量开展这方面的基础研究和应用研究，可以较快地缩短这个距离。低温系统或超导应用中某些特殊要求的（未工业定型）低温设备又往往难度大、研制周期长、生产批量小、产值低，要求国内工业部门全部承担任务有困难。在西方发达国家，低温技术基础研究也往往是在高等院校和国家研究机构内进行。低温中心是配合超导和航天技术等方面的发展而建立的一个综合性低温技术研究与发展机构，它的组建使中科院在低温技术研究方面有了一支独立、稳定发展的队伍，可以在比较宽的范围内开展氦制冷技术、低温实验技术与低温技术的应用基础研究。

从 1982 年起，在洪朝生的领导下，在中心领导班子及科研管理骨干的共同努力下，低温中心深入进行了发展规划的制订和学科建设工作，首先制订了《低温中心五年滚动计划（1983—1987 年）》（以下简称"五年计划"）。五年计划提出低温中心的主要任务是：开展低温技术的基础研究和实验研究；研制新型低温设备，并提供小批量产品；开展低温实验的技术服务工作，提供液氦和必要的实验条件。发展目标是：液氦的生产、分配技术和小型液氦实验条件，五年内达到目前国外先进实验室水平；研制、提供配套的氦制冷系统，包括为 101 反应堆用的中子冷源和为超导磁体冷却用的制冷机；低温技术基础研究逐步建立基础并开始取得一些有特色的研究成果。五年计划还提出，结合低温、超导应用，近期（3～5 年）以中小磁体冷却为主，远期（5～10 年）以开展技术基础研究为主，为大型低温超导工程做准备；开展新技术研究，注意低温技术与低温物理的结合[①]。在研究系统组织管理方面，洪朝生等人将其划为三部分：一是低温技术室，室主任由洪朝生兼任，主要开展磁制冷的应用基础研究、低温测试实验技术研究、低温传热研究与低温容器研制等；二是制冷技术研究室，室主任由周远担任，主要开展冷中子源制冷系统研制、小型透平膨胀机研制、制冷系统自动控制研制等；三是液氦技术发展室，室主任由雷文藻担

---

① 秦金哲：中国科学院理化技术研究所。见：王扬宗、曹效业主编，《中国科学院院属单位简史（第一卷，上册）》。北京：科学出版社，2010 年，第 203 页。

任,主要从事液氦技术发展工作,同时承担低温技术服务等[①]。

80年代中后期,低温中心根据国家需求并结合自身实际,确定了低温物理与低温技术两大重点研究领域,提出相关领域的主要研究方向。在低温物理方面,重点研究液氦温区到 10^{-4} K 温区范围内凝聚态物质基态和低能激发态性质、元激发之间的相互作用及其在宏观物性上的表现;研究材料低温物性、低温力学特性;研究并发展低温实验技术。在低温技术方面,主要研究微型制冷技术与大型低温工程关键技术和电子器件低温封装的新方案、新理论、新流程以及微型传热研究;运用多年在低温工程、低温实验技术及装置方面的技术积累及经验,集中在氦液化、低温加工、低温医疗及实验室仪器设备方面进行攻关,并逐步与市场接轨[②]。

在以洪朝生为主任的领导班子的带领下,低温中心的科研工作取得了显著的成绩。一是1982—1986年,主持完成了中科院"六五"低温超导攻关项目和液氦支撑的基本技术规范化课题,主要包括建立液氦集中生产供应示范点,解决使用液氦困难的状况;实现液氦容器系列的研制和小批生产,方便用户,减少进口;面向全国开放公用低温实验室,提供实验条件和技术服务;促进超导技术、尖端技术和基础研究的进步。二是完成了中科院中法合作重点项目"中子散射"中子冷源的制冷系统工程。三是建立起高水平的低温温度标准实验室。四是基础研究和技术储备得到重视,基础研究侧重热物理研究和低温传热研究,进行了陶瓷材料低温物理研究的探索;技术储备侧重于制冷机部件研究,研制成微型透平气体轴承、压力平衡活塞膨胀机、喷油冷却氦压缩机等创新性成果。五是积极开拓具有平稳运转、结构简单的人字型自作用气体轴承的透平膨胀机等高技术产品,满足国内需要[③]。整个80年代,低温中心先后有20多项成果获国家级、中科院及省部级奖项。

---

① 中国科学院低温技术实验中心简介。中科院低温中心编印,1984年10月,内部资料。

② 秦金哲:中国科学院理化技术研究所。见:王扬宗、曹效业主编,《中国科学院院属单位简史(第一卷,上册)》。北京:科学出版社,2010年3月,第204页。

③ 中国科学院低温技术中心所长任期目标初步设想。1987年5月5日,内部资料。

主持中科院"六五"超导攻关和超导技术十五年规划制定工作

80年代初,随着国际上超导技术的发展,其在国民经济、军事技术、科学实验以及医学卫生等方面不可替代的作用愈益引起中国科技界的关注,同时也得到国家科委、中科院的高度重视。

1980年,洪朝生应邀参加在意大利热那亚召开的第八届国际低温工程会议,并以"今日中国的低温学"(Cryogenics in China Today)为题作特邀报告。报告对我国低温与超导技术的发展,特别是氦技术与超导材料的应用方面做了全面具体的介绍。该报告后以《我国低温与超导技术发展简况》为题发表[①]。

1981年12月11—15日,中国制冷学会、中国物理学会和中国金属学会在北京召开第三届全国超导学术讨论会。在会议开幕式上,洪朝生代表大会领导小组做了报告,报告阐明了发展超导技术的意义,综述了国外超导技术的发展现状与趋势,分析了我国发展超导技术的条件与差距,提出了在现有条件下我国发展超导技术的方向。会议在总结国内经验教训时,认识到过去在如何适应国情发展超导技术应用的问题上有过不恰当的估计,在各方面条件不成熟的情况下,把过多力量放在一些不切实际的目标方面,而对于最基本的技术却放松了注意。以致到当时,除少数单位外,液氦实验还很困难;仪器磁体系统主要依靠进口;超导线材也未能进入国际市场;超导磁强计受到美国的禁运而没有来源[②]。

会后,除国家科委对超导磁强计这项基础技术组织安排了协作任务外,对如何改变超导技术发展的被动状况还缺乏组织实施。中科院

---

① 洪朝生:我国的低温与超导技术发展简况.《制冷学报》,1981年第2期,第1页。
② 洪朝生:"超导技术"项目"六五"攻关的一些经验。1985年,未刊稿。资料存于采集工程数据库。

"六五"超导技术攻关项目就是在这样的背景下提出的。

1983 年 1 月，洪朝生在中科院数学物理学部全体委员会上做了"关于将超导技术列为中科院'六五'科技攻关项目"的报告。报告得到中科院数理学部第七次常委会批准，超导技术被列为中科院"六五"科技攻关项目。该项目在中科院数理学部和科学技术部领导下，成立了以洪朝生为组长、韩朔为副组长的超导技术攻关学术组，负责项目的组织领导。学术组在组织中科院超导技术"六五"攻关项目时，明确把加强技术基础作为主要目标来安排，即要努力解决国内液氦实验困难问题；要解决近期内最切实用的小型 NbTi 磁体与线材的全套技术问题；进行高场磁体与 Nb_3Sn 线材的研制。在"六五"攻关的总目标确定后，首先是制订课题计划。在从 1982 年秋酝酿攻关开始到 1983 年年底确定合同任务的一年时间里，一方面进行工作准备，同时又对重点课题内容反复组织讨论，论证落实[1]。他们以超导技术实用化为目标，从材料、磁体和低温技术的基础工艺入手，重点抓了 6 个项目 10 个子课题的联合攻关。参加攻关的单位有中科院低温中心、新疆物理所、上海冶金所、金属所、物理所、电工所、等离子体物理所和中国科大二系，高能所和声学所参加了协作。参加攻关的总人数约为 130 人，其中主要工作人员约 50 人[2]。

在项目实施过程中，超导技术"六五"攻关学术组负责课题工作的检查与协作调整，每年组织一次有课题主要技术骨干参加的学术报告会，交流、检查年度工作进展，调整落实下一年度的工作安排，通过学术报告与讨论来了解、检查工作。各单位都认真准备了详细的技术报告。

通过"六五"期间 3 年的超导攻关，中科院在北京地区建立了液氦供应点，完成了氦液化系统的技术改造，液氦容器实现了国内自给，超导材料的研制与国外同类产品的水平大体相当，为超导磁体的国产化打下了技术基础。6 个项目的 10 个子课题于 1985 年完成并通过院级鉴定或验收。

---

[1] 洪朝生："超导技术"项目"六五"攻关的一些经验。1985 年，未刊稿。资料存于采集工程数据库。

[2] 胡善荣，李满园：1983-1985 年我院超导技术攻关科研成果简介。《中国科学院院刊》，1987 年第 4 期，第 331 页。

其中氦容器与液氦生产集中供应点的建立、中小型超导磁体工艺规范化分别获得中科院科技进步奖二等奖，富 Sn 扩散法多芯 Nb3Sn 高场材料的研制获中科院科技进步奖三等奖。"六五"超导技术攻关项目完成，表明我国已具备超导技术应用所必需的技术基础，从液氦生产供应、低温测量、超导材料制备和磁体制造技术都已具备商品化生产能力，将为超导技术的应用开辟广阔的前景[1]。

超导技术"六五"攻关激发了项目承担者的积极性。他们认为"六五"攻关有力地推动了超导技术的发展，将技术水平明显提高了一步。很多人认为，若没有攻关组织，两三年内是不可能做出这样好的工作结果的。院外同行也赞赏中科院攻关的有效组织[2]。

中科院也对超导技术"六五"攻关的成效给予很高的评价：

> 中国科学院"六五"超导技术攻关是当时国内超导研究处于应用前景不明确、举棋不定的情况下开展起来的，并始终坚持进行取得了上述很好的成绩，这种艰苦奋斗的作风也值得提倡。超导技术攻关的全面完成，也为"七五"开展高温超导研究奠定了相应的基础[3]。

在组织超导技术"六五"攻关的同时，洪朝生还承担了中科院 1986—2000 年长远规划中"超导技术"专题规划的制定工作，这项工作与国家十五年（1986—2000 年）的科技发展规划的制定密切相连，是国家规划的一个组成部分。

1981 年 4 月，中共中央、国务院责成国家科委会同有关部门准备起草十五年科技发展规划。1982 年年底，国务院批准了国家计委、国家科委《关于编制十五年（1986—2000 年）科技发展规划的报告》，由国务院

---

[1] 胡善荣，李满园：1983-1985 年我院超导技术攻关科研成果简介。《中国科学院院刊》，1987 年第 4 期，第 331 页。

[2] 洪朝生：超导技术项目"六五"攻关的一些经验。1985 年，未刊稿，资料存于采集工程数据库。

[3] 胡善荣，李满园：1983-1985 年我院超导技术攻关科研成果简介。《中国科学院院刊》，1987 年第 4 期，第 336 页。

科技领导小组统一领导科技长期规划的制定、重大科技政策的研究等工作。随后成立了由国家科委、计委、经贸委共同领导的"科技长期规划办公室",组织有关专家、领导集中工作[①]。1983年经中科院院长、党组联席会研究,为加强调查研究、认真做好中科院1986—2000年长远规划,决定组织规划专题组。初步考虑,按两大部分(科研领域和科研管理改革)成立35个专题组,立即展开工作,特聘洪朝生担任超导技术规划专题组组长[②]。

此后,按照中科院"聘任组长,然后由组长'组阁',名单事先应与学部(委)商量一下"的建议原则[③],产生了超导技术专题组成员:组长洪朝生;副组长韩朔;组员胡素辉、庄祥麟、赵忠贤、焦正宽、林良真、杨沛然;顾问庄育智、管惟炎、李林[④]。

1983年4月底—5月初,洪朝生先后参加了中科院组织召开规划专题组组长会议和国家科委组织召开的超导技术发展预测会议,随后主持召开了超导技术规划中科院专题组成员第一次会议。会上交换了对超导技术发展方针的看法,拟定了规划的内容范围,确定了专题组成员分工调研和组织编写各分专题报告。在各分专题报告的基础上,洪朝生按中科院要求,组织起草了超导技术规划轮廓设想(轮廓设想相当于规划纲要的草案,是规划的核心)。10月,他又出席了中科院规划专题组汇报交流会第二阶段会议,并代表超导技术专题组作超导技术规划轮廓设想的报告。在此基础上,又于1984年完成了中科院1986—2000年规划超导技术专题研究报告初稿,在分发各专题组成员进一步修改后,于当年6月形成超导技术研究报告正式稿。

超导技术研究报告表达的主要观点是:

(1)超导强磁和弱磁技术是无可取代的重大技术。国际上大型、精密超导工程的成功表明它已是成熟的技术,而它的潜力仍未可限

---

① 1986-2000年全国科学技术发展规划纲要(草案)。人民网站,2008-12-01。
② 中国科学院文件:关于聘任规划专题组长和召开组长会议的通知。1983年4月,内部资料。
③ 卢嘉锡:在中国科学院规划专题组长会议上的讲话。1983年4月29日,内部资料。
④ 中国科学院1986-2000年规划专题研究报告之十:超导技术。1984年6月,内部资料。

量。国家对其发展应给予充分、稳定的支持。

（2）我国超导技术工作已有一定基础，应加强组织协作，扎实地工作，尽快取得逐步应用和经济效益，为当前的四化建设做出重要贡献。

（3）要加强应用研究，重视基础研究，建立更扎实的技术基础，勇于探索新的技术应用途径，争取为四化建设做出更大贡献，为2000年后的重大发展做好技术储备。

（4）中国科学院对推动我国超导新技术的发展应责无旁贷。要发挥科学院工作的特点，多承担基础性研究和重大任务，大力培养年轻的科技骨干队伍。

（5）到2000年，我国的超导技术力量应跻身国际先进国家行列，各种低温、超导产品进入国际市场[①]。

研究报告在分析了超导技术的意义与我国超导技术的发展状况后，提出2000年的展望和应采取的方针。对2000年的展望是：超导技术将在我国科学实验和工业分析中广泛地使用，对提高科学水平和产品质量发挥重要作用；工业生产将采用超导设备，低温条件不再是工业应用中望而生畏的障碍；培养出一支高水平的科技队伍，准备迎接下一步重大超导工程任务和开创新的超导应用的途径。研究报告指出，为实现上述目标，需要有一个明确、稳定的发展超导技术的方针，即超导技术是关系四化建设和长远发展的重大新技术，必须对其发展给予长期稳定的支持，不因超导应用项目的一时成功或挫折而时起时落。要组织好低温超导技术力量，及时将已接近成熟的技术成果提高、完善化，转化为生产力，并为进入国际市场而努力。超导技术是理论和技术上发展较快的新技术，加强理论和技术基础研究是保证更快赶上国际先进技术、开创适合国情的新应用、取得更大实用效益和经济效益的关键。

研究报告同时分析了中科院低温、超导技术研究的基本情况，提出了中科院的发展方针、具体项目和主要措施。发展方针为：近期内（"六五""七五"期间）着重发展和推广低温超导技术的基本条件，以弥

[①] 中国科学院1986–2000年规划专题研究报告之十：超导技术。1984年6月，内部资料。

补前一时期国内发展超导应用时基础不够扎实的情况；大力加强应用基础研究，使低温超导技术和理论有适合国情的全面发展，成为取得中、小型应用有实际效益的确实保证；着眼于 2000 年前后的较广泛应用和重大应用，开展基础和应用研究及工程实践，着重培养年轻的精干的理论和技术队伍，为赶上国际先进水平而努力；加强院内外横向联系，加强国际学术交流和技术引进。研究报告提出的具体项目包括："六五"期间改善国内已具备基础但又不很完善的基本技术条件（含 5 项具体研究项目）；"七五"期间进一步改善超导技术的基本条件，并致力于推动小型超导技术的应用（含 6 项具体研究的项目）；加强应用基础研究（含 4 个主要方面研究）；预计到 2000 年前后大型超导工程也将在我国提上日程，超导弱电应用将会有更多新发展，超导集成电路将占重要地位，同时强磁强电技术的工业应用也将更广泛并可能扩展到工频交流范围。中科院工作更应为此做好准备，应加强开展低温物理、超导物理研究、低温技术基础研究和参加国外大型超导工程的预研和建造。研究报告还提出我国超导技术发展的若干主要措施，其中包括：需要组织协调院内工作和加强与院外的联系，超导材料工作要与冶金部一些单位配合，超导磁强计要加强半导体工艺协作并与院外工作衔接好。在超导磁体系统的研制、生产方面建立起适当的管理、经营机构；中科院的工作应更侧重于深入的理论和实验研究，探讨新的技术途径，为此后院内外的发展提供充实的理论和技术储备，促进超导电子器件的大发展和超导强磁工业应用的突破；鉴于超导技术是有重大潜力的新技术，培养高水平的理论和技术队伍是最重要的事情，要组织好优良的培养条件：高级指导力量和先进的实验室条件以及利用好国际交流条件；集中院内的低温超导力量，使低温和超导、技术和物理能更好地结合，并在低温技术、超导材料技术、超导磁体技术、超导量子器件技术等方面集中建立一些拥有先进实验手段的研究室。研究报告还就组织措施和经费支持提出了具体的建议[①]。

中科院 1986—2000 年规划超导技术专题报告不仅对中科院超导技术

---

① 中国科学院 1986-2000 年规划专题研究报告之十：超导技术。1984 年 6 月，内部资料。

的发展产生了重要影响，同时也为《1986—2000年全国科学技术发展规划纲要》的制定发挥了积极作用。

氦液化系统改进和液氦集中供应示范点的建立

图 8-2　80年代北京地区液氦生产集中供应示范点一角

液氦的生产和供应是低温物理研究和超导技术应用的关键，但这个问题在"六五"超导技术攻关开始前一直没有得到很好解决。当时，国内有70多台液氦机安装在全国各地60多个单位，由于各种原因，能够按需要正常生产液氦的单位很少，设备利用率非常低，直接影响低温工作的开展[1]。

低温中心组建后即开始液氦车间的筹建工作。"六五"攻关制订计划时，洪朝生强调加强低温、超导技术基础，并将液氦集中生产、供应放到首要位置，提出要把低温中心的液氦车间建成北京地区液氦集中供应点，便于各种科研、教学单位使用液氦，开展更多的低温研究工作，促进国内低温超导技术的发展。

根据超导技术攻关计划的要求，从1983年开始，低温中心雷文藻等人对国产氦液化系统进行了多项技术改造。

外节流输液的应用

在液氦的输送过程中，每次由于漏热等原因要蒸发30%～40%液氦。

---

[1] 雷文藻：低温中心 He 液化技术的进展.《制冷学报》，1985年第1期，第60页。

为回收这部分蒸发冷气的冷量，研制了外节流杜瓦管——由三层同心管构成，内管通过节流后的两相氦进入贮槽，内管和中管的环形通道回收回流的冷氦气，中管和外管之间是防漏热的真空层。外节流输液时，贮槽的回气口基本上保持室温，这样可以避免贮槽上部回气口过冷使上部各密封处失效而漏气的因素[1]。外节流输液适用于从液氦机向贮槽的输送。实验结果表明，在 SPY-20 型液氦机中，原存入贮槽的产量为 27～29 升/小时，采用外节流输液后，产量增加到 35～37 升/小时，产量比原来提高了 28.5%。自 1984 年起，在国产设备上首先采用了外节流技术，并采用这一技术与物理所共同对 CHY-20 型液氦机进行改进，使该设备向贮槽中存入液氦的产量从 12～13 升/小时提高到 17～18 升/小时。

冷冻纯化氦气杂质技术

采用安装在液氦温区的冷冻纯化器，可纯化空气中含量高达 20% 的氦气。此前，采用物理吸附清除氦气中的杂质，一般每次纯化能力约为 1 立方米空气量，活性炭再生时间长；而氦中杂质含量若超过 1%，又必须先进行预纯化后才能用于液化。由于供应液氦后回收的氦气杂质含量有时高达 5%～10%，给生产带来很大困难，处理费用也高。采用冷冻纯化后，每次纯化能力达 5 立方米空气量，再生处理时间只需 20 分钟，降低了处理费用。处理性能达到国外同类产品水平。

液氦系统的安全自控和数字显示

为确保液氦生产过程设备和人身的安全，建立了安全保护自控系统。气柜上下限有指示灯、音箱报警和停压机措施，对所用的压机断水、断油和过压等采用安全保护装置。这些措施提高了液氦生产的安全可靠性。

---

[1] 雷文藻：低温中心 He 液化技术的进展。《制冷学报》，1985 年第 1 期，第 61 页。

气体纯度分析和回气流量测量装置

在对外供应液氦中，对回收的氦气进行质和量的分析测量，以提供成本核算依据。采用气相色谱仪对用户的回气进行纯度分析；对实验室的回气流量制造了回气流量装置。安装有流量计和低压差（100mm 水柱）的单向阀；可以测量实验中回气量和防止气柜倒流漏气[1]。

通过"六五"攻关，低温中心的液氦生产供应逐年得到改善。由于当时液氦用量还不够多，低温中心安装的 SPY-20 型双级膨胀机型氦液化器基本上是以销定产，每月只开车两次。对于 200～300 升/次的用户，只要提前几天提出要求，中心均可满足。1983 年液氦产量 6450 升，生产成本 16.84 元/升；1984 年产量达 9600 升，生产成本 14.38 元/升；1985 年 1—7 月，产量达 6110 升，在液氮、水、电涨价、氦气增加附加费用的情况下，生产成本仍然下降到 13.84 元/升。在洪朝生的提议下，低温中心将液氦价格定为 15 元/升[2]，液氦生产处于微利或无利的状况。这也充分体现了他对普及液氦使用的良苦用心。

"六五"攻关期间，低温中心共生产了 26000 多升液氦，其中约有 2/3 供应京内外 30 家单位使用，有些有液氦机的单位也由低温中心提供液氦。由于能按时按量地提供液氦、收费合理，各使用单位能方便地用液氦开展研究工作，取得了突出成果。在液氦生产供应满足科研需要的同时，低温中心的一些技术和措施（如外节流输液、集中供应点的建立）开始在国内一些单位推广。低温中心逐渐形成京区液氦生产和集中供应点，在国内起到示范作用[3]。

低温中心还开展了技术咨询服务，1983—1985 年为境内外多家单位修理 CHY-20 型液氦机；生产输液管、液面计、液氦贮槽和实验杜瓦瓶等器

---

[1] 科技成果鉴定证书（科学院〔85〕产鉴字 077 号）:《超导技术攻关项目液氦生产和集中供应点的建立、氦液化技术改进》。1985 年 10 月 9-11 日，内部资料。

[2] 雷文藻：低温中心 He 液化技术的进展，《制冷学报》，1985 年第 1 期，第 60 页。

[3] 科技成果鉴定证书（科学院〔85〕产鉴字 077 号）:《超导技术攻关项目液氦生产和集中供应点的建立、氦液化技术改进》。1985 年 10 月 9-11 日，内部资料。

件供外单位使用；还帮助有关单位验收进口的各种仪器和杜瓦瓶，同时开展了其他一些方面的液氦实验的咨询服务工作。

1985年10月9—11日，低温中心氦液化系统改进和液氦集中供应示范点项目通过中国科学院鉴定，鉴定组对该项目给予很高的评价。

> 有力地推动了我国液氦温区下的科研工作，并发展了有关低温技术，从而使低温中心成为京区液氦生产和集中供应点，成为名副其实的低温技术实验中心。在这里取得的经验，无疑将会在国内起示范作用。低温中心坚持正确的办所方针。全所同志不计较个人得失，为推动我国低温技术奋发工作的精神，给与会代表留下了深刻印象。希望他们认真总结经验，使已经取得的成果尽快地推广使用，从而收到更大的经济效益。[①]

低温容器的研制

低温容器是低温物理实验工作以及其他低温相关工作最基本的设备。50年代，洪朝生曾指导上海玻璃一厂生产了液氮和液氦实验用的玻璃杜瓦瓶，满足了国内实验工作的需要，对推动国内低温物理研究的开展有重要作用[②]。到70年代，由于低温恒温器尺寸的加大和实验测量时间的加长以及不同科研、生产和其他方面的需求，迫切要求研制、生产多种类型、规格的低温容器。低温容器特点是类型、规格要求广泛，但需较大批量生产的并不多。

洪朝生对低温容器的研制、生产一直予以高度重视。在物理所低温研究室期间，就部署了相关的研制工作，并给予热心指导。在"武汉会议""长沙会议"以及在制订"六五""七五"低温超导规划时，他都把加

---

① 科技成果鉴定证书（科学院〔85〕产鉴字077号）:《超导技术攻关项目液氦生产和集中供应点的建立、氦液化技术改进》。1985年10月9日至11日，内部资料。

② 阎守胜：莫让斯人随梦逝——记忆中的冉启泽。《物理》，2004年第12期，第919页。

强低温容器的研制列为低温技术基础研究和低温实验技术的一项重要工作内容。

1972年，物理所低温室根据某些尖端技术中对于非金属杜瓦瓶的需求，在建工部251厂协作下，完成了玻璃钢液氮容器的研制任务，容量分别为2升、5升和75升，蒸发率分别为0.16升/日、0.43升/日和3升/日，而在当时尚未见到国外有同类产品的相关报道[1]。

图8-3 L70氦液化装置、大型液氮储存槽和若干100升液氮输运容器

1974年，低温室与沈阳新光机械厂合作，试制成YD-10型液氮冷冻生物制冷贮存容器，该贮存容器有效容积为10升，其结构与市售暖水瓶相似——由内外两层铝制壳体组成，两壁之间包扎一定数量的多层绝热材料并抽高真空，内容器外壁底部放置吸附剂，使真空得以长期维持。内筋管采用低热导率的玻璃钢材料制成，并与内铝壳用环氧粘接。由于采用新材料、新工艺，此类容器具有良好的冷藏性能，静置保持40天左右。此类容器应用范围广泛，主要用于畜牧业冷冻精液的贮存和运输，供人工授精、品种改良之用。在医疗卫生方面，供冷冻贮存细胞、疫苗、菌种（如血浆、皮肤、癌细胞等）之用，也可与其他设备配套供外科手术用。其他如食品工业、科学研究单位使用此类容器也很方便。制成的几十个容器供各单位使用，效果满意[2]。

为了进行超导磁体实验和长时低温、超导实验工作，低温室于1970年开始研制金属液氦容器，先在100升液氮贮存容器上试用多层绝热材料与气冷屏技术，达到了日蒸发量约2.5%的水平。以后又参照国外多层气冷屏工艺，试制成数台供低温超导实验用的液氦容器，容器为20～100升，

---

[1] 洪朝生：一九七三年申请外协项目表：玻璃钢氦杜瓦瓶。1973年，未刊稿。资料存于采集工程数据库。

[2] 科技成果登记表：生物液氮杜瓦瓶。1974年8月-1975年1月，内部资料。

日蒸发量为2%～10%，满足了长时实验需求。在该金属容器中采用了自己研制的超导线连续液面指示器和定点指示器①。在此基础上，低温中心在1979—1983年完成了金属液氦实验容器的系列化生产，其规格与性能分别为有效容积5升、15升和24升②。当时，国内各实验室使用的这类金属液氦容器几乎都是由低温中心提供的③。

中科院"六五"超导技术攻关期间，为解决液氦的贮存和输运设备，低温中心分别研制了HeA-100型输运式液氦容器、He-30型液氦容器及稳态汽泡式低温恒温器，满足了不同用途的需要。

HeA-100型运输式液氦容器的特点是：容器自身的结构强度能承受运输过程中的振动与冲击。容器的内外壳体用不锈钢制成，采用气冷多屏绝热形式，保证绝热性能良好。内筒不锈钢管悬吊于外壳顶部球面活动支承上，外面用波纹管密封，内筒可以摆动，减少颈管的弯曲应力，起到一定的缓冲作用。为确保容器的安全，采用防爆阀和安全阀保护内筒。内、外筒之间的真空夹层采用真空防爆阀加以保护。该容器经过两年多实地测试，绝热性能指标、蒸发率均很稳定，日蒸发量小于1.5%。容器在正常运输时，垂直与水平振动加速度值均在0.1g左右，远小于国外资料报道的垂直振动应小于2g、水平振动应小于1g的指标。

He-30型液氦容器是小型液氦实验用贮存容器，内、外筒都采用不锈钢材料制成，采用真空—多层气冷防辐射屏绝热形式。为了确保使用安全可靠，该容器配备了压力表、内筒安全阀、内外筒防爆阀、热振荡阻尼罐。容器的液氦静态蒸发量每日小于0.9升。该装置的特点是外型美观，重量轻，易于搬动，使用安全，液氦蒸发量低。各项指标达国外同类产品的水平。

稳态汽泡式低温恒温器是用于光荧光和光散射实验的低温容器。它采用一个活塞将容器分成主容器和尾部的气泡室两个部分。在活塞的锥面形成液—气两种状态的分界面。调节加热器的功率和锥面间隙，可以得到不

---

① 科技成果登记表：生物液氦杜瓦瓶。1970-1977年，内部资料。

② 中国科学院低温技术实验中心发展简况。中科院低温中心编印，1984年10月，内部资料。

③ 阎守胜：莫让斯人随梦逝——记忆中的冉启泽。《物理》，2004年第12期，第919页。

同的温度。活塞周围的汽柱间隙提供了充足的热阻，以便防止气泡室温度较高时，过度热量传入主容器。该恒温器采用多层绝热的方式，比采用液氮保护的方式更具有结构紧凑、重量轻、加工和装配工艺简单等特点。它的工作温度为 2～300K，有效容积为 2 升，液氦蒸发量在 4.2～230K 时小于 0.22 升/小时，在 230～300K 时小于 0.28 升/小时。在 4.2～300K 范围内，温度稳定性均在 ±0.025K 以内。该装置首次在国内采用了先进的稳态汽泡技术，具有良好的温度稳定性和宽的测量温区，液氦蒸发量较低。在用于光学低温测量时，操作方便。在冷指型低温容器中，其主要性能指标达国际水平。

以上 3 种液氦容器于 1985 年 10 月通过院级鉴定，建议可小批量生产[1]。1986 年，"液氦系列容器与液氦生产和集中供应点的建立"获得中国科学院科技进步奖二等奖。

"六五"攻关期间，低温中心研究、试制及小批量生产了性能达国外同类产品质量的各种液氦贮存容器、运输容器、低温恒温器，加上自行研制的低温温度计、液面计以及提供温度计标定服务等项工作，实现了液氦生产、贮存、运输、使用"一条龙"，同时在很大程度上减少了液氦容器从国外的进口，对国内超导实验的开展起了积极的推动作用。1982—1985 年，低温中心向国内实验室提供了各类液氦容器约 150 台，此外还积极承担了国内单位所需的异型磁体容器等的研制[2]。

中法合作建造北京重水堆冷中子源装置

利用反应堆产生的热中子开展中子散射的研究，同 X 射线、电子束

---

[1] 胡善荣，李满园：1983-1985 年我院超导技术攻关科研成果简介。《中国科学院院刊》，1987 年第 4 期，第 332 页。

[2] 中国科学院低温技术实验中心"六五"期间工作介绍。中科院低温中心编印，1986 年，内部资料。

一样，被广泛地应用到材料科学、物理、化学、生物、地质、矿物、冶金、化工等基础和应用科学。热中子和 X 射线、电子显微镜等相互补充，在现代科学、技术的发展中起到不可缺少的重要作用。但热中子的波长范围约为 0.3～3Å，在某些研究领域里的应用仍受到一定限制。60 年代以来，在某些现代研究用反应堆上，安装了冷中子源装置。冷中子源可提供 4～20Å 长波长的中子束，因而使它在现代科学技术中起独特的（与 X 射线、热中子相较）重要作用[①]。

中法两国在核科学方面的合作研究是由时任中科院副院长钱三强和法国原子能总署研究部主任 J. 霍洛维茨共同倡导的。为了提高北京重水反应堆冷中子的通量，1982 年初，中科院决定从法国引进建造冷中子源的关键部件。钱三强和洪朝生共同提出，冷中子源所需的氦制冷系统以及其他部件通过国内协作，主要由中科院低温中心和中国原子能研究院承担。1982 年 11 月，上述两个单位的科技人员在冷中子源方面完成了大量的调研和考察工作，并提出了初步设计方案。在此基础上，1982 年 11 月，钱三强和 J. 霍洛维茨在北京签署了会谈纪要，正式确定中法双方在我国重水反应堆建造冷中子源方面继续合作。纪要规定："此项工作将由中国科学院负责，法国基础研究部将提供近 25 年间积累的经验和专长，并根据中国科学院的要求提供某些部件。法方将按照中子散射谱仪所采取的同样方式做出贡献"。纪要的附件二中还明确指出："制冷机和冷凝器将由中国科学院低温中心制造"[②]。

1982 年 12 月，原子能研究院、中科院低温中心和物理所共同签订了《关于在 101 重水反应堆安装冷中子源的协议书》。根据协议，低温中心分工负责提供冷中子源的液氢循环系统、氦制冷系统、真空和安全排放系统等全套设备并负责安装，其中包括完整的信号与控制系统；负责堆外低温系统与堆内部件的连结件的设计、加工、安装；负责整体低温系统的调试到冷中子建成；协助培训原子能研究院的运行人员[③]。

从 1982 年上半年开始，洪朝生先后参加了该工程任务的调研、考察

---

① 章综：中法合作建造北京重水堆冷中子源情况汇报，1988 年，内部资料。
② 同①。
③ 同①。

和初步方案的论证、设计工作，并代表低温中心与原子能研究院、物理所就此项工程任务的分工、进度、经费以及组织领导等问题进行了认真的讨论。任务落实后，洪朝生和周远共同主持了冷中子源制冷系统研制工作[①]。为确保工程任务按期保质完成，低温中心组建了以周远为负责人的研制组，并加强了研制力量。

在承担该工程任务期间，低温中心与中法科技人员密切配合，克服了许多困难，高质量地完成了制冷系统研制任务。早在1985年，他们就按预定计划完成了新型氦制冷机、液氢循环系统以及遥测遥控系统的研制。2月第一次联试获得成功。此后半年多的时间里，先后进行了20多次试验，都获得了成功[②]。

图8-4 1986年洪朝生（展板前者）向中外专家介绍北京冷中子源装置

1985年10月9—11日，中科院数理学部主持召开"冷中子源系统技术鉴定会"。由9个单位的同行专家组成的鉴定组听取了该系统的各项研制报告和测试报告，查阅了有关技术文件资料并在实验现场参观了制冷系统的运行情况。鉴定组对冷中子源制冷系统的研制予以较高评价：

中国科学院低温技术实验中心研制的"冷中子源制冷系统"是由若干先进技术组成的，系统设计合理，运行安全可靠，达到了设计指标，为争取在亚洲地区首先建立冷中子源装置提供了重要装备。可以到使用现场进行安装调试。对该制冷系统的先进技术，建议能在低温

[①] 王淦昌：在中国物理学会第一届胡刚复、饶毓泰、叶企孙、吴有训物理奖授奖大会上的讲话。《物理》，1989年第10期，第617页。

[②] 科技成果鉴定证书（科学院〔85〕产鉴字079号）：冷中子源制冷系统。1985年10月9日至11日，内部资料。

制冷技术领域推广应用，并可作为单项成果上报[①]。

这套系统从 1986 年初在反应堆前建立起来，经受了几十次运行和长时间连续运行的考验。这标志着我国低温技术设备水平的显著提高，可以满足国内对长时间可靠运行的低温制冷机的要求[②]。该成果获 1987 年中国科学院科技进步奖二等奖[③]。

1988 年 10 月 7 日，中法合作建造的北京重水反应堆冷中子源装置在中国原子能科学研究院落成。从反应堆水平孔道出来的中子束中，波长大于 4Å 的冷中子源积分强度提高了一个星级，标志着该装置已达到国际水平。[④]

公共实验室和开放实验室建设

洪朝生担任低温中心主任后，按照国家科委和中科院要求，力图把低温中心建成名副其实的全国低温技术实验中心。在他看来，要做到这一点，就必须建立若干具有较高装备水平的对外开放的公用实验室，以供国内从事低温、超导研究以及其他使用低温条件的单位开展相关实验，扩大实验范围，减少实验费用。

低温中心创建初期，实验室装备水平很低。"六五"结束时，中心全部实验仪器资金总额仅为 150 万元，远远低于院内其他单位的水平。究其原因，一方面在于 60 年代中期以后，物理所的低温研究多以承担航天、国防和工业生产等任务和研制氢氦设备为主，实验装备发展迟缓；另一方面在于原中科院气体厂此前主要从事气体生产与供应，实验装备基础更为

---

① 科技成果鉴定证书（科学院〔85〕产鉴字 079 号）：冷中子源制冷系统。1985 年 10 月 9 日至 11 日，内部资料。

② 科技成果鉴定证书（科学院〔85〕产鉴字 079 号）：冷中子源制冷系统，1989 年第 1 期，第 82 页。

③ 科技成果鉴定证书（科学院〔85〕产鉴字 079 号）：冷中子源制冷系统，1989 年第 1 期，第 81 页。

④ 科技成果鉴定证书（科学院〔85〕产鉴字 079 号）：冷中子源制冷系统，1989 年第 1 期，第 80 页。

薄弱[1]。

针对这一情况，洪朝生等人想方设法，积极创造条件，先后建成了低温强磁场实验室、低温温度测试实验室（1990年成为中科院低温计量测试站）、低温热物性实验室、低温力学实验室、低温液体容器蒸发率测试实验室等多个公用实验室。

"六五"低温、超导科技攻关期间，低温中心在建立液氦集中供应点的同时，在液氦技术发展室内建起了进行液氦实验的公用实验室，为需用单位提供液氦实验场地及一些基本实验条件和技术咨询服务。1983—1985年，先后有10多家单位在低温中心进行了200多次液氦实验。由于能按时按量提供液氦、价格合理、实验不受开车时间限制，因而大大缩短了实验周期，节省了实验费用[2]。

此后，在中科院和低温中心共同努力下，公用实验条件进一步改善，于1985年创建了低温强磁场实验室并于1987年起对外开放。低温强磁场实验室配备有4T、8T、11T超导磁体系统，与磁体配套的多种低温实验装置以及由计算机和多种电子精密仪器组成的高精度自动测量系统可在0~11T场强、1.4~300K温度、0~280A电流条件下进行电阻率、磁阻、霍尔效应、超导临界电流等测量。

1989年建成的11T磁体的主要技术指标达到且部分超过国际商品中小型实验室磁体，由于其良好的性能和完备的配套实验装置，长期以来一直是国内配套最齐全、使用最方便、最经济实用的11T级物理实验室用国产超导磁体系统，获1991年度中科院科技进步奖三等奖。低温强磁场公用实验室建成后，积极为所内外提供实验服务或开展合作研究，如Nb膜中磁通运动研究、高Tc超导薄膜的输运性质研究、量子霍尔电阻精密测量等，在推动国内实用高场超导磁体技术发展和方便国内低温超导实验及强磁场中心物性研究方面发挥了重要作用[3]。

---

[1] 关于低温技术实验中心"七五"期间实验室建设计划经费的申请报告。1986年8月29日，内部资料。

[2] 雷文藻：低温中心He液化技术的发展。《制冷学报》，1985年第1期，第60页。

[3] 中科院低温中心低温强磁场实验室简介。1990年，内部资料。

低温力学公用实验室于"七五"期间建成，由低温静态及动态力学性质测量系统组成，配备有大空间多试件的低温力学测量装置，各种不同功能的实验夹具，能完成多种材料、不同尺寸试件低温测量，实现了从室温到液氦温度范围的连续控温及测量过程的微机化。该实验室成立后，承担了多项国家自然科学基金、国家教委开放实验室基金的研究课题，并为航空航天部、大专院校、科研院所等单位进行材料测试和技术服务。发表

图8-5 "七五"期间建成的低温力学性能公共实验室

图8-6 80年代低温中心低温强磁场公共实验室一角

论文十余篇，并提供各种新型材料的低温力学性能数据。先后与中国科大、力学所等单位合作进行低温下小型结构的振动和传递特性、结构陶瓷的低温断裂及其与显微结构的关系、低温及应变率与材料脆性转变规律相关性能的研究工作[1]。

低温力学实验室是当时国内唯一的液氦温区力学测试基地，90年代承担了运载火箭材料的全部低温测试，并参与新材料研制。1996年"长征三号"火箭发生事故后，低温力学实验室和低温计量站发挥低温测量的综合优势，建立专门装置，为事故原因分析做出了重要贡献。该实验室在低温新材料研究方面也取得了显著成绩，在国际上首先研制成功低温强韧性陶瓷材料，并在低温增韧机理方面有所创新[2]。

"七五"期间建成的低温热物性及磁性实验室由大样品比热测量系

---

[1] 中国科学院低温中心低温力学实验室简介。1990年，内部资料。
[2] 中国科学院低温中心改革试点方案。1999年，内部资料。

统、小样品比热测量系统、小样品交流磁化率测量系统及金属和陶瓷样品的热导率测量系统组成，可从事 1.2～300K 温区、10mg 以上质量大小样品的比热和磁化率测量以及这一温区热导率、电阻率和热电势等输运性质等的测量。该实验室建成后，先后承担国家重大基础研究项目、攀登计划项目、国家科委和科学院重点项目以及多项自然科学基金项目。在高温超导材料的超导机理研究，重费米子材料的磁性、绝缘体性质和非费米子液体性质研究，纳米材料的低温物性研究及稀土材料的磁热效应研究等方面取得了很有意义的结果。如首次发现重费米子材料 CeCuGa，首次提出 YPuBaCuO 的 M-I 转变中的"混合局域态模型"，首次发现纳米材料液氦温区的比热和磁化率反常等。

1995 年年初，在洪朝生等人的积极倡导和大力推动下，低温中心成立了极低温开放实验室，主要从事液氦温区直至 mK 级温度范围内的物理研究，以凝聚态物质的热物理、输运性质、电磁性质、力学性质的实验研究为手段，研究物质基态和低能激发态电子系统物性、声子系统特性、各种元激发之间的相互作用及其在宏观物性上的表现。

70 年代末，物理所低温室成功研制出 DR-100-10 稀释制冷机，获得低于 50mK 的温度，此后又先后配备了顺磁盐绝热去磁恒温器等装置。同时，低温中心还成功将国产的实芯碳电阻作为极低温温度计使用，这些都为开展极低温物理研究创造了必要条件。

从 90 年代初期，洪朝生等人就一直在考虑建立超导电子学应用研究组，为发展我国的超导电子学应用做出贡献，并力求将低温中心在基础研究方面（例如高温超导研究）和高温技术发展方面（例如微型制冷技术）的最新成果结合起来，在国防和经济建设中得到应用。极低温开放实验室成立后，在室内正式建立超导电子学应用研究组，曾研制出国内第一个高温超导天线。极低温物理开放实验室成立后，按照"开放、流动、联合、竞争"的原则，先后与国内一些兄弟院所及高等院校一同联合争取国家任务，实现优势互补。该室成立后，广泛吸引国内外从事相关领域的专家和青年学者来室工作，设立开放课题，积极扩大流动人员比例，促进了极低温物理相关领域的发展。

1999年，中科院实施知识工程创新工程，极低温开放实验室整建制并入中科院物理所，在科技部和中科院支持下，成立中科院物理所极端条件物理重点实验室。此后，该重点实验室努力增强低温实验条件与强磁场和超高压等其他极端实验条件之间的交叉综合，在建设和完善极端实验条件的同时，大力开展低维体系中的量子态和量子力学效应的实验研究，成为我国在极端条件物理研究领域人才最集中、最全面的研究机构之一。

温度测量与 ^{4}He 超流转变温度研究

低温中心成立后，洪朝生十分重视低温计量与测试技术研究，将其作为低温实验技术与低温技术基础研究的一项重要工作内容，组建了低温测试实验室，并部署了相应的研究力量。1983年，低温中心陈普芬完成了国产 RS-11-1/4 瓦实芯碳电阻低温温度计的性能测定与稳定性考验。其性能与国际上通用的 AB 碳电阻或 Speer 碳电阻大致相当，得出 1.6～10K、4.2～27K 的 R-T 特性经验公式与磁组特性，复现性为1年内≤±0.1K，半年内≤±0.05K，后得到推广使用[①]。

1984年，低温中心与辽宁省

图8-7 80年代中国科学院低温计量测试站一角

---

① 中国科学院低温技术实验中心发展简况。中科院低温中心编印，1984年10月，内部资料。

低温计量测试所合作承担了国家计量局与中科院重点项目——0.5K～30K 温度计检定装置。该项目的目的是建立国家在这段温区的温度计检定装置，负责对进口温度计的商检和实用温度计的分度工作，以填补国家在这段温区的检定空白，建立国产低温温度计的研究基础。

经过低温中心毛玉柱等人与辽宁省计量测试所科研人员的共同努力，该检定装置于 1987 年完成。全套检定装置包括：①能复现 1976 国际临时温标的 7 个固定点器件和两个稍后发展起来的参考固定点器件，它们是平衡氢（e-H$_2$）、平衡氘（e-D$_2$）和氖（Ne）三相点，铌（Nb）、铅（Pb）、铟（In）、铝（Al）、锌（Zn）和镉（Cd）超导转变固定点，上述 9 个点分布在 1976 国家临时温标的温区（0.5～30K）中，用来检定国外进口温度计是否指示准确，考查各类温度计是否长期保持原分度值，研究和发展国产低温温度计。②为了复现上述 9 个固定点温度和分度温度计，建立了 3 台低温恒温器，工作温区在 0.5K～30K，并可扩展到室温区（300K）。其中活性炭吸附式 ^{3}He 恒温器性能达到了英国牛津仪器公司商品的水平，可供温度计分度和物理测试使用。另一台恒温器为可更换样品恒温器，专供复现气体三相点使用，可将温度控制在试验要求状态。第三台恒温器为内减压液氦恒温器，工作温区为 1.2～300K，供实用温度计分度用，恒温精度 ±1mK。③一套自动化测量系统，包括当时世界上精度最高的电阻电桥和数字电压表、低能电势扫描仪器、程序控制电流源、程序控制锁相放大器等，用微机通过 IEEE-488 总线做温度设定与控制、数据采集与处理，实现了低温实验室低电平测量自动化。

通过数十次液氦实验，选出了由 4 支英国 NPL 分度过的铑铁电阻温度计构成了"标准组"。经 8 个月考查，这 4 支温度计的稳定性在 ±1mK 之内，对 9 个固体点的复现精度（8 个月时间）为 ±1mK，不确定度为 ±3mK。对 15 支 NPL 分度的 Tinsley5187U 型铑铁电阻温度计进行了 9 点拟合计算，与原证书值差不大于 ±1.9mK[①]。

1987 年 9 月，"0.5～30K 温度计检定装置"通过中科院和国家计量局

---

① 科学技术成果鉴定证书——"0.5～30K 温度计检定装置"。1987 年 9 月 23 日，内部资料。

联合鉴定。此后，又通过了国家技术监督局计量考核评审，被确定为中科院最高标准。

1988年，经中科院批准，在低温中心建立了"中国科学院低温计量测试站"（计量站）。该站的宗旨是研究建立低温温度标准，保存和传递国家统一的温度标准，研究新型低温温度计，为全国提供社会承认的公证性数据。0.65～24.5K温度标准经国家技术监督局授权，成为国家低温温度最高标准，面向全国开展量值传递。计量站先后建立两套不同温区的低温温度计量标准装置，覆盖0℃以下整个低温温区，可以检定、分度各种低温温度计。先后有近百家研究院所和大专院校在承担各类科研任务中使用该站检定或提供的温度计。计量站与国外多家国家计量研究院建立了合作关系，开展低温温度测量合作。研制的低温温度计除供应国内低温界使用外，部分提供国外低温实验室使用[①]。

80年代中期，在已经建立的温度测量实验室基础上，洪朝生提出在低温中心开展液氦超流转变温度的研究，并创新性提出采用带毛细血管结构的密封瓶的技术路线。这个研究方向从开题到深入开展都是他确定和把握的。

1937年，苏联物理学家卡皮查（Kapitza）首先发现了液氦的超流现象。后来的研究发现，当温度低于液氦的超流转变温度时，液氦转变为超流态氦（HeII），热导率相对于正常态氦（HeI）提高了几个数量级。由于液氦的超流转变没有相变潜热，不能在绝热状态下形成两相共存的条件，因此无法用常规的绝热量热法复现液氦的超流转变温度。1976年，国外科学家利用超流转变温度附近液氦的比热峰值，曾经观察到类似蒸汽压和温度短暂不变的"温坪"，提出液氦超流转变温度具有测温固定点的应用前景。

1987年，在洪朝生的提议和指导下，硕士研究生宋乃浩制作了一个带毛细管的密封瓶，开展液氦超流转变研究工作，在接近绝热的状态下，在超流氦一侧观察到大约10分钟长的转变温坪。在此基础上，在洪朝生和

---

① 低温中心情况汇报。低温中心编印，1999年，内部资料。

毛玉柱指导下，1989年低温中心林鹏改用热流法，用该密封瓶做实验，实现了真正的液氦超流转变温坪，温坪波动小于1mK，温坪长度超过1小时。1997年，在国家自然科学基金支持下，洪朝生和毛玉柱共同指导林鹏继续开展该项研究工作，证实了热流对超流转变温度的下压效应，提出了多热流测量、外推至零热流取值可以消除通过液氦柱的热流对超流转变温度的下压效应，提高超流转变温度的复现性。密封瓶液氦超流转变技术于2003年获得中国发明专利。

意大利IMGC国家计量院帕维塞（Pavese）将洪朝生等人发明的超流氦转变温度复现技术收录到1992年出版的《与气体相关的温度与压力测量技术》（Modern Gas-Based Temperature and Pressure Measurements）一书中，并指出这是当时唯一实用的超流氦转变温度复现技术，可以作为温度固定点技术使用[1]。

洪朝生对超流氦转变温度复现研究付出了很多心血。他关注该项研究的实验进展，积极参与讨论和指导研究工作，亲自动手修改投往Cryogenics的文章，还积极推动该项研究的国际合作。在他的努力下，2000年和2001年林鹏出访意大利IMGC国家计量院和英国国家物理实验室，就密封瓶超流氦转变温度复现技术开展国际合作，完善了热流法外推方法，取得了温坪长度14.5小时、温坪波动0.0032mK的复现结果。2002年，意大利和德国国家计量院分别开展了超流氦转变温度复现研究，意大利采用中国制作的密封瓶，德国采用类似设计的带毛细管密封瓶，都获得了长时间、小波动的液氦超流转变温坪，德国的复现温坪最小波动甚至达到了0.001mK。2002—2009年，中科院低温计量站继续积累超流转变温度复现数据，复现实验累计超过50次，密闭瓶8个，液氦超流转变温度复现性达0.03mK。所有这些实验工作的积累，证明由中国人首创的密封瓶超流氦转变温度复现技术基本成熟，液氦超流转变温度可以作为温度固定点使用。

---

[1] 林鹏：超流转变点器件的研发进展。2014年12月1日，未刊稿。存于中科院低温计量站。

第九章
促国际交流

走出国门开展学术交流

国际科技合作与交流是科学研究的重要组成部分，是科研院所、科学家的重要学术活动。早在 50 年代，针对我国低温研究起步晚、装备水平低、科研力量薄弱、科研方向也不十分明晰的状况，洪朝生在不同场合多次强调要迅速改变这种状况，学习和借鉴国外先进经验尤为重要。

在美国、欧洲期间，洪朝生曾先后参观过数十家科研院所和大学的物理实验室，获益良多。而每到一个国家、一座城市，尽可能多地参观一些当地的实验室也就此成为他的职业习惯和特殊爱好。在荷兰莱顿大学期间，洪朝生在写给他的同学常迵的信中，提出希望能够到苏联参观，以更多、更全面地了解世界物理研究的状况。

中科院历届领导对于国际科技合作与交流始终予以重视，并通过组团参观考察和参加国际会议等方式，积极为科学家们走出国门、以见代闻创造条件。正是由于中科院这种开明和开放的做法，使得洪朝生有诸多机会

图 9-1 2000 年 2 月洪朝生出席在印度孟买召开的第十八届国际低温工程大会

走出去同国外科学家进行面对面的学术交流。从 1957 年起,他先后出访过欧、美、亚三大洲,足迹遍布苏联、美国、英国、法国、德国、瑞典、瑞士、波兰、芬兰、意大利、印度、日本等 10 多个国家,有些国家甚至到过多次。这对于提高科研起点、扩宽发展空间、增强科研实力以及改善科研环境与条件等起到了不可低估的作用。

新中国成立后的一段历史时期,由于一些西方国家对我国实行经济封锁,中科院的国际合作与交流主要限于苏联、东欧的一些国家[1]。此间,洪朝生曾先后三次赴苏联,第一次是 1957 年年底随中科院考察团赴苏考察半导体,顺便也参观了几个低温实验室。第二次是 1960 年年初随物理所访苏小组赴苏联参观访问,重点考察了低温物理和超导方面的科研工作。第三次是 1961 年 5 月,赴苏参加社会主义国家低温会议。这三次访苏,通过与朗道、卡皮查等著名物理学家的直面交流,使洪朝生对半导体、低温与超导研究的前沿工作和发展趋势有了直观的认识。此外,苏联专家杜桑洛娃、苏朵夫卓夫等人在 50 年代也曾有较长一段时间来物理所工作,在半导体研究和氢气液化方面予以我们许多有益的指导与帮助。

1961 年 9—10 月,应著名物理学家门德尔松邀请,中科院组成的以洪朝生为组长的三人小组赴英国参加国际冷冻学会第一届委员会 1961 年年会。这在当时是中科院乃至全国为数不多的组团参加由西方国家组织的学术活动。美国、英国、法国、德国、比利时、荷兰、日本、捷克和中国等 10 多个国家的 100 余人参加了会议,期间进行了广泛的学术交流。会后还

---

[1] 中国科学院国际合作局:中国科学院国际合作四十年。《中国科学院院刊》,1989 年第 3 期,第 220 页。

组织参观了门德尔松所领导的著名牛津大学克拉伦顿（Clarendon）低温实验室、剑桥大学的穆德（Mood）实验室、伦敦大学玛丽皇后学院的低温实验室及爱德华兹（Edwards）高真空设备厂①。这次会议及访问时间长达1个多月。这是时隔10年之后，洪朝生再次赴英访问。在这次访问中，洪朝生不仅收集到会议报告资料，而且通过参观访问，收集或详细记录了各实验室及厂家的技术资料和有关信息，通过对这些第一手资料的收集、整理和分析，引发了他对发展我国低温科研工作的更多思考。这次访问也进一步加深了他和门德尔松之间的友谊。门德尔松曾于1960年第一次访华，在物理所访问期间，负责接待他的正是洪朝生。由于当时国内科研人员外语水平普遍不高，门德尔松作学术报告时，由洪朝生负责翻译工作。洪朝生扎实的学术功底和出色的外语水平给门德尔松留下了深刻印象。

"文化大革命"开始后的前几年，中科院的国际科技交流活动基本处于停滞状态。1971年，中华人民共和国在联合国的合法席位得到恢复，我国外交工作掀开了新的一页，中科院的国际科技合作开始了新的篇章。首先是与西方国家的交流范围迅速扩大；同时，以著名科学家杨振宁、李政道为先导，许多美籍华人学者借讲学、探亲等形式回国访问②。在这种背景下，洪朝生曾于1974年随中国固体物理科学代表团访问了联邦德国、法国和瑞士。

随着"文化大革命"结束和改革开放政策的实施，1978年以后，中科院的国际合作与交流步入了振兴与发展时期。1978年10月，洪朝生随中科院代表团对英国和瑞典进行了为期一个月的访问、考察。代表团肩负的一个重要任务是了解西方发达国家发展科技的先进经验、有关政策和具体做法，为国家科技制度改革提供借鉴和决策依据。代表团团长是中国科学院党组副书记、副院长胡克实，副团长为黄昆。访问期间，代表团参观考察了当地的一些科研机构和大学，并与英、瑞两国科技机构负责人及部分科学家进行了会谈。代表团一行回国后根据在英、瑞两国所见、所感，经认

---

① 陈大慈：国际冷冻学会第一届委员会1961年年会简况.《深冷简报》，1962年第1期，第60页。

② 李家洋：中国科学院国际合作六十年.《中国科学院院刊》，2009年第5期，第454页。

真分析总结写出了《中国科学院代表团访问英国、瑞典的情况报告》[①]，洪朝生承担了报告的修订工作。报告完成后正式上报中央和时任副总理邓小平。

1980年6月，洪朝生应邀出席在意大利热亚那举行的第八届国际低温工程会议（ICEC-8），并以 Cryogenics In China Today 为题做了大会特邀报告。由于"文化大革命"影响，当时的中国与国际接触很少，中国的低温工程进展几乎不为外界所知。洪朝生的报告向国际同行展示了中国低温工程方面所做的工作和取得的进展，引起了国际低温工程界的关注。他是我国低温界"文化大革命"后第一个在国际低温组织上做特邀报告的人。会后，洪朝生先后在民主德国、联邦德国、瑞士、英国进行了为期5个月的低温技术考察，并先后作了9次学术报告，与上述国家的低温技术专家进行了广泛的学术交流。在此基础上，他于1981年4月发表了《国外低温超导技术的发展》一文，向国内同行介绍了相关技术的研究进展及成熟度[②]。这个考察报告对物理所低温和超导研究人员有重要的启发和参考作用[③]。

自1979年中科院与日本学术振兴会签署了学术交流备忘录后，中科院与日本科技交流进入了快速发展时期[④]。1982年，洪朝生随中科院低温超导代表团访问日本，先后参观了东京大学、大阪大学、日本原子能研究所、东芝总会等低温实验室，并与上述几家大学和研究机构的科研人员进行广泛交流。通过参观与交流，洪朝生感觉到日本在低温、超导研究与应用方面处于国际领先水平，值得我们学习和借鉴。而日方也认为中国在低温、超导方面有自身特色和优势，发展潜力很大。双方都表达了进一步加强科技交流的意愿，并倡议定期举办中日双边低温超导学术讨论会。这次访问，也为洪朝生和其他中国代表团成员与日本著名的低温、超导专家永野弘、田沼静一等建立良好的学术联系创造了机会。

---

① 洪朝生：中国科学院代表团访问英国、瑞典的情况报告（草稿）。1978年12月，未刊稿。资料存于采集工程数据库。

② 洪朝生：国外低温超导技术的发展。《低温工程》，1981年第2期，第1-82页。

③ 《中国科学院物理研究所志》编委会：《中国科学院物理研究所志》。北京：中国大百科全书出版社，2015年，第180页。

④ 李家洋：中国科学院国际合作六十年。《中国科学院院刊》，2009年第5期，第454页。

代表团回国后，洪朝生与赵忠贤联名向中科院数理学部提出《关于中日联合举办低温学术讨论会的建议》，并得到中科院批准。1983年10月，由中科院和日本应用物理学会联合举办的第一届中日低温超导学术讨论会（JSJS-1）在北京召开，会议由洪朝生和日本东京大学教授、国际低温工程委员会副主席永野弘联合主持。会上就约瑟夫逊结的制作及理论、超导量子干涉器的研制及应用等方面进行了学术交流[1]。此后，中日低温超导学术讨论会轮流在中国和日本举办，并召开了多届。洪朝生参加了前三届的会议。

80年代以后，洪朝生还多次赴欧、美参加国际低温工程学委员会（ICEC）、国际制冷学会（IIR）等国际低温专业领域的会议，为推动我国与世界各国在低温领域内的合作做出了贡献。

国外低温物理学家来所访问和讲学

中科院与西方国家的科技交流是从1955年日本茅诚司和中科院郭沫若率团互访开始的。取得突破后，中科院也曾与英国、法国、美国、奥地利、加拿大等国科学家相继开展科技交流，但数量很少，规模不大[2]。1957年5月，在中国物理学会促进下，以朝永振一郎为团长、有山兼孝为副团长的日本科学家代表团来华访问，有山兼孝、菅义夫等

图9-2　1983年洪朝生（左二）、曾泽培（左一）、于禄（右二）等人与到访的英国皇家学会会员、2003年诺贝尔奖获得者莱格特在物理所

---

[1] 张宝凤：中日国际性低温超导学术讨论会在京举行.《低温与特气》，1983年第4期，第449页。

[2] 李家洋：中国科学院国际合作六十年.《中国科学院院刊》，2009年第5期，第454页。

人来应用物理所访问。期间,洪朝生等人与代表团成员进行了座谈[①]。

应中科院邀请,英国牛津大学教授门德尔松于1960年5月首次访问中国,此后又于1962年10月、1966年9月和1971年10月多次来华访问。门德尔松来华访问和讲学期间,与之接触最多的是洪朝生。自1960年起,洪朝生和门德尔松有着长达20年的联系与合作,他们之间建立了良好的私人情谊,直至1980年9月门德尔松辞世。

1964年,物理所邀请另一位英国皇家学会会员、低温物理学家库尔蒂(Kurti)来所讲学一周,洪朝生照例全程参加接待和翻译工作。此后,对物理所低温室乃至中国低温界影响比较大的当属芬兰赫尔辛基技术大学教授罗纳斯玛(O.V.Lounasnmaa)的访问和讲学。罗纳斯玛是国际知名的低温物理学家,1970年他实现了原子核磁冷却;在他领导下建立的研究小组测量了样品中振弦的阻尼,发现当样品由相变变为新的态时,阻尼减少至原来的1/1000,说明了液体没有内摩擦(黏滞性)。1979年,罗纳斯玛采用两级原子核去磁法,将核自旋温度降到5×10^{-8}K,这是当时人类技术曾获得的最低温度。罗纳斯玛的到访对我国极低温研究领域的发展,特别是在稀释制冷机的研制方面起到了重要的推动作用,这一点,通过阎守胜的追述可以得到清楚地了解:

图9-3 80年代洪朝生(左)与到访的芬兰赫尔辛基技术大学教授罗纳斯玛在低温中心

大约在1972年到1973年,在科研和教学工作停顿了相当一段时间后,通过已故著名低温物理学家O.V.Lounasnmaa等的来访,我们忽然发现国际上在获得极低温度方面有了革命性的进步,其中最突出的是发展了可以长时间稳定地获得mK温度的稀释制冷机。我在复刊不

[①] 洪朝生:历史材料。1968年,未刊稿。资料存于采集工程数据库。

久的《物理》杂志（1975年）上撰文介绍了这种制冷技术，物理所的冉启泽和钱永嘉等则是下决心自己建造一台，经过数年的努力，他们终于成功，最低工作温度达到 33~40mK[①]。

罗纳斯玛来访期间，洪朝生极尽地主之谊热情接待，除学术报告、座谈和陪同参观外，他还专门到罗纳斯玛下榻的宾馆前去看望，并就如何发展我国的低温物理研究进行探讨、听取意见，他真诚、谦逊的态度令罗纳斯玛深受感动。

70年代中科院邀请了一批世界著名的物理学家来物理所访问，其中包括两度获得诺贝尔奖的约翰·巴丁（J.Bardeen）和美籍华裔科学家杨振宁、李政道、吴健雄等人。他们的来访，使中国科技工作者了解到国际前沿领域的工作，在科技界引起很大的震动，同时也引发了中国科技工作的深层次的思考。

约翰·巴丁先后于1975年9月和1980年4月两次来华访问，并在北京大学等地做了有关超导问题的发展与近况等方面的12次报告与演讲，并先后两次与物理所科技人员举行座谈。参加座谈的人员对巴丁那种毫无保留的、对科学研究方法以及科学研究发展方向所阐述的独到的看法十分钦佩。特别是他在访问物理所时，曾经半开玩笑地说："要想得到诺贝尔奖应该具备3个条件：第一，努力；第二，机遇；第三，合作精神"，这给中国学者留下深刻印象[②]。巴丁对物理所的访问，激发了科技人员对新超导体探索的热情。80年代中后期，在高温超导体研究发展的国际竞争中，以物理所赵忠贤为代表的中国超导学家跻身世界第一方队。

经过70年代末期的调整与恢复，中科院科技合作与交流在80年代以后进入一个良好的发展阶段。洪朝生在1978年担任物理所副所长和80年代担任低温中心主任时，高度重视与国外科技工作者的交往，在他和物理所、低温中心领导班子的共同努力下，国际低温、超导专家来访日益增多。这一时期来访的有国际低温工程委员会主席、联邦德国自由大学教授

[①] 阎守胜：莫让斯人随梦逝——记忆中的冉启泽．《物理》，2004年第12期，第918页。
[②] 卢森楷，赵诗华：著名物理学家约翰·巴丁及其两次中国之行．《大学物理》，2008年第9期，第41页。

克利宾（G.Klipping）、国际低温工程委员会副主席、日本东京大学教授永野弘、国际纯粹与应用物理协会低温物理部成员、日本冈山理科大学教授信贵丰一郎、英国皇家学会会员、2003年诺贝尔奖获得者安东尼·莱格特（A.J.Leggett）、美国洛斯·阿拉莫斯国立实验室低温组负责人埃德斯库蒂、美国国家标准局齐默尔曼（J.E.Zimmerman）等数十位。

永野弘于1966年与门德尔松共同发起并亲手组织了国际低温工程会议，并长期担任国际低温工程委员会副主席。克利宾与门德尔松长期合作，从第7届起接替门德尔松国际低温工程委员会主席职位[①]。洪朝生与门德尔松、克利宾、永野弘等人在长期合作中建立了很深的情谊。正是他们的共同努力，以洪朝生为代表的中国低温界人士逐步进入国际低温组织，并在国际低温工程委员会、国际制冷学会等若干组织中担任重要职务。也正是由于永野弘、信贵丰一郎、沼田静一等人与洪朝生的大力推动，促成了中日低温、超导会议的举办，推动了中日在低温、超导领域的长期交往与共同发展。

对于杨振宁、李政道、吴健雄、陈省身等著名科学家的学术报告，洪朝生是非常关注和十分感兴趣的。只要有他们的报告，洪朝生哪怕推掉其他的活动也尽量争取参加。他从他们的报告中得到科学带给他的巨大享受。2003年，83岁的洪朝生还兴致勃勃地出席了物理所举办的与诺贝尔奖获奖者崔琦进行交流的学术研讨会。

北京科学讨论会和第十三届国际低温工程大会

随着中国科学事业的发展，中国开始主办和承办一些大型国际学术会议。1964年召开的北京科学讨论会是中华人民共和国成立以后举办的第一次大型国际学术会议，而1990年召开的第13届国际低温工程大会则是我国第一次承办的大型低温工程学术会议。北京科学讨论会及两年后举办的

[①] 金鹄：德高望重的K.门德尔松博士．《低温与超导》，1981年第3期，第80页。

"北京科学讨论会 1966 年暑期物理讨论会"，洪朝生作为中国代表团和中国科学家代表团正式成员出席；第 13 届国际低温工程大会（ICEC-13），洪朝生为大会主席并负责了会议全过程的筹备工作。

北京科学讨论会于 1964 年 8 月 21—31 日在北京举行，来自亚洲、非洲、拉丁美洲、大洋洲共 44 个国家和地区的 367 位代表参加。中国代表团由 61 人组成[①]，周培源任代表团团长。大会设理、工、农、医、社会科学 5 个专业组。理科组又分为 5 个分组，即数学组、物理天文组、化学组、生物组和地理科学组[②]。洪朝生参加了理科组物理天文分组的学术交流活动，并按代表团要求承担了一些会议筹备工作以及与部分外国科学家的联络工作。

图 9-4 北京科学讨论会 1966 年暑期物理讨论会会场

会议确定 1968 年在北京再举行一次科学讨论会，并希望四年内在一些国家能够举行单独性或专题性的科学讨论会。后因"文化大革命"和其他一些国际因素影响，1968 年北京科学讨论会未果，而单科性或专题性的科学讨论会则于 1966 年 7 月 31 日举行了一届，即时值"文化大革命"开始之际举行的 1966 年暑期物理讨论会。

参加这次讨论会的有来自亚洲、非洲、拉丁美洲和大洋洲的 33 个国家和 1 个地区学术型组织的科学家 144 人，收到 99 篇学术论文。中国政府派出了由周培源任团长的中国科学家代表团。代表团由 36 人组成，均为国内物理学各个领域的知名科学家和有关方面的专家，包括赵继昌、力一、蔡

---

① 熊卫民：在科学与政治之间：1964 年的北京科学研讨会——薛攀皋先生访谈录．《科学文化评论》，2008 年第 2 期，第 60 页。

② 同①。

第九章 促国际交流 *187*

祖泉、钱三强、张文裕、胡宁、施汝为、冯端、吴式枢、朱洪元、唐敖庆、谢希德、洪朝生等人[1]。洪朝生承担了会议筹备、部分外国代表的联络和学术交流活动，并在会上做了关于物理所成功研制出新型长活塞膨胀机预冷的氦液化器的报告[2]。

上述两次国际学术讨论会是在特定的历史条件下召开的，其政治意义远大于学术价值。会议的许多做法及教训值得总结和反思，但也在客观上产生了一些积极影响。从其效果上看，中国的这些努力还是卓有成效的，不但扩大了自己在国际上的影响、加强了国际社会上的发言权，而且为此后与发达国家的平等对话创造了一种有利的氛围[3]。

改革开放以后，中国的低温、超导研究有了长足的发展。1983年10月，由洪朝生与日本低温物理学家共同推动的中日第一届低温超导学术讨论会在北京成功召开。它的成功举办以及在推动学术交流和促进我国低温事业发展的积极作用，使洪朝生萌发了在我国举办大型国际低温会议的想法。他的这一想法引起了我国许多低温界人士的共鸣。80年代中期，经国内低温界各单位的提议并得到中国科协同意后，我国向国际低温工程委员会递交了举办第13届国际低温工程学术会议（以下简称"ICEC-13"）的申请。1988年初获准接受。

国际低温工程学术会议是国际低温工程领域最重要的综合性学术会议，每两年举行一次。前12届都是在西欧和日本轮流举行。根据国际低温工程委员会的有关规定，ICEC-13大会主席由洪朝生担任，会议秘书处设在中科院低温中心。

为做好ICEC-13的筹备工作，洪朝生于1988年6月24日召开了大会的筹备工作会议。来自国内从事低温工程研究与应用的主要单位的代表出席了会议。洪朝生就历次ICEC的情况以及本次ICEC的主题、会议地点、各单位如何配合与支持、会议的组织领导体系做了中心发言。各单位代表对会议的主题表示赞同，并对国内提交大会的特邀报告内容和会议的组织体系提出许多积极的建议，供洪朝生和国际低温工程委员会最后商议

---

[1] 国际物理学界的盛举，四大洲科学发展史上的大事。《人民日报》，1966年7月23日。

[2] 洪朝生访谈，2014年7月10日，北京。资料存于采集工程数据库。

[3] 王大明：三十年中国对外科技交流与合作的回顾。《科技导报》，1994年第3期，第29页。

决定。这次筹备会议商定的 ICEC-13 的主要内容是小型和大型制冷、低温学的航空航天应用、低温材料和流体的性质、低温传热、超导磁体技术和应用、高 Tc 超导体、低温电子学和低温生物学[①]。7 月，洪朝生出席在英国南安普顿大学举行的第 12 届 ICEC，期间就 ICEC-13 的筹备情况与委员会进行了商议并得到肯定回复。1989 年 4 月，他又主持了 ICEC-13 的筹备会议，至此，会议各项进展顺利。

1989 年春夏之交发生的那场政治风波为 ICEC-13 能否在京召开和能否顺利召开画上了一个大大的问号。筹备工作遇到了很大的困难，一些国家的代表表达了他们的恐慌与疑虑，不少代表表示要退出报名。面对复杂和困难的局面，洪朝生并没有动摇按期召开会议和开好这次会议的决心。

政治风波发生后不久的 7 月下旬，洪朝生赴美国洛杉矶参加国际低温工程/低温材料会议。在"以其学识和威望，在会议中起了很好的组织与指导作用，为中国人赢得声誉"[②]的同时，洪朝生充分利用他在国际同行中的威望、声誉及人脉关系的优势，不遗余力地开展游说。他和国际低温工程委员会主席、副主席和部分委员之间有着良好的私人情谊，特别是和克利宾交谊深厚，特别是在申办 ICEC-13 成功以后，书信联系更加频繁。由于他的努力，委员会并没有改变 ICEC-13 按期在北京召开的决定，许多报名参会的外国科学家的疑虑也得到了一定程度的消解，从而使得 ICEC-13 组委会一年多的努力没有付之东流。

1990 年 4 月 24 日，ICEC-13 在北京香山饭店如期举行。参加这次会议的代

图 9-5　1990 年 4 月洪朝生在北京香山饭店主持召开第十三届国际低温工程大会

---

① 徐烈：第 13 届国际低温工程会议（ICEC-13）筹备会议在京召开。《制冷技术》，1988 年第 3 期，第 50 页。

② 王榕树：国际低温材料与低温工程会议。《化工进展》，1990 年第 2 期，第 55 页。

第九章　促国际交流　*189*

表共 326 人，来自中、日、联邦德国、意、法、瑞士、英、苏、美等 17 个国家和地区。其中国外代表 137 人，国内代表 189 人，来自全国各地的 55 个科研单位、高等院校、医院、机关、工厂和公司。

大会共接收 210 篇论文，内容包括低温制冷机、空间低温技术、低温技术的应用、低温物性、低温传热、低温计量、超导应用、超导磁体技术、高温超导体、低温电子学、低温生物学等方面。为期四天的大会，在 3 天半时间中安排了 6 次大会报告、17 个分会报告和 18 个张贴报告会，余下的半天安排技术参观，代表们分别参观了航天部火箭发动机试验站、航天部卫星试验工程所、北京大学物理系、中科院电工所、物理所和低温中心。

ICEC-13 的成功召开以及洪朝生为会议召开所做出的贡献，得到克利宾等人的高度评价。这一重要的国际学术会议不但为我国的科学研究工作者提供了一次很宝贵的国际学术交流机会，同时也是对我国低温和超导研究发展工作的一次比较全面的检阅[1]。

荣获"门德尔松奖"和"科林斯奖"

随着国际交流的日益广泛和深入，在中国低温工作者了解世界的同时，国际低温界对于中国低温工作者艰苦奋斗、开拓和发展低温事业并取得引人瞩目的成就也有了更多的认识。中国低温工作者开始走进低温领域的世界舞台，而洪朝生则是最早登上这个舞台的中国低温工作者代表之一。他于 1979 年起任国际低温制冷学会 A1-2（低温物理、低温工程）专业组委员，80 年代担任该专业组副主席；1980 年起任国际低温工程委员会委员，不久又担任该委员会副主席[2]。

国际低温制冷学会（IIR/IIF）是一个政府间交流学术和工业技术的国

---

[1] 洪朝生：第十三届国际低温工程学术会议（ICEC-13）介绍.《中国科学院院刊》，1991 年第 1 期，第 87 页。

[2] HCS-1-6，洪朝生履历表。1990 年。存于中科院理化所档案室。

际学术组织，成立于 1908 年，总部设在法国巴黎，主要使命是为了推动企业、实验室以及组织内的发展进程和传播制冷技术方面的先进知识。1977 年，中国低温制冷学会成立，洪朝生任第一届理事会常务理事（后任第二届至第四届副理事长）。1978 年，经国务院批准，中国低温制冷学会加入国际制冷学会，为二级会员国。我国曾于 1990 年和 2003 年在北京承办了第 13 届、第 20 届国际低温工程大会，洪朝生分别担任大会主席和顾问委员会主席；于 2007 年承办了第 22 届国际制冷工程大会，洪朝生以中国制冷学会名誉主席的身份出席了大会，并任大会的名誉主席[①]。

洪朝生先后于 2000 年和 2011 年获得国际低温工程大会授予的"门德尔松"奖和美国低温工程大会授予的"塞缪尔·科林斯"奖（Sammuel C. Collins）。

图 9-6　2000 年 2 月洪朝生获得的"门德尔松奖"奖牌

门德尔松奖是为纪念国际低温工程委员会的奠基人及低温工程学的开拓者之一门德尔松于 1986 年设立的。作为国际低温工程委员会唯一的奖项，表彰对低温工程学发展做出卓越贡献的科技学者。入选条件为：攻克了重大的关键难题；介导和开拓了新应用领域、促进该领域的建立并激起低温工程界的关注；对低温工程学的发展做出持续不断的杰出贡献。该奖项每两年评选一次，遴选程序为广泛征集提名、确定候选人、由国际低温工程委员会成员秘密投票，根据投票结果决定获奖者。1986—1998 年期间，共授奖 7 人。

图 9-7　2011 年 6 月洪朝生获得的"塞缪尔·科林斯奖"奖牌

---

① 国际制冷大会代表参观理化所。中科院理化所网站，2007-08-27.

1999年7月14日，在加拿大蒙特利尔市举行的国际低温工程委员会会议上，委员会主席希斯陶（G.Gistau）宣布，洪朝生荣获2000年门德尔松奖，并邀请他出席在印度孟买召开的第十八届国际低温工程大会上举行的授奖仪式①。

2000年2月，洪朝生赴孟买出席第十八届国际低温工程大会，会上希斯陶向他颁发了门德尔松奖奖牌。大会主席、著名粒子物理学家、印度理工学院董事会主席梅努恩代表大会发表了热情洋溢的讲话：洪朝生对推动中国的低温事业和国际低温工程发展做出了贡献，此次门德尔松奖授给洪朝生是众望所归②。会上，洪朝生应邀做了题为Cryogenics for China Tomorrow的演讲，回顾了低温工程在国际和国内的主要进展，总结了历史经验，展望了今后的发展趋势，精彩的演讲得到了与会代表的高度评价③。

图9-8 2000年2月洪朝生（右）在第十八届国际低温工程大会上接受"门德尔松奖"（颁奖者为委员会主席希斯陶）

2011年6月，在美国华盛顿州斯波坎市举行的国际低温工程和低温材料大会（CEC/ICMC-2001）上，洪朝生被授予"塞缪尔·科林斯奖"。该奖项于1965年由美国低温工程大会设立，是为纪念著名的低温物理学家塞缪尔·科林斯而设立的。科林斯首先认识到不同温度级的制冷量对减少氦液化循环的不可逆性的重要性，并于1946年在美国提出了采用多级膨胀机和节流阀结合的氦液化循环，对低温工程技术的发展产生了重要影响。

科林斯奖由国际低温工程领域有重要影响的科学家组成委员会负责评选，旨在奖励既对提出和解决低温工程问题有杰出成就、又为低温工程领

---

① 张亮、林良真：洪朝生院士荣获2000年门德尔松奖。《制冷学报》，1999年第4期，第17页。
② 北京国际低温工程低温物理研讨会（2000年10月5-8日）会议通知。2000年3月17日，内部资料。
③ 同②。

域发展和学术交流做出无私奉献的个人。该奖项设立以来至 2010 年，仅有 15 位科学家获得。洪朝生并没有出席大会和接受颁奖，而是由中科院低温工程学重点实验室主任罗二仓代为领奖。

门德尔松奖和科林斯奖分别为国际低温工程和美国低温工程的最高奖项，洪朝生是获得这两个奖项的第一位中国科学家，而且均是在没有征求他个人意见的情况下授予的[①]。洪朝生对获奖一事看得很淡，国内多次推荐他申报各类个人奖项，他都一一谢绝。据中科院理化所副所长刘新建回忆，2000 年前后，有关部门商议将一项很有影响的奖项授予洪朝生，理化所已办好各种申报手续，只差他本人签名，但他坚辞不受。门德尔松奖和科林斯奖授予洪朝生，既是对他在低温工程学发展方面做出的重大贡献的褒扬，也是对我国半个世纪来在低温工程领域所取得成就的肯定。

---

① 李来风：洪朝生。见：陈佳洱编，《20 世纪中国知名科学家学术成就概览·物理学卷第二分册》。北京：科学出版社，2014 年，第 358 页。

第十章
倾心扶雏凤

在科研实践中培养人才

中科院建院初期，中央确立了中科院"培养科学建设人才，使科学研究真正服务于国家的工业、农业、保健和国防事业"的基本方针[①]。长期以来，中科院牢记国家的期望与重托，始终把出成果、出人才作为核心任务。一代又一代的科学家薪火相传，生生不息，开基立业，锐意进取，不断开创中国科技事业发展的新局面。

新中国的低温研究队伍经历了一个从无到有、从小到大、从弱到强的发展历程。1953年，洪朝生创建了应用物理所组建低温物理研究组，1959年扩大为物理所低温物理研究室。1958年曾泽培和周坚等人先后从美国回国，1960年管惟炎从苏联回国。他们进入物理所低温研究室后，为中国低温物理、低温技术和超导研究增添了强劲动力。1958年后，低温物理

[①] 白春礼：牢记使命，锐意创新，培养造就一流科技人才。《中国科学院院刊》，2010年第3期，第241页。

研究室先后从复旦大学、南京大学、清华大学、北京大学、中国科学技术大学、西安交通大学等高校接收大批大学毕业生补充到科研队伍中来。改革开放以来，随着青年科技人才的成长，人才引进和研究生制度的完善，中科院低温研究队伍日益发展，科研实力显著提升。

图 10-1　1985 年 2 月 6 日洪朝生（右一）在冷中子源首次联合实验时在低温中心指导工作

洪朝生是我国低温技术、低温物理研究的开创者，也是中国科学院低温人才队伍的建设者，他对青年科技工作者既关心爱护、又严格要求，注意发挥每个人的特长和主观能动性。他重视年轻人专业知识和基础知识的培训、研究方法的掌握及独立工作能力的培养；他敢于放手使用年轻人并委以重任，使他们在科研实践中迅速成长。

50 年代，低温组（室）开展氢氦液化器研制时，室内的几位研究实习员白伟民、朱元贞等都不是低温专业毕业，所学和所掌握的物理学知识与所承担的任务不相一致。洪朝生结合科研实际进行低温物理学相关知识的讲授，并推荐他们看一些低温物理学的参考书和文献。即使在氢液化器研制最紧张的日子里，他仍不放松对室内科研人员的专业培训和基础知识培训，尤其重视结合出现的问题和工作中的困难，在查找原因和制订工作方案时，进行有针对性的学习。1953—1954 年，物理所为青年科技人员开设半导体和固体理论课，洪朝生是主讲老师之一。他要求组内人员都必须参加学习，并时常督促和检查学习情况。"他考虑工作全面，能从全所的工作出发，对培养干部工作重视，在教学小组中起了相当作用，对本组的实习员培养也做得很好。"[1] 1973 年，洪朝生利用业余时间编写讲义，并亲

---

[1] HCS-3-1，中国科学院工作人员一九五三年年终鉴定表。存于中科院理化所档案室。

图10-2 90年代洪朝生在实验室指导青年科技人员

自到外面联系刻印，多次在503组组织业务学习①。

他要求青年科技人员掌握正确的研究方法。他说，"实际研究就是要做别人没想到的（物理方法）或难以做到（实验技术）的"，而能做到这些，必须通过学习和实践，要把二者很好地结合，并根据自身的经历和体会，将其归纳为"有心、训练"四个字②。他认为正确的研究方法的掌握是一个长期的过程，要不断学习，认真研钻技术。他很重视组内的学术交流、讨论、总结和计划等工作，充分利用这些方式与大家交流工作、分析问题，推进组、室的工作。

洪朝生特别强调对青年科技工作者独立工作能力的培养，要求他们树立责任感，"负起建设科学的责任"，学会独立思考，大胆工作。他曾在组会上严肃批评有些青年人"不肯花时间仔细考虑问题、结果，提出与领导人讨论，只有零碎问题来问，没有总结"的依赖思想和工作中的消极畏难情绪③。

通过专业和基础知识培训，科研工作中的传、帮、带，科研实验技能培训以及独立工作能力的培养锻炼，低温室的青年科技人员迅速成长。1956年，在成功实现氢的液化后，朱元贞于1957年发表了《液态氢》一文，这是我国最早介绍氢液化知识的文章之一④。1961年，中国科大首届低温物理专业上专业课时，物理所授课老师除洪朝生、曾泽培、周坚、管惟炎等人外，白伟民、朱元贞、王桂琴等也走上了讲台，成为低温室自己培养的、在低温技术研究中独当一面的专业人才。

洪朝生对中青年科技工作者敢于委以重任，放手启用，激励他们在科

---

① HCS-7-1，先进个人登记表。存于中科院理化所档案室。
② 洪朝生：低温物理实验技术介绍·引言。1980年，未刊稿。资料存于采集工程数据库。
③ 洪朝生：1955总结。1956年，未刊稿。存地同②。
④ 朱元贞：液态氢。《科学大众》，1957年第3期，第125-127页。

研实践中逐步成为科技骨干和学术带头人。60 年代，他支持周远和王听元、朱元贞、蔡根鑫等人开展长活塞膨胀机预冷的氦液化器研制；组织张亮等人开展单级或双级斯特林制冷机研制；组织雷文藻、叶加鼎等人与航天部门协作，研制并建成 KM3 大型空间环境模拟设备。70 年代，组织杨克剑、杨文治等人与航天部门合作，研制并建成 KM4 大型空间环境模拟设备；带领张亮等人完成供参量放大器使用的 G—M 型制冷机研制任务；组织冉启泽、钱永嘉、朱元贞、金铎等人开展 DR—100—10 稀释制冷机研制。80 年代，组织雷文藻等人承担并完成氦液化器总体改进和液氦集中供应示范点建立；组织周远、蔡根鑫、李刚等人承担并完成中法合作建造北京重水反应堆冷中子源装置任务；带领毛玉柱及林鹏等人开展超流氦转变温度复现技术研究，并建立了低温度国家标准。1989 年 2 月，洪朝生因年龄原因，不再担任低温中心主任，改任名誉主任，但他仍以满腔热情与真诚，一如既往地关心低温中心的发展，关心青年科技人员的成长，对极低温物理、低温生物学、热声制冷、混合工质制冷、脉冲管制冷、大型低温工程等方向和项目都给予热心指导和帮助，经常和承担这些研究方向的科技人员讨论工作并提出意见和建议。

洪朝生对青年科技工作者充满厚爱，他喜欢和年轻人一起讨论工作。2014 年 6 月 30 日，理化所召开建党 93 周年暨"科技报国、创新为民"主题座谈会。会上采集小组做了"说说咱们的洪先生"的报告。洪朝生学术成长经历和科学精神打动了与会人员，他们纷纷发言，讲述与洪朝生交往的点点滴滴[①]。一位青年同志讲道：

> 在我刚刚到理化所工作后不久，有一次想就学术问题向洪先生请教。尽管在我们这些"小字辈"眼中，洪先生简直就是一个"传说"，但当我鼓起勇气敲开他办公室大门并说明来意后，洪先生非常高兴。他就像一位慈祥和蔼的老爷爷，不但耐心地解答了我提出的问题。而且还表示，他办公室的门随时为我们敞开，有什么问题尽管来找他。

---

① 理化所召开纪念建党 93 周年暨"科技报国、创新为民"主题座谈会。中科院理化所网站，2014-07-02.

洪朝生非常支持青年科技工作者走出国门，学习借鉴国外的先进科学技术，提升科研能力。1974 年，物理所低温室赵忠贤、王听元最早被公派到英国剑桥大学进修[1]。此后，特别是改革开放以后，物理所低温室、中科院低温中心积极创造条件，让更多的青年科技人员有机会出国进修或参加各种国际学术会议，洪朝生为此做了大量工作。

1984 年，物理所一位年轻的科技人员由于任务需要，列入派遣计划，出国进行超导铌膜器件的工艺研制。在联系进修单位时发现，美国虽有些单位在这方面有较好的工作基础，但多属企业研究所，难以进入；大学中有些相关的研究工作，但不是直接的工艺研制工作，也难以取得生活资助。为此洪朝生多方打探，了解到英国格拉斯哥市的斯特拉斯克来德（Strthclyde）大学应用物理系有合适的进修条件。8 月，洪朝生在参加ICEC—10 国际学术会议时，与该组负责人唐纳森（G.Donaldson）晤面时专门提出这件事。唐纳森表示欢迎物理所派人学习他们的工艺研制工作，可以不收取实验费，但生活费需自行解决。洪朝生回国后，立即给中科院教育局写信，信中写道：

> 我们认为这是一个很对口的进修机会，因此特申请教育局批准给予公费支持，进修一年，这样将会对我们的任务工作的进行很有帮助。[2]

正是洪朝生的热心和努力，使得很多青年科技人员得以有机会出国进修。

洪朝生关心年轻人的生活，关心他们自身的发展。一位科研人员向我们讲述了这样一件事：

> 90 年代的一个春节期间，所里几位家在外地又没有回家过年的青年人正在为中午到哪里去吃饭费琢磨。恰好，洪朝生到所里加班路过，就对几个人说："你们几个小青年哪也别去，就到我家吃吧。"到家后，洪朝生亲自下厨房，不一会儿就为每人端上一大碗热气腾腾

---

[1] 陈兆甲：第五节：低温物理。2012 年，内部资料。
[2] 洪朝生给中科院教育局的信，1984 年 8 月 31 日。资料存于采集工程数据库。

的面条，上面还有鸡蛋。他像对家人一样说道："吃吧，面条卧鸡蛋，多好。"

严苛的研究生导师

1955年，国务院通过了《中国科学院研究生暂行条例》，这是新中国研究生教育史上第一个法规性文件。作为我国研究生教育的先行者和开创者，中科院开始招收第一批研究生[①]。1955—1965年招收的研究生不分博士、硕士，统称为研究生，学制为四年。招收培养的正规四年制研究生约70人。

1978年，研究生招收工作恢复，物理所作为第一批恢复招生工作的单位之一，开始招收硕士生。1981年11月，经国务院批准，物理所设有博士学位授予点4个，即理论物理、固体物理、光学和等离子体物理[②]。首批经国务院批准的博士生导师8名，分别为李荫远、蒲富恪、张春先、洪朝生、李林、潘孝硕、章综、张志三[③]。

在洪朝生指导的众多研究生眼中，他是一位学术功底深厚、治学严谨和对学生要求严格得近乎苛刻的指导教师。

张裕恒感触很深的一点是洪朝生富于挑战精神和敢于质疑的学术品质。他是洪朝生1961年招收的研究生，在洪朝生指导下进行"超导In-Sn合金膜临界场的非线性非定域效应"研究。有一次洪朝生给他一篇国外文献，过了几天问他有什么感想，张裕恒当时就将自己的感想如实介绍。没料想，洪朝生告诉他这篇论文中有错误。张裕恒怎么也没想到正式出

[①] 白春礼：群贤毕至，少长咸集——中国科学院人才队伍建设六十年。《中国科学院院刊》，2009年第4期，第339页。

[②] 首届博士学位授予单位及其学科、专业名单（续一）。《高教战线》，1982年第5期，第44页。

[③] 物理所研究生教育历程简介。中科院物理所研究生教育网站。

版的论文会是错误的，这对他触动很大[1]。后在洪朝生指导下，张裕恒对 In+2%Sn、In+3%Sn 的不同厚度合金膜的临界场 Hc 进行了研究，从实验上第一次提供了电子平均自由程 L ≠ ∞ 时的 Hc-d 的数据。通过由合金膜的实验结果与定域及非定域理论作比较后发现，线性定域的 London 理论和非线性定域的某些理论不符合于实验结果，线性非定域的 Ittner 理论也不符合实验结果，只有非线性非定域的吴杭生、Toxen 理论符合于实验结果，从而得出一个结论：超导薄膜的临界场问题只能被非线性非定域理论描述。一部分文献中给出的结论，是由于那些作者分析实验结果的方法不恰当所致[2]。而洪朝生当初给张裕恒所看的那篇论文，正是这种由不恰当的方法产生的分析实验结果的论文之一。在洪朝生看来，科学研究不仅需要"证实"，也需要"证伪"，而"证伪"是需要有质疑态度和挑战精神的。这件事情对张裕恒后来的科研工作的思维方法有很大影响。

张殿琳感触最深的是洪朝生身上体现出的敏锐的科学洞察力和远见。2010 年 12 月 22—23 日，我国低温物理界有关专家在物理所参加低温物理学前沿问题研讨会，会议为洪朝生 90 寿辰举办了简朴而真切的庆祝活动。会上，张殿琳、赵忠贤等人向洪朝生致贺词。张殿琳在贺词中深情说道：

> 1964 年，我考取了洪先生的研究生，并于次年春进入实验室。先生给我拟定的研究课题是，利用磁光法拉第效应观察超导体的磁通运动特性。这个题目也有很强的应用背景。20 世纪 50 年代，出现了可以制作逻辑门的超导体器件冷子管（Cryotron）。能不能用这种器件制作"超导计算机"就成了引起关注的话题。物理所也开始进行这方面的探索。当时的原型冷子管体积比较大，开关速度也相当慢。如何减小器件体积、加速开关速度，成为走向应用的两大关键问题。当然通过器件的结构设计可以改善这两个指标，但洪先生敏锐地看到更本征

---

[1] 李来风：洪朝生。见：陈佳洱编，《20 世纪中国知名科学家学术成就概览（物理学卷，第二分册）》。北京：科学出版社，2014 年，第 358 页。

[2] 张裕恒：超导 In-Sn 合金膜临界场的非线性非定域效应。《物理学报》，1966 年第 3 期，第 341 页。

的时间尺度,即磁场进入超导体破坏超导态所需的时间。磁光法拉第效应虽然在一百多年前已经发现了,但应用它来观察超导体的磁通格子远不是一个成熟的技术。用此方法观察磁通格子(不是运动)的文章最早出现在1969年。现在研究磁通格子的方法有很多种,直接观察磁通运动,也许磁光法拉第效应有很大的优势。磁光法拉第效应的时间常数可以快至 -10^{10} 秒,而其磁场和空间分辨率也已经很高。20世纪90年代已有一些用此方法研究高温超导体磁通运动的工作。由于当时的形势变化,这个课题没有实际进行下去,但是早在1965年就提出这个问题,反映出先生敏锐的科学洞察力和远见。

洪先生的人格魅力,对科学问题的严谨、深刻和务实,是我终生学习的目标[1]。

而在另外一位研究生眼中,洪朝生是一位对投机取巧行为疾恶如仇的斗士。80年代,这位研究生联系出国,洪朝生为其写了3封推荐信,但后来这位研究生又多打印了一些并模仿签字后投出。洪朝生发现后,严厉批评了这位研究生,而且坚决不同意其出国,并责令他必须认清错误,从哪儿跌倒从哪儿爬起。若干年后,这名研究生在美国当了教授,他谈起一生中最大的收获就是当时洪朝生对他如何做人的教诲[2]。洪朝生90寿辰时,他还为老师送上精心制作的贺卡,表达祝福和感激之情。

洪朝生在研究生培养方面极为认真,读他的研究生必须做好超过通常所需年限,甚至超过年限最终也不能毕业的准备。他对研究生学位尤其是博士学位的授予有着既定的标准和严格的要求,决不降格释手。虽然他对研究生培养投入的时间和精力非常多,但为保证所培养学生的质量,他实际上招收的研究生数量并不多[3]。有的研究生回忆,洪朝生对研究生毕业论文审阅极为严格,每一篇论文都给予字斟句酌的修改,就连每一个细微的

---

[1] 张殿琳:在洪朝生先生九十寿诞庆祝活动上的贺词。2010年,未刊稿。资料存于采集工程数据库。

[2] 李来风:洪朝生。见:陈佳洱编,《20世纪中国知名科学家学术成就概览(物理学卷,第二分册)》。北京:科学出版社,2014年,第357页。

[3] 同[2]。

错误也决不放过。对于不准确和不完善的地方，他习惯将批语写在不干胶制作的标签纸上，并将其贴在相应位置的侧面，学生的论文往往会被贴上许多张这样的标签。其目的就是要使论文更加严谨、精细。

由于在研究生培养方面的突出成绩，1990年9月，洪朝生被评为中科院优秀研究生导师。在低温中心上报的《中科院优秀研究生导师审批表》上，列出了他在研究生培养方面的主要事迹，现抄录如下：

1. 严格把好招生质量关。从出题、评卷打分到面试各个环节，严肃认真，一丝不苟，这为培养优秀人才打下了先决条件。

2. 关心研究生在政治方面的成长。经常教导学生要诚实做人、热爱祖国，在对外交往中要有人格、国格，并以实际行动教育影响青年一代。

3. 注重学生思维、动手两个能力的培养。通过有目的宏观引导，使研究生多参与实验工作，在实验中发现问题并设法给予解决。经实践检验，研究生在两个能力上均显示较高水平。

4. 参与国际竞争，加速人才培养。经过几年辛勤培育，将安心在科研工作的优秀毕业生，通过激烈的国际竞争，送到世界著名的学府和科研单位深造，以缩短成才周期[①]。

为所外单位培养人才

洪朝生对科学事业的热爱、对国家科技发展的赤诚及对培育青年科技人才的真情，不仅体现在对他所领导的应用物理所低温组、物理所低温室和中科院低温中心的人才培养和队伍建设，也体现在他对所外——中科院兄弟所、高等院校、其他部委所属的研究机构和企业技术研究部门科技人员的关心、指导与帮助。"他工作不分分内分外，只要需要，外单位的工

---

① HCS-7-4，中国科学院优秀研究生导师审批表。存于中科院理化所档案室。

作也热情协助。"[1]

他与所外的学术联系，最初是从高等院校开始的。1952年回国后，洪朝生兼任清华大学物理系教授，院系调整后，他调任北京大学物理系教授。许多后来成为知名物理学家的人都曾受教于他。五校联合半导体专门化期间，洪朝生作为教研室顾问，在课程设计、实验室建设及指导实验等方面发挥了重要作用。许多青年教师和学生通过接受他的指导，在治学和做人两个方面都深得教益。为了向国内物理学界介绍低温物理这一新兴学科的相关知识，1960年夏，他应邀到沈阳工学院为辽宁省暑期教师进修班以及大连、哈尔滨等地的一些高校进行了为期3周的低温物理讲学。60年代后，浙江大学、西安交通大学、华中理工大学等多所高等学校相继开设了低温物理专业或设立了低温物理学教研室，洪朝生对此给予了许多具体的指导与帮助。80年代，中国科技界迎来了整体发展的繁荣期，有关机构决定组织出版《实验物理学丛书》，钱临照任该丛书主编，洪朝生是副主编之一。《低温物理实验的原理与方法》被列入出版计划，并委托北京大学物理系阎守胜和陆果二人编写。洪朝生倾力支持该书的编写工作，从全书的提纲到材料的选取、从绘图的标准到新进展的补充，都与编写者一道下足了功夫。他与阎、陆二人进行了多轮的反复讨论，每一轮讨论常常是持续几小时。在材料选取方面，他提出为了反映国内外最新的实验水平，要求阅读原始文献来获取材料，而不能从已有的专著简单拷贝。该书初稿完成后，洪朝生反复审阅修订，照例将修改意见写在带有不干胶的标签纸上，并粘贴在相应需要修改的位置上。阎守胜多年来一直保留着洪朝生为此书修改所写的几百张小标

图10-3 1996年5月洪朝生在浙江大学制冷与低温工程研究所

---

[1] HCS-7-1，洪朝生先进个人登记表。存于中科院理化所档案室。

签。《低温物理实验的原理与方法》于1985年由科学出版社出版，受到了专家学者的一致好评，成为我国低温物理实验方面的一部高质量的专著和教材[1]，曾获北京大学首届教材奖[2]。

对于中科院各兄弟研究所，洪朝生更是视如家人。60年代初，根据我国研制卫星规划，科技界有识之士预见到鉴于真空和低温同为空间的主要环境条件，而且两个学科互相渗透、相互促进，因此研制空间环境地面模拟设备的任务很可能落在当时仍在筹建的兰州物理所身上。该所金建中等人早在1961年5月就开始派遣青年科技人员到物理所及杭州制氧机厂学习培训，之后又调原在杭州制氧机厂工作的一名工程师到物理所参加科研工作。洪朝生不仅热心地培养学员，而且还推荐了为一些分院代培但返回单位后由于没有低温条件而未能从事低温工作的3名研究人员调入兰州物理所，为该所低温部分建立和发展打下了坚实的人才基础[3]。

80年代初，由于中科院的一些研究所没有低温实验条件，许多低温超导以及需要低温条件的实验都是在低温中心进行的。当时的低温中心，实验用房既紧缺又简陋，中心自己的实验室都十分拥挤，但洪朝生想方设法为兄弟所的实验工作创造条件。电工所低温超导的实验是在低温中心做的，洪朝生不仅提供物质上的支持，还多次为电工所科研人员作学术报告和具体指导。他还曾到新疆物理所作学术报告，并指导该所的半导体敏感材料与器件等研究工作。

对于其他部委所属的研究机构和企业技术研究部门，洪朝生也将他们的科研工作及人才队伍建设当作自己的职责之一，鼎力相助。先后为兄弟单位的发展和转移技术培养了人才[4]。70年代中期，二机部585所的氦液化器由于透平长期过不了关，派人来物理所低温室商量、求援。"洪朝生积极出主意想办法，主动给有关方面提出建议，希望组织包括物理所也参

---

[1] 李来风：洪朝生。见：陈佳洱编，《20世纪中国知名科学家学术成就概览（物理学卷，第二分册）》。北京：科学出版社，2014年，第354页。
[2] 沈克琦，赵凯华：《北京大学物理九十年》。北京：北京大学出版社，2003年，第123页。
[3] 陈兆甲：第五节：低温物理。2012年，内部资料。
[4] 赵忠贤：我国低温技术与低温物理的奠基人——洪朝生先生。2010年，未刊稿。资料存于采集工程数据库。

加的全国性的攻关会战。后经初步会战，已使工作前进了一步"[①]。

1961年4月，洪朝生前往杭州制氧机厂交流指导工作，先后做了三次学术报告，一次是关于低温物理的介绍，其余两次是关于氢、氦液化技术中设备设计与实际操作中的一些问题。听报告的有杭州制氧厂设计所的一些同志和外来协作的人员，他将物理所低温室工作中取得的点滴经验无保留地和厂方交流。此后，除到上海技术物理研究所和复旦大学进行学术交流外，还到上海中国炼气厂就正在建设中的液化设备进行指导，提出了一些具体的改进意见和建议[②]。

无论是中科院兄弟所、高等院校，还是其他部委研究机构或企业技术研究部门，洪朝生对他们都真诚以待，尊重和理解他们。"六五"低温超导攻关期间，参加攻关的有全国数十家单位，其中有些单位特别是二三线城市的一些研究部门，由于起点低、科研条件较差，总体水平也比较低。但他仍对这些单位给予许多的指导和鼓励，在项目安排中也充分考虑他们的实际情况，并有针对性地提出发展方向和具体措施，同时帮助他们解决一些实际困难。

对于外单位送审的论文，洪朝生也像对待自己所指导的学生一样，态度极其认真，要求极为严格。理化所一位同志讲过这样一件事，他一位在外单位工作的同学有一次送来一篇论文请洪朝生帮助审阅。洪朝生除提出具体修改意见外，还特别指

图10-4　2005年洪朝生（左三）与部分中青年科技人员在中科院理化所实验大楼前

---

①　HCS-7-1，洪朝生先进个人登记表。存于中科院理化所档案室。
②　洪朝生参加稀有气体与液化气体设备会议和与杭州制氧机厂联系工作的报告。1961年4月18日，内部资料。

出在修改时可以参阅一些相关文献，并将这些文献的题目、期刊名、期数甚至页数都详细列出。这位同学对此非常感动，对他说："你们这位洪先生可真是够认真的！"

寄语青年一代

洪朝生对青年科技人员的指导、帮助与关爱还体现在他对60后、70后这一批新生代学子的舐犊之情。在他看来，这些年轻人是中国科技界的未来和希望，他们的人品、学品、基础知识、科研思维和创新精神关乎中国21世纪科技事业的发展。自己许多未完成的心愿、未实现的梦想，要在他们身上得到实现。

1996年5月，浙江大学制冷与低温工程研究所邀请洪朝生到校作学术报告。校方特别提出希望洪朝生能够在报告中就如何做科研工作（技术工作）进行指导，并对青年一代提出希望和要求。在许多青年学子的想象中，洪朝生一定是一位威严、高深莫测和善发宏论的老前辈，而眼前的他却更像是一位和善的忠厚长者、一位亲切的朋友。他没有说教面孔，也没有什么豪言壮语，而是寓大道理于小故事，从容淡定，娓娓道来，正如春风化雨。报告中，他首先向同学们介绍了中国低温事业的发展历程，深情回顾了钱三强、彭桓武等老一代科学家重视基础研究和提出在国内开展低温物理研究的远见，畅谈液氢、液氦在我国发展的艰苦过

图10-5　1991年8月洪朝生（前排右五）在北京参加中科院青年学者物理学讨论会（前排左四为黄昆，左五为彭桓武，左六为周光召）

程以及通过承担国家重大任务促进低温技术发展的感受,讲述了我国开展低温物理、超导研究取得的成绩和成功的经验,介绍了我国低温工作者在科研实践中体现出的自力更生、团结协作精神和好的传统。他也毫不掩饰地讲到自身需要总结和反思的教训,例如有些目标确定得不好、一些科研工作在路线上走了弯路以及有些科研工作没有深入坚持下去等。

在介绍了低温中心的科研项目及开展这些方面研究的具体思路之后,他向学子们讲述了如何做科研工作(技术工作)的体会。他特别强调,"不论是实验还是计算机模拟,都不是简单的数据积累,而需要有好的设计"。在科研活动中,"要有创新精神,要突出物理图像(或机制),但又不要不自觉地被常规图像束缚"。要有强烈的科学发现欲,"认识到科学发现欲在科技发展变化中的重要性"。他还向大家介绍了西方发达国家科技人员的特征——"创新、独立、年轻",希望他们能有所借鉴和学习。

在谈到如何写科技论文时,洪朝生说出论文要"认真严肃,言之有物,有据有创建,不要扯些已周知的话,不要强作断语。国内外都是论文充斥,值得认真看的不多。不要迷信登上了名刊物的论文"。"论文署名一是要有切实贡献,二是要对文章(或其一部分重要结论)负责任的——现在署名一大排的风气不好,资深的或资浅的两方面都不好。"[1]他希望青年人"要有志气",能够为科学发展做出贡献。这充分体现了一位老科学家对学子们和中国科技工作未来的殷殷之情。

90年代后期,洪朝生在低温中心对青年科技工作者的一次讲话中,有针对性地提出几点要求和希望。首先,他强调青年科技工作者要有"社会责任感、自尊、自信,对不良现象,道德败坏,破坏社会道德的嫉恶"[2]。第二点,他要求年轻同志"不说虚话、套话,要刚正"。[3]洪朝生历来对

---

[1] 洪朝生:在浙江大学低温专业报告会上的报告(提纲)。1996年5月,未刊稿。资料存于采集工程数据库。
[2] 洪朝生:在低温实验室会议上的发言(提纲)。20世纪90年代后期,未刊稿。存地同[1]。
[3] 同[2]。

假话、空话、套话极其厌恶，他自己不这样做，同样也不愿青年人搞这一套。第三点，他希望大家要"努力学习基础知识，不是单凭灵巧"①。对于学习基础知识，他历来主张要下点苦功夫，把物理学的基础原理及相关联系学扎实搞清楚，只有这样，才能灵活可靠地运用。第四点，他希望青年人要培养良好的动手能力，"什么东西坏了，都愿意拿来试修"②。他说搞工程研究、技术研究，很多时候需要一定的实验技能与技巧，动手能力十分重要。他在国外留学时就曾动手车零件、动手搭建实验平台、自己拆装氦液化装置，既方便，效率又高。如果都等技师来做，工作进度肯定受影响，而且似乎也不可能。

2007年11月13日，应中科院理化所研究生会之邀，87岁的洪朝生与理化所研究生与年轻教师代表座谈，交流对科研和人生的看法。他首先简要回顾了自己的科研经历。从少年时接触物理学读物讲起，讲到汇文中学张佩瑚、祝连耀老师激发学生对物理学的兴趣，讲到在清华大学、西南联大的学习收获，讲到在美国麻省理工学院紧张的学习生活，讲到在普渡大学发现低温下半导体锗单晶电导与霍尔效应反常行为，其中特别提到范绪筠老师的指导与启发，然后讲述了回国后开展低温研究工作的情况。在介绍每一段科研经历时，他都会剖析自己的成功与不足两个方面，总认为自己的学术根底还很不够，而且"缺乏眼光"，许多方面的工作应该可以做得更好。但他认为自己"有能力，而且从不偷懒"，他更"看重自己的参悟力，不急于交流，但不排斥交流。每次与人讨论时，三思而后行，不急于下定论"③。

他对于自己科研经历的回顾质朴无华，对自己的剖析深刻中肯，做人和做科研的道理尽在其中。从某种意义上讲，也是对其学术品质的一个诠释，有能力，即自信；不偷懒，是为勤奋；"参悟力""不急于下定论"，是学术品质，更是科学精神。他的讲话在研究生和青年教师中引起很好的反

---

① 洪朝生：在低温实验室会议上的发言（提纲）。20世纪90年代后期，未刊稿。资料存于采集工程数据库。

② 同①。

③ 饶伟：谦谦君子，悠悠弥香——记洪朝生院士座谈会。中科院理化所网站，2007-11-15。

响,正如一位参会的研究生所言:

  也许正是这一份坚持的毅力和严谨的作风,厚积薄发,成就了他在物理学上的重要发现。先生言谈中透出祥和淡然,润物无声,潜移默化地感染着在座的其他与会者。诚敬谦和,也许是先生的率性使然,但我们却于平淡处依然看到繁华无限[①]。

---

① 饶伟:谦谦君子,悠悠弥香——记洪朝生院士座谈会。中科院理化所网站,2007-11-15.

第十一章
为霞尚满天

为科技发展建言献策

1964年，洪朝生当选为第三届全国人民代表大会代表。此后又分别于1978年、1983年、1988年和1993年作为科技界代表当选为第五、第六、第七、第八届全国政协委员。他忠实履行委员职责，通过提案和会议发言等形式积极参政议政，为中国科技事业的发展建言献策。

粉碎"四人帮"之后的1977—1978年，国内工业生产在基数比较低的情况下实现了较高增长，一些领导人产生了盲目乐观的情绪，急于要组织"新跃进"，许多大型科技和工程项目未经事先严格的审查和论证而纷纷上马。面对这一情况，洪朝生等政协委员通过议案表达了严肃的批评意见和建议。在1979年6月15日—7月2日召开的全国政协五届二次会议上，对重大科技与工程项目事先未经严格审查和论证而上马进行批评的提案有四件：洪朝生的提案"请公开论证，重新审议建造高能加速器项目案"①；洪朝生等14名委员的提案"建议对重大科学技术，工程项目的上马与方案解决，必须经过严格充分的公开（除确实保密性项目外）论证，然后由负责机构严肃决定，杜绝不负责任的拍板和不负责任的干扰案"②；吴征铠等20位委员的提案"推迟高能加速器的建设至一九九〇年建成的建议案"③；张光斗的提案"建议重大建设项目必须坚决遵照国家基本建设程序批准后进行，不允许边勘测、边设计、边施工；对上海宝山钢铁厂的设计方案，建议重新审查案"④。科技专家在政协会议上或其他平台上发表对重大工程项目的审查意见，对中央决策的调整和完善产生了积极的影响和作用。

在这次会议上，洪朝生等7人还提交了"建议国家计委、财政部研究改进科研经费管理、使用办法，以利科研工作发展案"议案。后经财政部会同国家科委研究办理，部分意见得到采纳⑤。

2005年3月，在全国政协八届三次会议上，王选、刘盛纲、赵铠、王广鎏、侯立尊、刘光鼎、董韫美、洪朝生等17位委员以"扶持我国高新技术产业的若干建议"为题，作会议联合发言。发言首先分析了我国高新技术企业的自主技术太少、贸易成分过重的现象及其成因：一是缺乏创新意识，有些成果基本上是仿制国外已经在市场上大量销售的产品；二是企业过多地注意当前市场，只愿做短平快，而不愿冒风

图11-1 2005年3月洪朝生（左）与王选（右）在全国政协八届三次会议上

---

① 李飞：政协提案与中国工程院的成立。《自然辩证法通讯》，2010年第2期，第48页。
② 同①。
③ 同①。
④ 同①。
⑤ 中国人民政治协商第五届全国委员会第二次会议提案办理情形汇编（第九辑）。1980年5月30日，内部资料。

第十一章 为霞尚满天 *211*

图 11-2　1997 年 5 月洪朝生（前排右二）随全国政协考察团在广西考察

险投入较多的研究开发；三是高校和科研院所缺乏市场观念。对此，联合发言建议国家在政策上应大力鼓励企业的科研开发投入，对具有市场竞争力的创新产品在税收上给予更大幅度的优惠，使之进入国际市场。在谈到我国科技领域缺乏统一规划、协调，山头林立，资金分散，很难形成气候时，建议成立中央领导的、由某位副总理（政治局委员）直接挂帅（不是挂名）的科技领导小组在市场经济机制下统一领导，协调重大科技领域的发展计划。发言强调，对于高新技术企业不要保护，但要大力扶持。保护会造成安于现状，不求进取，也与"复关"（加入 WTO）矛盾。但对新兴、有前途的幼苗必须大力扶持，使之先占领国内市场，然后进入国际市场。建议对于政府部门采购设备、国家拨款项目、企业利用银行无息或低息贷款的项目，若国产设备与进口货质量和性能价格比相当时，应首先考虑国产设备。这应该成为这类靠国家资金支持的项目必须遵守的原则[①]。联合发言得到有关领导的重视，其中一些建议在后来得到了落实。

作为中科院院士（学部委员），洪朝生除调研、评议和学术活动外，还与其他院士一道积极向中央和科技主管部门提出有关科技发展方面的意见和建议，充分发挥咨询职能。

1981 年 5 月，中科院召开第四次学部委员大会。会议期间，包括洪朝生在内的 89 位学部委员于 5 月 15 日联名给中央领导写信，提出设立科学基金的建议。信中说："为保证基础科学研究在稳定的基础上逐步发展……也为了最恰当地使用有限的资金，以取得最大的效果，建议国家专门拨出

[①] 王选等 17 位科技界全国政协委员提出：扶持我国高新技术产业的若干建议.《科技与企业》, 1995 年第 3 期, 第 5—6 页.

一笔资金，设立中国科学院学部科学基金。"信中强调这项"基金面向全国""用来资助全国自然科学方面的基础研究和应用基础研究工作"，科学工作者均可提出申请，经同行评议，择优支持。信中认为设立科学基金的好处是：可以不失时机地支持新设想、新苗头；运用科学基金引导研究方向，避免不必要的重复；可以打破部门界限，促进跨单位、跨学科的协作，促进边缘学科的生长。并且认为："设立中国科学院学部科学基金，是我国科学体制上的一项重大改革，必将对我国科学事业的发展，对四个现代化建设起重大的作用。"①

学部委员们的建议得到中央和国务院的充分支持，批准从 1982 年起拨出专款，设立面向全国的中国科学院科学基金。随后，中科院迅即筹办实施前的各项准备工作，如相应的规章制度、组织机构等，为保证科学基金制能于 1982 年开始在我国付诸实践、为 1982—1985 年我国科学基金制垦荒期的活动创造了条件。中国科学院的科学基金自 1982 年设立，至 1986 年国家自然科学基金委员会成立、将经费和已批准资助的项目全部转入国家自然科学基金渠道为止，一共活动了 4 年，共资助了 4426 个科学研究项目，共发表学术论著 8228 篇，完成经专家评议或鉴定通过的成果 163 项，其中有些成果达到了世界先进水平。在基金项目研究过程中还培养了一批中青年的科技人才②。

2004 年 3 月，《中国科学院院刊》上刊发了《关于改进和提高我国基础研究的建议》一文，作者为中国科学院学部"改进和提高我国基础研究"咨询组。洪朝生是该咨询组 16 位院士成员之一③。文章认为：

> 近年来，我国自然科学的基础研究得到很大加强，取得了重大进步。但是从世界范围科学技术的迅速发展来看，从我国社会主义经济建设、文化建设，国家安全和可持续发展的要求以及面临的严峻国际

---

① 姚孟璇：从中国科学院科学基金到国家自然科学基金。《中国科技史料》，1992 年第 4 期，第 60—61 页。

② 同①，第 62 页。

③ 中国科学院学部"改进和提高我国基础研究"咨询组：关于改进和提高我国基础研究的建议。《中国科学院院刊》，2004 年第 2 期，第 85 页。

形势来看，我国自然科学基础研究的现状仍严重落后于世界先进水平，还不能满足形势发展的需要，存在着一些制约基础科学发展亟待解决的问题，必须引起足够重视[①]。

在阐述了全面认识基础研究的意义和作用、正确认识基础研究的特点、必须改进基础研究的评估工作以及改善科技管理工作等方面的问题后，文章明确提出了几点具体建议：①研究在目前条件下学科本身的基础研究和面向重大应用的基础研究应该大体上保持的比例，适当增大基础研究投入。②重视科学规划的顶层设计，把重大战略需求，重大应用基础研究与重大基础研究，基础学科建设和基础研究基地的建设有机地结合起来，形成自己的特点。③在继续宣传自然科学基础研究是作为第一生产力的科学技术的知识基础的同时，也要适当强调基础科学作为人类文化的重要组成部分和教育事业的重要支柱的意义。④当前，急于求成的心态和浮躁的作风在一定意义上已成为基础研究发展的一个严重障碍，要采取措施坚决予以纠正。⑤全面总结，借鉴国外成功经验，逐步改进基础研究评估工作。⑥减少上级科技管理部门对具体研究工作过多干预和事务性管理，切实减轻科技人员，特别是各级学术骨干的非事务性工作责任[②]。

文章是在我国正在积极制订国家中长期科技发展规划的时刻发表的，对国家中长期科技发展规划中关于加强基础研究工作的相关内容有一定的借鉴和参考意义。

科学卫道士

洪朝生是一个严肃的科技工作者，他执守着科技工作者的职业道德和

---

① 中国科学院学部"改进和提高我国基础研究"咨询组：关于改进和提高我国基础研究的建议。《中国科学院院刊》，2004年第2期，第85页。

② 同①，第87页。

学术伦理，捍卫着科学的圣洁与尊严；他在科学是非面前旗帜鲜明，敢于直陈自己的立场与观点；他疾呼推进科技界的职业道德建设，希望以此来净化科研环境；他厌恶某些媒体不负责任、弄虚作假的宣传，主张客观报道和如实评价。

1981年10月15日，邹承鲁和张致一、洪朝生、郭慕孙四位院士联名在《中国科学报》（《科学时报》前身）上发表了题为《开展"科研工作中的精神文明"的讨论》的文章，这是中国科学家第一次站出来揭露各种不道德、不文明的陋习在科学研究中已有蔓延滋生之势，并倡议开展科研工作中的精神文明的讨论。文章产生的背景是这样的，据邹承鲁回忆，"科学的春天是鱼龙混杂、泥沙俱下，好的也得到支持，吹牛的、蒙骗的也同样得到支持，有时候支持还大"[1]。此前发生了几起学术不端、甚至学术腐败的事件，有的甚至惊动了中央领导。在院士会议期间，邹承鲁向张致一、洪朝生、郭慕孙等人谈及此事，大家都觉得这个问题比较严重，应该在刚刚开始的时候引起大家的注意，所以我们联名写了这篇文章[2]。那次持续一年的讨论是新中国成立以来科技界第一次自发探讨自身的建设问题，京沪两地分别有百余名科学家发起倡议，并制定科学工作者道德规范。有些研究机构还制定了本单位科技人员的道德规范[3]。

对于科技界的职业道德建设，洪朝生始终予以关注，并做了许多深入思考与分析。他曾在中科院学部科学道德建设座谈会以及其他会议上表达了对违背科学道德的不良风气的担忧，呼吁"设法解决科技发展中必须实事求是、说真话，对国家科技发展负责的职业道德问题。"[4]

2000年，中科院《科学对社会的影响》编辑部先后举行座谈会、研讨会、笔谈，并专访了几位中科院院士，对有关科学道德和社会责任问题进行了较为深入的学术探讨和思想交流。在走访洪朝生之后，该刊将他谈话的主要内容进行整理后，以《需要有效地推进科技界职业道德建设》为

---

[1] 《面对面》邹承鲁：痛击学术腐败。中央电视台网站，2003-10-13.
[2] 同[1]。
[3] 王莉萍，韦雪：汪晖背后的学术乱局。《财经》，2010年第15期，第116页。
[4] 洪朝生：需要有效地推进科技界的职业道德建设。《科学对社会的影响》，2000年第4期，第5页。

题，用署名方式予以刊载。由于原文较长，限于篇幅，仅作扼要摘录。

我是选择了科研作为职业的一名科技工作者，所以想谈谈社会上普遍存在的职业道德问题。

我担心，不实事求是地评价和宣传科技，科技课题的现实意义、研究和开发工作的成就、科技队伍的真实水平包括青年人员的跳跃式成长等的夸大风气在发展……这种态度主要是认为虽然不好，但属于"迫不得已"：为了获得科研经费，为了本单位的发展，为了个人的切身利益，以至为了国家宣传的需要等，不得不有所夸大。而在利益资源的竞争中，夸大风又可能扩展。结果是资源分配不当，影响了科技研究与开发重点有效地进展，浪费了宝贵的时间，特别是科研工作的秉性被侵蚀，影响了青年科技队伍的健康成长，后患尤重……

科技工作中的剽窃、造假的事情在什么时代、什么地方都会发生，这已超出道德的范畴，如果不是社会上有势力者支撑是容易解决的。社会各界职业道德风气好了，道德问题与犯罪之间的灰色地段变窄了，剽窃、造假就难逃出同行的目光。

谈到对科学责任的看法，洪朝生坦言，他对"科学责任与道德""科学文化"等专业名词的实质内涵并不了解，只能说说他的一些困惑：

在我想来，对自然的好奇，想了解是人的本性。如果具备客观条件的话，很多人会走上科学研究的道路。科学、科学家和科学社团，除上面说的职业道德外，谈不到更高层次的道德与责任问题……尽管科技发展对社会生活产生着重大影响，研究"科学责任与道德"问题时，似宜实事求是地分析一下科技界在社会决策中所处的地位。不要让"资本家"的作用已在被"知本家"取代的说法迷惑住……科技界应建立良好的敬业精神以求不辜负被寄托的希望。但是设想科技界将在国家重大决策中占重要地位，因而对社会负有重大的道德责任，是不切实际的。当然科技界有责任对政府做出认真负责的咨询和向公众传播科技知识,使公众能逐渐形成自己对国家科技事物的观点与关心。如:向公众介绍生物技术的发展情况及可能出现的负面作用,推动社会对有关问题的关注,便是科学界的责任[1]。

说到科学工作者的责任,还应该有重要的一点,即在重大的科学讨论中敢于表明自己的立场和态度,以利于通过辩论和实践检验,获得关于事物本原的认识。

70年代末,国内某家报刊发表了一篇题为《大足县发现一个能用耳朵认字的儿童》的文章。此后围绕"人体特异功能"真伪性,正反两个阵营展开了激烈的对峙,一时间唇枪舌剑,各执一词,莫衷一是。洪朝生对所谓"特异功能"以及舆论宣传的愈演愈烈"当然是很反对的了"。

>当时反对人体特异功能者主要有于光远、邓伟志、严济慈、周培源、李昌、潘菽、张香桐、马大猷、茅以升、洪朝生、叶圣陶、吴明瑜等。支持人体特异功能者,更有一长长的名单。[2]
>
>此后《人体特异功能问题调查研究资料》和中国科学院《科学报》刊登了著名科学家周培源、茅以升、潘菽、马大猷、张香桐、洪朝生等批评抵制"耳朵认字"之类宣传的意见[3]。

1977年11月20日,《参考消息》刊登日本真锅大觉文章摘要,首次将"地震云"说法传入中国,次年的1—4月,国内一些报纸接连不断地报道了键田用"地震云"准确预报地震的消息。这些宣传报道加上当时处于地震活动高潮期,引起国内部分地震工作者和业余地震爱好者的关注或

---

[1] 洪朝生:需要有效地推进科技界的职业道德建设.《科学对社会的影响》,2000年第4期,第5页。

[2] 刘华杰:《中国类科学:从哲学与社会学的观点看》。上海:上海交通大学出版社,2004年。

[3] 申振钰:现代迷信发展的历史曲线:特异功能——伪气功——邪教。转引自豆丁网站,2007-02-26.

兴趣。他们进行了观察、拍照、搜集资料等活动。1979年8月和12月某观察者两次发表文章，建议重视"地震云"研究，并认为"地震云"可能成为一种简单有效的地震预报手段。基于此情况，1980年5月，国家地震局召开"地震云"专题座谈会，来自国家地震局、中央气象局和中国科学院等23个单位的46位专家参加了会议。会上，绝大多数人认为"地震云"应该进一步观测和研究，但作为预报手段并在群众中宣传推广，还为时过早。然而，1981—1983年，某大报刊又4次突出报道用"地震云"预报地震取得的效果。1981年3月，中央电视台在"新闻联播"节目中报道键田用"地震云"预报地震的成功率达80%，中国某观察者用"地震云"预报地震的成功率则可达86%。中国科学工作者对此问题态度是严肃的。物理所管惟炎、洪朝生、李荫远等人对将"地震云"作为研究成果持反对态度，对媒体不负责任的宣传强烈不满：

> 中科院学部委员、原物理所所长管惟炎说："院领导是不支持地震云的，那为什么容忍报刊、电视台胡乱宣传呢？本来对地震云有没有道理很好检验，我曾亲自告诉某观云者，让他把地震预报告诉我，他先后给予我4次预报，结果大都报错了。可是报刊宣传说，他预报的绝大多数都正确，这是哪里鉴定的？我们所的学术委员会根本不承认它！"
>
> 中科院学部委员、原物理所副所长洪朝生说："世界上本来每天都爆发大大小小的地震，某观云者看了云彩就说东边或西边有地震，当然偶尔会说对的，其实是胡猜。这怎么能说是科研成果？所里没有人相信他，可是外面宣传的起劲，《人民画报》、电视台这样大肆宣扬，不要闹笑话吗！"
>
> 中科院学部委员、原物理所副所长李荫远说："这简直是胡闹，至今有哪个稍有水平的科学家肯定地震云的说法，为什么不问问科学家的意见？"[①]

[①] 王国治，柴保平："地震云"之说尚待讨论。《北京科技报》，1986年12月8日。

对于新闻媒体，洪朝生坚持认为："新闻报道第一要求是消息真实，在此基础上再有正确的导向和文字的活泼等"。他对某些报刊报道失实和曲改作者原意的做法十分反感，有时甚至是怒不可遏。以下两个实例可以清楚地反映出这一点。

一是 1994 年 11 月 21 日，某报刊登载了他为庆祝中科院建院 45 周年而写的短文。在刊出时"做了两处触及要害的修改"：一是把原标题《重视基础研究的远见》改为《播种·耕耘·收获》；二是删去了"我自己感到内疚的是，由于科学根底浅薄，长期未能深刻领会基础研究的重要本质，没有在重视应用基础研究与应用技术研究的同时，也致力于推动基础研究的发展"一段话①。他写这篇文章的立意是通过回顾低温物理实验室的建立，颂扬钱三强、彭桓武、陆学善等老一辈科学家与中科院领导当时的远见卓识。而改动后则仅仅在于回顾低温室成立，所表达的意思似乎就变成"庆功"了。洪朝生见到刊发的文章后，立即致函该报编辑部明确提出这样改动不妥。

1996 年 12 月 26 日，某报刊登载了《我国超低温研究有新突破》一文。文中提到"洪朝生教授等经过鉴定认为……"。事实上，洪朝生既没有参加此项成果的鉴定，也不赞成所谓的"鉴定意见"，而只是给成果单位写信表达过自己的建议。当"看到我的名字无端和我所不赞成的观点联系到一起，我确是很不高兴的"②。他当即致函该报刊编辑部，措词严厉地指出这一错误。该报刊后于 1997 年 1 月 23 日为此做了更正，科教部主编也致函洪朝生，除表示歉意外，还做了些辩解。洪朝生对此不以为然，随后又给该报刊写了一封信，表明自己的态度：

> 考虑下来，还是应采取个认真的态度，把我的不同意见说出来……你说到"考虑到您的名誉要紧"，因此做出"更正"。我不同意这种出发点。报道失实发现后就作出更正，向读者道歉，使读者看到你们是认真负责的，并从而愿意帮助你们提高新闻报道质量，达到你

---

① 洪朝生给 ××× 报主编的信，1994 年 11 月 23 日。资料存于采集工程数据库。
② 洪朝生给 ××× 报科教部主编的信，1997 年 4 月 25 日。存地同①。

们报纸声誉不断提高。

我收到寄下的 1997/1/23，5 至 8 版的报纸后，翻来覆去找了好几遍，才在 7 版最下面一段黑边里找到"更正"，未免觉得很滑稽，这是便于读者看到的好办法吗？你在信中还说这是新华社通讯稿，而 1996/12/26 见报时却明白写的是"本报讯"，下面署名处也未标明是新华社记者。怎么可以这样：先把新华讯写成"本报讯"，出点问题又推到新华社那边？

我因此明白你们认为做出更正是丢面子的，而不认为是改进工作提高贵报在读者中声誉的机会……我说话很不客气，希望你明白我的用心，予以原谅①。

外冷内热之中体现着一位老科技工作者的认真与执著。

学术活动与社会活动

90 年代以后，从低温中心主任岗位上退下来的洪朝生像一头在夕阳下耕耘的老黄牛，自知辰光已晚，却仍不知疲倦地孜孜前行。

鉴于洪朝生在中国低温界的声望和影响，他担任了一系列名誉类、顾问类的学术职务。在这些名誉岗位上，他尽职尽责地工作，在一些涉及重要方向和重要科学问题、重要政策、发展规划的制定上，不知不言、知无不言，体现良好的科学态度和严肃的科学精神。每次会议发言之前，他尽可能就会议议题做些调研分析，有时还会列出详细的发言提纲。许多在任领导认为，他的发言往往能够抓住问题的本质和要害，分析问题很有见地，对他们的工作有很好的指导和借鉴意义。

1990—2010 年这 20 年间，洪朝生参加了几乎所有在中国召开的重要

---

① 洪朝生给 ×××报科教部主编的信，1997 年 4 月 25 日。资料存于采集工程数据库。

图 11-3　1978 年 10 月中科院访英国瑞典科学代表团在英国皇家学会留影（右七为洪朝生，左七为胡克实，右六为蒋昂）

的国际性低温学术会议，其中分别担任第 20 届国际低温工程大会的顾问委员会主席和第 22 届国际制冷大会的联合名誉主席，多次在国际会议上应邀做大会主题报告或作专题发言，产生很好的反响。他也非常重视通过会议交流向国际同行学习，了解掌握国际低温前沿领域的最新研究成果和发展动态。

此外，洪朝生还参加了一系列国内低温、超导学术会议，先后在这些会议上做学术报告或发言。在第四届全国低温工程大会上，洪朝生以《我国低温工程的发展与展望》为题做了中心发言，"内容为我国低温工程学、氢技术、氦技术与应用超导，老科学家的谆谆教诲和殷切希望给代表留下深刻印象"[1]。在 863 超导专项技术交流暨战略研讨会上，洪朝生作了《充分发挥应用超导领域科技队伍优势，为社会经济发展做贡献》的会议发言。他说：

---

[1]　顾福民：第四届全国低温工程大会在上海召开.《深冷技术》，1999 年第 4 期，目次背面。

我们积累了40年的超导研发经验，17年的HTS研究经验；拥有多个设备先进，科研队伍受到长期锻炼的科研和工业试验室，有不少优秀中、青年人才。这样强的科技实力在欧洲和亚洲，当然除日本以外，都是非常让人羡慕的，非常难得的。

但是，我们似乎没有用好这支队伍。关于超导的各项技术研究，至今并没有在我国社会、经济发展中做出重大贡献，超导应用没有落在实处，超导技术应用在中国没有扎根。我想这个问题是需要大家好好反思的，好好检讨的，我们应该找到改进的途径，切实为国家发展做出贡献[①]。

他在发言中还对超导研发领域谈了自己的看法，提出了加强中小型超导装置的研制和超导弱磁弱电技术性能开发的意见。一位85岁的老人，言谆语切的紧迫感，直言无忌的尖锐性，令参会人员肃然起敬。

1993年，由科技部（前国家科委）发起，在科技部和中科院共同支持下，创办了"香山科学会议"，它是中国科技界以探索科学前沿，促进知识创新为主要目标的高层次、跨学科、小规模的常设性学术会议。洪朝生先后参加了第18次（主题为"高速铁路技术发展战略"）、第151次（主题为"21世纪初我国低温物理的发展方向"）和第240次（主题为"制冷与低温科学研究前沿"）等多次会议。每一次会议前，他都就会议相关专题做精心准备，做到对国际前沿和国内现状有比较详细的了解，并进行深入思考、分析和判断，以便能够提出有高度和深度的见解

图11-4　1994年洪朝生（右一）、黄昆（左一）、徐叙瑢（中）在中科院长春物理所

---

① 王亚亚：队伍优势要发挥，挑战常规多思量——老一代超导工作者洪朝生对超导工作感言。《新材料产业》，2005年第2期，第9页。

和符合实际的意见和建议。2004年11月，在第240次会议上，洪朝生、过增元、王浚为会议执行主席，与参会代表进行了充分讨论、交流。在会议结束时，"会议执行主席洪朝生院士等对会议做了学术小结，概括了报告、讨论和自由交流中所取得重要科学思想和建议"[1]，得到参会代表的重视和赞同。

晚年的洪朝生依然保持着年轻时爱学习、善思考的习性。有较高水平的学术报告，即使是青年学者的报告，只要有时间，他都会去听。每次参加中科院院士大会，他最感兴趣的是学术报告会，他对报告内容的选择不仅仅局限在低温，甚至不局限在物理领域。2010年中科院学部化学部举办综合性学术报告会，90岁的他兴致盎然地听完了所有报告。2014年，在中科院院士大会期间，他执意要求护工推轮椅送他到会场听学术报告。2014年10月，采集小组对他进行采访时，他正手持学生肖家华送来的美国物理学会的 Physics Today 专注地阅读。见到我们后，他指着其中的一篇说这篇文章很有意思，并为我们讲解其内容。面对一窍不通的听众，他讲得津津有味。

图11-5　1996年10月28日洪朝生在西昌卫星发射中心

洪朝生1952年回国后不久，即加入了中国物理学会。1982年，在中国物理学会第三次会员代表大会上，钱三强当选为中国物理学会理事长，洪朝生与谢希德、周光召当选为副理事长[2]，他还同时当选为中国物理学会学术交流委员会主任。1989年，他和周远共同获得中国物理学会首届胡刚复物理奖。1995年，他获得中国物理学会"从事物理工作50年的物理工作者"表彰。

2012年8月25日，洪朝生出席了中国物理学会成立80周年纪念会。

---

[1] 香山会议办公室：香山科学会议第240次学术会议召开。香山科学会议网站，2004-12-24。
[2] 钱临照，吴自勤，李寿枏：中国物理学会60年。《物理》，1993年第7期，第396页。

会上发生了这样一件"趣事":

中国物理学会成立80周年纪念会25日在清华大学举行。90岁的诺贝尔物理学奖得主杨振宁出席,幽默地说,"我不是这里的最年长者。"杨振宁说,本以为自己是参会者中年纪最大的一位,入座后才发现至少有两位年纪比他大。他所说的年纪更长者是国家最高科技奖获得者谢家麟、中国低温物理与低温技术研究的开创者洪朝生,他们均已92岁高龄[①]。

除学术活动外,作为全国政协委员,洪朝生多次赴广西、湖南、江西、四川、重庆等地参观考察和进行扶贫开发、希望工程和成果转化等方面的专题调研。1996年,他随以孙孚凌为团长的政协参观考察团赴四川,考察中,他发现一些地方企业在取得较好经济效益和社会效益的同时,也存在着一些深层次的矛盾和潜在的风险危机,地方政府在接待工作中也存在不良风气。他心里很是不安,回京后即致函孙孚凌,希望政协领导能够重视和研究解决这些问题。信函内容摘要如下:

孚凌团长:
  这次我随团到四川参观学习,除取得学习收获外,也有两点想法向您汇报一下:
  1.在重庆的参观中看到×××集团与×××集团在转产摩托车中取得较好的经济效益与社会效益,其中尤以×××为甚。但是当前生产主要靠引进日本技术,自主开发能力还极薄弱,而×××总公司在摩托车技术方面也无研究力量支持。一旦复关后,恐难以抵挡洋货的冲击。×××虽说有建立自主技术开发力量的三个"五"打算(五百人、五千万元每年、五年为期),但达到国际竞争能力可不是那么容易的事。

[①] 马海燕:杨振宁出席中国物理学会80周年纪念会.中国新闻网站,2012-08-25.

我对经济问题当然是外行，只是看到日本至少有三家大公司生产摩托车：铃木、本田和雅马哈，他们能够并存。我们这么大国内市场应该也能够容纳本国几家大公司。日本政府机构在某些关键技术方面，组织一些大公司合作攻关以与外国对抗。我们除部级研究院、所将来可能提供技术支持外，是否也可以通过行业工会组织几家较大的集团分工合作建立自主技术开发能力？我向×××总裁说起这想法，他说去年十家摩托车大厂开会，提起过这事，但不好办。我当然明白办事不像书生一句话那么简单。但是企业领导还是需要看远一点，争取联合对外。不能把心思完全放在"不公平竞争问题"、争当中国的"摩托车王"上。否则，大家都会垮台……

2. 参观学习团到达四川后，市内、市外一路上警车开道，声势浩大（去年我参加赴赣南老区参观团时也是如此）。我和几位团员感到很不安。我团并非负有紧急公务，仅只为了保证本团的日程安排（或"安全"？），如此扰民，似乎不妥。另外，接待过于铺张，宴请频繁，住宿和伙食费用大大超过政协标准。从地方上讲算是尊重中央，但是铺张浪费却严重损害了政府、政协在人民群众中的形象，同时也加重了地方和企业负担，他们有苦说不出。去年赴赣南团从北京出发前还说：要按政协规定标准办，不接受地方宴请，只是到赣州市时恐怕有一次宴请是难以推却的。结果是，到江西后，规定一概冲破，还多次受到小学生在上课时间的列队迎送。我想建议全国政协做出榜样，破除这种陋习，密切政府、政协与人民群众间的亲切关系。我以为解决的关键在于全国政协的决心，而不在地方上。此致

敬礼！

洪朝生上

1996 年 12 月 20 日 ①

这封信放到 20 多年后的今天来读，仍然有其重要意义和价值。它体

---

① 洪朝生给孙孚凌的信，1996 年 12 月 20 日。资料存于采集工程数据库。

现着一个政协委员的责任感和一位老科技工作者的良知。

爱情、亲情和友情

图 11-6 1998 年 10 月 2 日洪朝生和夫人李滢在家中

洪朝生的情感世界丰富而细腻，他爱这个多姿多彩的世界，爱他相濡以沫的妻子、骨肉情深的亲朋、相携相助的学友。他的爱如同静水流深，于平静与平凡之中带给人内心的温暖与感动。他以他的行动诠释着爱的真谛。

洪朝生的妻子李滢，与洪朝生祖籍同为福建闽侯。她的父亲李直士早年赴日本留学，主修搪瓷生产工艺。归国留沪，后与其兄李拔可、著名大实业家刘鸿生集资创设华丰搪瓷有限公司，任化学工程师兼总经理，并使华丰公司成为行业之冠[1]。母亲王稚珧系家庭妇女，因搪瓷染料配置属商业机密，其捣碎、配置等秘不外宣，由其在家中操作。李滢 1945 年毕业于上海圣约翰大学，1946 年 9 月至 1949 年 8 月先后在美国麻省理工学院及哈佛研究院读研究生，后赴地中海沿岸、丹麦等地参观实习，专攻建筑美学[2]。洪朝生与李滢相识于在美期间的中国留学生联谊活动上，青春的活力、良好的学养、不凡的气质相互吸引着对方，并逐步确立了恋爱关系。后来二人同期回国，洪朝生入中科院应用物理所，而李滢先是回上海在圣约翰大学短暂工作几个月后，于 1952 年 4 月到北京市都市计划工作委员会工作，与梁思成、林徽因及金岳霖等人有交谊。1953 年以后，李滢因患肝病长期休养，后经名医施今墨弟

---

[1] 清末海归志士，民国商业巨子——李直士楷书联（作者介绍）. 平顶山书画收藏协会网站，2014-07-23.

[2] HCS-5-10，北京市建筑设计院：抄洪朝生爱人的档案材料. 存于中科院理化所档案室.

子中医调理,病情好转,但工作仍是时断时续。1960年,在经过漫长的"马拉松式"恋爱后,二人终于结为伉俪。其时洪朝生已经40岁,而李滢也已37岁。由于身体和年龄的原因,二人婚后并无子嗣,这似乎也成为二人的终生憾事。

婚后,二人住在中南海对面的西文昌胡同一个普通的院落里。他们和李滢母亲同住此院,一起生活,分别住在不同朝向的两个独立的房间。一间稍大,有十多平方米,先是李滢的母亲居住,后来是李滢的弟弟、弟媳一家居住;另一间是一分为二改造而成,面积不足十平方米,他们夫妇就住在这里。房间内除一张双人床和一张小书桌外,难以再安放其他家具。餐桌是由两个小凳子临时支起一块棋盘状的木板,木板四周有沿,避免餐具滑落。吃饭时坐在小凳或小马扎上,吃完便撤。书桌上堆满了各种书籍、文献、纸笔及绘图工具等,那是洪朝生写文章或绘图的"办公场所"。院子里住着几户人家,只有一个自来水龙头,上厕所要到院外的公厕。他们一家和院内的邻居相处的非常好,夫妻在这个小院里生活了二十六七年,刚开始院里的小孩称他们为洪伯伯、李阿姨,及至后来,院里的新生代小朋友则亲热地称呼他们为洪爷爷、李奶奶了[1]。

婚后的日子平实而又温馨,在李滢身体还好的时候,夫妇二人闲暇时常骑车到外面转转,看看展览,游游公园,逛逛街景,有时也参加一些同学聚会或在家接待老同学、老朋友。据吴大昌回忆,别看洪朝生的住房很小,可我们三五个人到那里谈往说今地聊聊天,气氛还挺好[2]。李滢是个"很大气的人",待人热情而真诚,对洪朝生的父母、姐姐及晚辈都非常好,相处很融洽。他们家吃饭是极其简单的,平时基本上是煮菜或肉,不炝油锅,但只要洪朝生的家人来,夫妇二人总是烧鱼、烧肉地热情款待。60年代,洪朝生的母亲患严重的骨质疏松,由于洪朝生两个姐姐均在外地工作,每次都是由洪朝生陪母亲看病、检查。李滢对婆婆的病也很上心,由于身体不好,大多情况下不能一块陪老人看病,但常会委托在协和医院当医生的弟媳来帮忙。洪朝生的父亲80多岁后罹患癌症,李滢又多次找

---

[1] 参阅刘思久访谈,2014年7月16日,哈尔滨。资料存于采集工程数据库。
[2] 吴大昌访谈,2014年4月24日,北京。存地同[1]。

到弟媳共同商量治疗方案。从父亲患病直至去世,夫妇二人尽心服侍,尽到了子、媳应尽的责任与孝心。

洪朝生和李滢专业各异,但在努力工作和努力改造思想方面却惊人的一致。他们同期回国,回国后即赶上思想改造运动。1957—1958年,洪朝生在"反右"中迟迟过不了关,李滢一再敦促他深刻再深刻地挖思想根源,认识和改正"错误"。在生活上他们俭朴再俭朴,工作上努力再努力。在吃的方面,当时为了照顾老人,请了个小保姆,他家的饭菜,小保姆都嫌差;在穿的方面,二人平时穿着都极朴素,洪朝生常是半旧的制服或劳动布工作服,李滢则穿着肥大的旧衣裳,根本不像留过洋的人;在工作上,住城里期间,洪朝生通常是晚九十点钟才骑着一辆改装的轻骑摩托车——那是物理所"巧手"何寿安的杰作——从中关村赶回家中。对洪朝生的工作,李滢非常支持,从无怨言,倒是李滢的母亲对此不理解,说"他们两口子太革命了,而且老是一致,总是为了工作"[①]。

李滢的身体一直不好,肝病稍好以后,70年代又因大脑瞬间失去知觉而从高台阶上跌落,造成严重的脑震荡,虽经一段时间的治疗和休养有所好转,但后来几乎每年一到那个季节就发作,一发作就要不时到医院看病。逢此,洪朝生每每相陪,细致入微。1986年,随着知识分子政策的进一步落实,中科院分配给洪朝生一处位于中关村黄庄的新居,洪朝生起初不肯接受,说自己住的地方离党中央近,舍不得搬走。后因李滢告诉他自己实在没有办法到公厕上厕所,蹲、起都很困难,洪朝生才答应搬入新居。

入新居后没几年,一天洪朝生正在外面开会,李滢突发眼疾,恰巧邓稼先夫人许鹿希在他家,连忙唤人将她送往医院,医生要立即手术,但苦无亲属签字。待洪朝生后来赶回家中,已错过最佳时机,造成双目几近失明。在李滢患肝病、脑震荡及后遗症和眼疾期间,洪朝生集安慰、陪医和悉心照料于一身,从不抱怨。采集小组人员曾问他:夫人多年来身体不好,这件事是不是很操心时,他淡淡地说"是不省心",但那些年"我

---

① 刘思久访谈,2014年7月16日,哈尔滨。资料存于采集工程数据库。

的身体一直特别好"①。如今（2015年），李滢已经92岁了，她的身体状况总体上来说还是很不错的。

洪朝生的大姐洪晶和二姐洪盈都是杰出的科学家和教育家。洪晶1937年毕业于燕京大学物理系，1938—1940年在西南联大物理系从事中英庚款科研项目，

图 11-7　1994年8月20日洪朝生（右二）陪同大姐洪晶（左二）在国家地震局哈尔滨工程力学所参加大姐夫刘恢先铜像落成揭幕仪式

1939—1940年在联大物理系读研究生。1946年在美国罗切斯特大学获应用光学硕士学位。1948年再度赴美，先后在华盛顿天主教大学和伦塞勒理工大学攻读博士学位。1951年3月朝鲜战争爆发后，她毅然放弃即将获得的博士学位回国，先后在辅仁大学、北京师范大学任教，1952年到哈尔滨工业大学物理教研室任教，是哈尔滨工业大学光学学科的创始人。洪盈1937年毕业于燕京大学化学系，1946年获美国密歇根大学化学硕士学位，同年回国。曾任重庆大学、金陵女子文理学院副教授。新中国成立后，历任东北工学院教授、教研室主任，沈阳药学院教授、化学系主任等职。

"文化大革命"中，姐弟三人均受到不同程度的冲击，二姐洪盈一家尤甚。洪盈的丈夫周自定曾任东北工学院教授、钢冶系主任、辽宁省第三届政协常委、沈阳市第四届政协副主席等职②。1968年，清理阶级队伍期间横遭诬陷，莫名而亡，就连尸首也一直没有找到，这对洪盈一家的打击毋庸赘言。在困境之中，洪晶和洪朝生对洪盈一家给予了很多的精神慰藉。周自定离世的同年，他的女儿周密下乡插队。此时的洪朝生正在接受审查，但他仍每月定期给周密寄《红旗》杂志，也不写信，或恐言辞不当会连累外甥女，"但他就是这么做，我现在想他当时就希望我能够坚强、能够

---

① 洪朝生访谈，2013年12月17日，北京。资料存于采集工程数据库。
② HCS-5-13，中共东北工学院委员会：关于周自定同志的审查结论。存于中科院理化所档案室。

第十一章　为霞尚满天　　**229**

相信前途、能够不要悲观和颓废下去，他就是这个目的，现在想真的是很感人。"①40多年后，周密眼含热泪地回忆道。此后每逢周宜、周密姐妹俩到北京，洪朝生夫妇总是尽心招待。1971年周密到北京，洪朝生还专门带她到周口店中国猿人遗址等处参观游览。1978年，周自定平反大会召开时，洪朝生前往参加，给二姐一家送来亲人的温暖。周密婚后有了小孩，洪朝生非常高兴，去沈阳时特意买了个毛绒猴子玩具送给孩子。可能是因为他是属猴的，他把爱寄托在猴子玩具上，希望给孩子带来更多的欢乐。在外甥女眼中，"你能够感觉出来那种亲情，他不是很会说的那种人，但在心里头有好多事他是想着的"②。

洪盈后来患了严重的眼疾，洪朝生邀她到北京治疗。在京期间，他始终陪伴着二姐，不让她花钱，各种费用都是抢着付。90年代，洪盈患了严重的阿尔茨海默病，洪朝生非常着急，得知消息后计划赶赴沈阳，不巧夫人李滢突发脑震荡后遗症，一下失控，两三个小时候才恢复过来，当时煤气灶上还做着早饭，若早出一步，真的要坏事，所以也没有去成③。2003年，洪盈病逝，洪朝生前往沈阳最后送别了她。

在外甥们眼中，洪朝生姐弟三人都是典型的知识分子，就是做学问的，思想很单纯，而且是那种特别努力的人。洪晶的儿子刘思久对舅舅印象最深的是他对自己工作、学习上的关心。每次到他家，洪朝生总是问起学校的情况，从教育革命到培养学生的动手能力等都尤为关心。刘思久后来入机械部自动化所读研究生，有一次用英文写论文，

图11-8 1993年1月洪朝生（左）与许鹿希（中）、许中明（右）在全国政协春节团拜会上

---

① 周密访谈，2014年8月21日，沈阳。资料存于采集工程数据库。
② 同①。
③ 洪朝生访谈，2014年4月10日，北京。存地同①。

开头部分总是写不好，于是想让舅舅帮他写个开头。没想到他一口回绝，"你写好了我可以帮你改，但不能替你写。"当时刘思久心里很不痛快，事后一想，舅舅的做法是对的，他不希望青年人养成取巧和偷懒的毛病①。

洪朝生最反感外甥、外甥女看望他时带礼品，有时谁带点礼品，他会让拿回去，弄得人很尴尬。有一次刘思久背着舅舅给照顾舅母的小保姆带了些礼品，目的是希望她对老人好一点。洪朝生知道后很愤怒，表示不能培养她的资产阶级思想。但他对保姆的学习以及子女入学问题倒是十分关心。保姆为孩子的入学问题发愁时，洪朝生积极帮助想办法解决，甚至拿着报纸到区政府告状，说报纸都登了，农民工子弟享有同等受教育的权利云云，并激动地称要帮助保姆及孩子去打官司②。

他对弱势群体、生活困难和遭遇不幸的人一直抱有同情之心，并施以济困之举。三年困难时期，他自己非常节俭，但对所内职工却慷慨解囊，把省下来的工资拿来帮助生活困难的职工③。他多次向贫困地区和灾区人民捐款。这里仅列出有据可查的几笔：1995年，有关方面开展向西南联大希望小学捐款活动，他拿出1000元④；1996年8月，河北省部分地区遭受特大洪涝灾害，他捐款1000元⑤；2008年5月，四川汶川遭受特大地震灾害，他捐款1万元，用于购买棉被等救灾物品⑥……

图11-9 90年代初洪朝生（右一）与万心蕙（右二）、卢肇钧（左一）夫妇在北京卢肇钧家中

---

① 刘思久访谈，2014年7月16日，哈尔滨。资料存于采集工程数据库。
② 同①。
③ 李来风：洪朝生。见：陈佳洱编，《20世纪中国知名科学家学术成就概览·物理学卷第二分册》。北京：科学出版社，2014年，第358页。
④ 西南联大希望小学捐款活动总结。清华校友网站，2012-11-01.
⑤ 钟室：情系灾区人民——中央机关和首都人民踊跃捐助河北灾区。《瞭望新闻周刊》，1996年第38期，第7页。
⑥ 理化所：向汶川希望小学捐款名单。存于中科院理化所党委办公室。

图 11-10　90 年代洪朝生（左）与吴大昌在北京吴大昌家中

晚年的洪朝生与昔日的一些学友一直保持着比较密切的交往和联系，其中与王守武夫妇、卢肇钧、邓稼先夫人许鹿希等人聚会情节前文已有所述。此处着重讲一讲他与吴大昌交谊的点点滴滴。

洪朝生与吴大昌于1936年相识于清华校园，两人同为工学院的学生，洪朝生读电机系，吴大昌读机械系。二人同住在明斋的同一宿舍，抗日战争爆发后一起到长沙，又一道随湘黔滇旅行团到昆明西南联大直至毕业。毕业后洪朝生去了重庆国际广播电台，吴大昌去了位于重庆的采金局，周日常常互相看望。后洪朝生回联大当助教，吴大昌调到江西，但一直保持书信联系。再后来他们都到美国求学，其间也见过几面。回国后又都在北京工作，联系也很密切。洪朝生结婚后，吴大昌等人是家中常客，有时也相邀到其他一些同学家中做客。吴比洪大两岁，身体一直很好，95岁时被北京理工大学评为"健康之星"[①]。他九十二三岁时还时常骑自行车从理工大学到中关村看望洪朝生，2012年以后因考虑其年岁太大，子女遂开车接送，大约每月都去上一两次。每当读到什么好的书籍和文章会向对方推荐，或交换阅读。吴大昌有剪报的习惯，读到他认为好的文章，他会剪下来寄给洪朝生，有时在上面写上几句释语、评语之类，有时连字也不写，便直接寄给他。吴大昌来时，有时连水也不喝一口，两人若有若无地坐着、聊着、看着，近80年的友谊尽在聊与不聊之中。随着时光老去，昔日的学友大都先他们而去，每逢说到此处，不禁慨然。这些场景，你只有亲眼目睹后，才能体会到什么叫作大味至淡、真水无香。

[①] 吴大昌访谈，2014年4月24日，北京。资料存于采集工程数据库。

愿得此身长报国

新中国成立前后，一批又一批留学海外的学子们跨海回归，投身祖国的建设事业，但也有一些人由于种种原因滞留未归。改革开放再度激发了他们心底强烈的桑梓情和报国志，许多人不辞辛苦、倾尽资财，通过各种渠道探寻报国门路，并以讲学、助学、咨询等多种方式努力为祖国的现代化建设添薪加柴，奉献一己之力。洪朝生清华大学学友王霈及其夫人万心蕙就是其中一例。

王霈系洪朝生清华大学同班同学，1947年赴美，博士毕业后先后在美国几家公司工作，从事化学工艺研发，并参与美国政府半导体咨询组织多年，很有实际经验[①]。他的夫人万心蕙1942年毕业于北京辅仁大学历史系，1948年在北京燕京大学获硕士学位，随后赴美国威斯康辛大学就读，后在哈佛大学、萨佛克大学、德州大学、富陆大学等处任教[②]。1955年洪朝生曾动员王霈回国，未果。改革开放后，他们夫妇的真实情感正如万心蕙所言："我1948年离开祖国赴美，在新中国成立时，我没能为祖国做些事情，感到很惭愧，现在我想尽我所能来支援祖国建设。"[③] 自1978年以来，夫妇二人曾多次回国进行讲学、助学和咨询活动。万心蕙先后在山西、山东、甘肃、江西、内蒙古等地讲学。1986年，偶尔得知她的家乡九江遭受风暴灾害的消息，当即给时任江西省委书记写信并捐款2000美元。

1987年，万心蕙第一次回到故乡，看到乡里中学教学环境不好时，前后两次捐款资助学校建围墙、盖宿舍，事后又赠送了一批图书。1988年，她鼎力资助并亲手开创了江西美国史研究中心，"我不需要任何报酬，旅费

---

① 洪朝生给谢希德的信，1996年6月18日。资料存于采集工程数据库。
② 陈忠，高红：金声玉韵，蕙心兰质——记九江师专客座教授万心蕙女士二三事。《九江日报》，1991年9月24日。
③ 斯萍：美籍华人万心蕙捐资设立王桐龄、张星烺奖学金。《师大周报》，1989年8月25日。

也由我自己承担"①。此后，她连续 8 年，每年夏天到这里讲学两个月。她还在中心设立了"王霂－万心蕙奖金"。在她的资助下，中心的藏书有了一定的规模，图书之精为国内同行叹啧。数年间她赠送了数千余册英文图书，仅邮资就花费了近万美元。1989 年，万心蕙在她的母校北京师范大学捐资设立以其公公、曾任北师大历史系主任的王桐龄和她的老师、曾任辅仁大学历史系主任的张星烺冠名的"王桐龄－张星烺奖学金"，她和王霂每年出资奖励历史系品学兼优的学生②。王霂和万心蕙并非富人，为了捐赠和往返费用，他们退休后一直在工作，万心蕙甚至每天往返 60 千米开车上班，他们的房旧墙塌，舍不得请工修葺；半碗剩粥，留待再餐；往返机票也想法拣减价的买；每次回国也从不给亲友带任何礼品③。

　　万心蕙与洪朝生夫妇有多次相晤，洪朝生和李滢"艰苦为国家服务"的精神留给她的印象非常深，她亲切地称洪朝生为"半个学友"。洪朝生对其忱心报国的精神也由衷赞叹："她也是近 80 的老太太了，到江西及在国内奔波不总是很顺利的，当然是不轻松的"④。1996 年，万心蕙患癌症晚期，无法手术治疗。洪朝生、卢肇钧等几位学友忧心如焚，四处寻医问药，以期挽留她的生命，终于不治。万心蕙病逝后，王霂对老同学的情谊一再表示深深的谢意。"万心蕙的活动应该说是成功的（也付出了不小代价）。王霂呢？则太可惜了，我心里也很不痛快！"⑤洪朝生对老同学报国路径的不顺畅颇有感慨。

　　改革开放以后，王霂随他所在公司组团来华几次商谈合作事宜，未成功。1992 年退休后，洪朝生等人帮其联系到国内某部⑥。"他很想回国做一些技术帮忙的事，但接头几处无回音……回去合资办企业大约仍受欢迎，他既无资金可合，又没有创办企业的经验与精力，奈何？"万心

---

① 张子烽：美籍华人万心蕙印象。《江西画报》，1991 年第 4 期，第 39 页。
② 斯萍：美籍华人万心蕙捐资设立王桐龄、张星烺奖学金。《师大周报》，1989 年 8 月 25 日。
③ 张子烽：美籍华人万心蕙印象。《江西画报》，1991 年第 4 期，第 39 页。
④ 洪朝生给谢希德的信，1996 年 6 月 18 日。资料存于采集工程数据库。
⑤ 同④。
⑥ 同④。

蕙曾发如此之叹。但王霈始终抱着"也许还有机会去祖国在半导体工业帮助一二"的信念。洪朝生、卢肇钧等人多处帮助联系，进展甚微。在转交王霈复信给某部一位同志的信中，洪朝生直率地谈了自己的看法和希望：

×××同志：

……

他在信中已比较详细地介绍了自己的技术经历和对访问内容的想法，本来我把信转上就够了。但，算是老年人爱多嘴的通病吧，恕我再冒昧地说几句，我看他的态度十分诚恳，希望在各单位的接待中能以诚相待，实效第一，接待从简。他在来信的第5页第2段中所介绍的一种讨论安排方式也似可考虑，即具体技术讨论中，参加的人数少，可有认真细致的交流；然后总的向经理等主要人员作当面报告和讨论；以后再有书面报告。报告安排充分些。坦率交谈，使他知道所提的哪些方面的具体建议是可能有用的，他可再多做些有效的努力，免致双方浪费时间。最使想干实事的人伤心的是：谈了半天，主人客气地大加称赞，最后无意中发现其实主人并不想听这些，或者是主人不愿直接暴露缺点，可是又想听你讲出克服缺点的办法，要绕半天圈子还不一定能碰上。我因为对国内，特别是地方上有些风气：讲规格、客套、要面子，大吃大喝，不怕浪费时间等，觉得太可怕了，所以这么啰唆。务祈原谅。

洪朝生 1993年2月17日 [①]

一介书生，一纸信札，作用如何，结果可知。但它反映了洪朝生涓滴报国的情怀和"未敢忘忧国"的责任。

前文在引用《陈星弼传略》的一段话时，曾提到"20世纪50年代，国内困难，洪朝生出国期间倾其所有工资（和积蓄）购买国债，支持国

[①] 洪朝生给×××部×××同志的信，1993年2月17日。资料存于采集工程数据库。

图 11-11　1985 年 9 月洪朝生以已故父母名义为修建中国人民抗日战争纪念馆捐款汇单

图 11-12　1969 年 6 月 30 日洪朝生将 1955—1958 年所购公债上缴国家的缴单

家建设"一事。这笔公债的最终归宿是，1969 年 6 月 30 日，洪朝生将他 1955—1958 年所购买的公债（国债）本息共计 5110 元全部上缴国库，其数额相当于洪朝生当时两三年的工资[①]。1985 年 9 月，在得知国家将修建中国人民抗日战争纪念馆的消息后，洪朝生以已故双亲洪观涛、高君远的名义向卢沟桥历史文物修复委员会捐款 4101.8 元。他以这种方式表达了对抗日战争胜利 40 周年的由衷支持，也表达了对父母亲的怀念。

---

① 洪朝生公债无偿上缴单，1969 年 6 月 30 日。资料存于采集工程数据库。

洪朝生曾先后数十次出国访问、参加国际会议和进行学术交流，他非常注意节约外汇。

> 如在伦敦开会或参观回代办处时，不太叫出租汽车，领我们乘地下电车（地铁）或走路，并主动向代办处要求降低伙食标准，并说国内厉行节约，我们也应该少举办（宴请），替国家节约外汇[①]
>
> 他每次出国回来都把剩余的外汇交到院里，科研课题剩下的经费一律主动上交国家，复印资料要求大家正反面用，每件小事上都能感觉到他对祖国的责任。到了晚年，他认为自己不能全时投入一线科研工作，主动要求降低工资，要求按退休人员标准发放。[②]

洪朝生的外甥刘思久给我们讲过这样一个故事：大约在 90 年代末，有一次洪朝生到哈尔滨去，洪晶和刘思久等陪他上街，走到中央大街一家旅社前时，只见洪朝生非常激动地往旅社冲，任凭别人怎么拉也拉不住。原来这家旅社在挂国旗时将国旗挂倒了。他径直冲进旅社去找他们理论，下面的小青年说"这事我们不管，你找经理去吧。"洪朝生又冲到二楼，义正词严地训斥了经理一顿。当时弄得洪晶母子俩都有点不好意思，但他依然不管不顾[③]。在他心中，国旗就是国家的象征，不容有人亵渎。这件事可以看作是普渡大学时手绘五星红旗的一个"姊妹篇"，尽管前后相隔了半个世纪，但祖国在他心中的位置永远是神圣的，他对祖国的爱是永恒的。

他的学生张殿琳曾问过洪朝生，如果不回国将会是怎样的话题，他摇摇头说"没有如果""他从未动摇和后悔回国的决定"[④]。对于此类问题，许多科学家都有自己的回答，葛庭燧答道：科学无国界，但是科学家有自己的祖国；彭桓武答道：回国不需要理由，不回国才需要理由；黄昆答道：祖国再穷也是自己的；洪朝生的回答则更加言简意赅、直截了当——

---

① HCS-10-1 吴子炉：赴英参加国际会议的有关材料。存于中科院理化所档案室。

② 李来风：洪朝生。见：陈佳洱编，《20 世纪中国知名科学家学术成就概览·物理学卷第二分册》。北京：科学出版社，2014 年，第 358 页。

③ 刘思久访谈，2014 年 7 月 16 日，哈尔滨。资料存于采集工程数据库。

④ 张殿琳：在洪朝生 90 寿诞上的贺辞。2010 年，未刊稿。存地同③。

没有如果。是啊，没有如果！岁月的风尘可以见证，人生的浪花可以见证。"九一八"英文老师的恸哭、"一二·九"动员大会慷慨激昂的演讲、西行延安沉重的行囊、留美科协忙碌的身影、普渡大学精心绘制的五星红旗、莱顿大学肩负的祖国亲人的嘱托……这一切的一切，苍天可鉴，丹心可鉴。

  写到这里，《低温王国拓荒人：洪朝生传》就要结束了。它始于爱国、迄于爱国，看似是原点回归，其实两点之间呈现的是一位老科学家既平凡又不平凡的艰苦奋斗历程，是近一个世纪中国科技工作者厚重的历史画卷。

  历史在前进，时代在发展。新中国成立前后回国的那一代老科学家如今多已作古或已垂垂暮矣。60多年前，他们怀着对新中国美好未来的憧憬和强烈的报效祖国的愿望，放弃了优越的科研条件和生活条件，回到祖国的怀抱。在随后的日子里，他们倾其心力，艰苦奋斗，开疆辟域，锐意前行，不仅为国家的科技发展奠定了一定的基础，做出了自己的贡献，而且为后人留下了宝贵的精神文化遗产。洪朝生等老一代科学家身上所体现的忠贞、坚韧、求实、正直、奉献、严谨等优秀品质和科学精神，不会也不应该随着他们的老去而渐渐散失。无论什么时代，一个民族要有勇气，一支队伍要有士气，一个人要有志气。这些永远是社会发展的正能量，至少能够为我们留下许多继承、弘扬、借鉴和思考的空间。由此看来，继承和发扬老一代科学家的科学精神和优良传统，有许多事情应该做、必须做，而且可以做得更好。

结 语
洪朝生学术成长、精神内核与特质浅析

洪朝生的人生足迹，是一位中国物理学家成长史和奋斗史的记录，是中华民族近百年来屈辱史和解放史的见证，也是中国低温科技事业创业史和发展史的缩影。分析其学术成长、思想成长经历，解读不同阶段经历对其产生的影响，总结其在厚重多彩的人生经历中所形成的科学精神和品德风格是很有意义的。

洪朝生所处的时代

洪朝生所经历的时代是"中国大变化和世界科学大变化的时代"。[①] 他出生于20世纪20年代初，主要学习经历、科研活动和社会活动集中在20世纪，即1920—2000年这80年间。20世纪初的中国，是一个民族危机、社会危机空前深重的中国，是一个人民饱受帝国主义、封建主义双重压迫的中国。为了民族复兴、人民解放，包括洪朝生父辈在内的仁人志士为之努力奋斗，探索救国救民的道路。洪朝生出生的前后两个年头，即"五四运动"爆发的1919年和中国共产党成立的1921年，其间发生的两大事件，

---

① 洪朝生给王勉的信，1997年2月4日。资料存于采集工程数据库。

尤其是中国共产党的诞生,标志着中国历史翻开新的一页。洪朝生的中学时代,先后爆发了震惊中外的"九一八事变"和"一二·九爱国学生运动"。他就读的育英学校和汇文中学虽然都是教会学校,但学校师生大多具有强烈的爱国传统,尤其是汇文中学的爱国师生,在中共北平临时工委和北平市学联的组织领导下,更是汇入抗日救亡的滚滚洪流中。洪朝生的大学生涯,包括读书和做助教是在清华大学(及长沙临大和西南联大)度过的。他于抗日战争前一年入清华园,1945年8月,即抗日战争胜利的当月离开西南联大赴美求学,经历了抗日战争的整个过程。"斯所谓'周虽旧邦,其命维新'者也。旷代之伟业,八年之抗日战争已开其规模,立其基础。今日之胜利,于我国家有旋乾转坤之功,而联合大学之使命,与抗日战争相始终"①。那种"旧邦新命"的信念成为当时洪朝生那一代青年学子的精神动力。

1949年10月1日,中华人民共和国成立。这令远隔重洋的洪朝生等中国留学生欣喜不已。他们毅然回国投入到新中国的建设事业,并在其所从事的领域做出了积极的贡献。

20世纪又是科学技术突飞猛进的世纪。科学技术的发展深刻改变了历史前进的当代,成为人类社会文明进步最具革命性的推动力量。其间发生的科学革命和技术革命引发了人类生活观念的深刻变化和生产方式的深刻变化。被许多科技史专家称之为第四次科技革命(或称为第二次科学革命),发生在19世纪中后期—20世纪中叶。以进化论、相对论和量子论等为代表,其"主体部分涉及物理学,具体表现为量子论和相对论的提出以及伦琴发现X射线和汤姆逊发现电子,又扩展到天文学、遗传学、地学、计算机科学等。相对论和量子论的应用,产生了原子结构、分子物理、核能、激光、半导体、超级计算机等理论的应用,没有相对论和量子论,就没有今天的科技文明"②。第五次科技革命(或称第三次技术革命),出现在20世纪中后期,以电子计算机的发明、信息网络为标志,表现为电子

---

① 冯友兰:国立西南联合大学纪念碑碑文。《云南师范大学学报》,2002年第5期,第97页。

② 白春礼:新科技革命的拂晓。《资源环境与发展》,2012年第1期,第2页。

技术、计算机、半导体、自动化乃至信息网络的产生[①]。20世纪最具影响力的科学技术被中科院院士杨叔子归纳为：一个技术（计算机技术）、两个理论（相对论和量子论）、三个工程（曼哈顿工程、阿波罗登月工程、人类基因组工程）和四个模型（夸克模型、宇宙大爆炸模型、DNA双螺旋模型和地球板块模型）[②]。上述10项中的每一项，都足以使人感受到科技革命所带来的震撼。

20世纪的科技革命及其成果，对洪朝生影响最大最深的当属量子论。20世纪初期在量子论的基础上，创立了量子力学，它的创立为物理学的发展奠定了新的基础。物质的量子效应需要在低温的环境下起作用，于是低温物理研究在一些国家开展起来。随着卡末林·昂内斯获得液氦和发现超导现象，低温物理这一研究领域逐渐活跃起来。量子力学对洪朝生所从事的电子物理、半导体物理、低温物理、超导物理研究具有重要的基础理论意义。洪朝生最早接触量子力学是在麻省理工学院听著名物理学家万斯考教授课。他不但讲授了量子力学的原理和概念，而且把当时量子力学的研究状况和发展趋势介绍给同学们，以启发大家深入学习和研究。万斯考和梯泽等名师讲授的量子力学和固体物理学曾经激起洪朝生从事物理理论研究的强烈愿望。回国后，他也曾讲授过量子力学、固体物理等理论课程，始终对物理的理论研究有着割舍不断的情愫。

洪朝生学术成长阶段划分

通过对洪朝生数十年学习、教学和科研生涯的系统回顾，我们将其学术成长大致划分为三个阶段，即国内学习阶段、留学深造阶段和国内工作阶段。

第一阶段又可分为基础知识学习阶段和专业知识学习阶段，划分点为入清华大学前后。

---

① 白春礼：新科技革命的拂晓.《资源环境与发展》，2012年第1期，第1页。
② 杨叔子：科学发展的世纪回眸、当前趋势与思考——"科学与中国"院士巡讲团在内江师范学院演讲报告摘要.《内江师范学院学报》，2003年第6期，第5—6页。

由于父母比较早地接触到西方现代文明，笃有培养子女出国深造之愿，故洪朝生姐弟三人所接受的教育是从现代科学文化知识入手的。学习方式是家庭教师授课，英文学习是最重要的内容之一，算学也融入了代数、几何等现代文化知识。正因如此，他没有学过《论语》《孟子》之类的传统国学。洪朝生思想比较单纯，行事比较方正，与人交往不拘于礼，以及独立意识、自由意识等应与早期教育有关。洪朝生的中学和高中都是在教会学校读的，而上述的一些特质又在学校教育中得到强化。在当时，教会学校的师资力量很强，教育质量是比较高的。他多次提到的汇文中学物理教师张佩瑚不仅课讲得好，而且善于调动学生学习物理的积极性，对洪朝生走上物理研究及教学的道路影响颇深。清华大学第一年开设的普通物理课程，一些同学深感内容艰深，而洪朝生在高中时早已掌握，他甚至可以游刃有余地花时间去读其他方面的物理书籍了。虽然传统的国学知识

表1　洪朝生学术成长三个阶段

阶段	时间	经历	主要内容	意义
第一阶段（国内学习）	1920—1945年8月	家教—育英学校—汇文中学—清华大学（临大、联大）	学习，做助教	基础、专业课程学习与教学实践
第二阶段（留学深造）	1945年12月—1948年10月	美国麻省理工学院读博士学位	氧化物阴极热电子发射的实验研究	非独立研究成果、主导物理思想并非己出
	1948年10月—1950年6月	美国普渡大学科学研究	低温下锗半导体中杂质能级上的导电新现象	新的方法、新的发现、正确的解释，"开始尝到科学研究的喜悦，有了一定的自信"
	1950年6月—1951年11月	荷兰莱顿大学科学研究	超流氦实验研究	形成严谨、敏锐、细密的科研风格和较强的实验研究能力
第三阶段（国内工作）	1952年1月—	中科院应用物理所、中科院物理所、中科院低温中心、中科院理化所	低温物理、低温技术研究，低温物理与低温技术及超导研究的组织领导与指导	开创中国低温事业，推动中国低温物理、低温技术、低温工程和低温超导科学研究的发展，推动低温界人才队伍建设和国际交流合作

他接触的并不多，但汇文中学的国文老师郑骞等均系学者型名师，学养深厚且授之有道。我们所读到的洪朝生"院士自述"等文章立意明确、结构严谨、文字通晓流畅，显示了他良好的文字功力。

洪朝生的大学时期遭逢战乱及至1938年下半年后，西南联大教学恢复正轨。大学的最后两年，他开始认真读书，各门课程成绩优良。1940年6月大学毕业，获工程学士。1941年8月—1945年8月，他在联大做了4年助教，得到初步的教学和科研实践的锤炼，为以后发展奠定了基础。

总结洪朝生清华大学、西南联大学习和工作经历，可以发现他在这一人生重要时期所形成的一些特点：

一是知识均衡、专长突出。通过洪朝生清华大学及西南联大的成绩单，我们可以看出，他在大学期间所学的近40门课程中，平均成绩在80分以上，且无明显弱项。其中成绩最好的是高等数学，微分方程考试成绩为97分，高等微积分为98分。数学是众多科学发展的基础，而坚实的数学基础对洪朝生未来的科研工作无疑是非常重要的。1965年他完成氦膨胀机的计算，1976年在KM4项目中首先提出氦深冷泵的热负荷计算方法等，就是最好的例证。当然，物理学依然是洪朝生的第一专长，他为此下的功夫最多，深度和广度在工科同学中属佼佼者。他的外语是"童子功"，中学和高中阶段一些课程是用英文讲授的，大学以后英语授课更为普遍。在应用物理所工作期间，他的英文水平令专业英文翻译叹服。专长突出，各科均衡，所以他能同时考取公费留美生和留英生也就不难理解了。

二是自学能力强。洪朝生从中学时代起就阅读了许多物理名家的著作译本，使他对"宇宙的神秘入了迷"。良好的自学习惯令其受益终生。在西南联大期间，他又自学了几本标准的物理教科书，把原理思考得比较"透"。"自学"和"思考"对于一个人而言，其作用往往超过课堂教学。科学的本质是在已知的基础上解决未知的问题，而"已知"的深度和广度往往决定解决"未知"能力的高下，而扩充"已知"，光凭课堂教学显然是不够的。

三是兴趣广泛，全面发展。大学期间，特别是在西南联大学习和工作期间，洪朝生除了基础课和专业课学习外，也培养了广泛的个人兴趣，包括文学、艺术、体育、哲学等。文学方面，他利用业余时间阅读了许多外国文学名著；艺术方面，他对贝多芬、巴赫等人的作品甚至到了"痴迷"的程度；体育方面，他在运动场上虎虎生威，还同美国大兵打过比赛，这不但使他历年体育成绩均在 90 分以上，更为以后应对繁重的学习和科研工作提供了身体保障；哲学方面，他开始接触到《大众哲学》、新理学等，并由此上升至阅读恩格斯的《反杜林论》等著作。这对洪朝生人生品位的提升和对丰富多彩的客观世界的认识是很有帮助、很有意义的。

洪朝生学术成长的第二个阶段是出国深造阶段，起讫时间为 1945 年年底—1951 年年底，共计 6 年时间，这一时期是他学术成长的高速上升期，也是学术成果的丰产期。概括起来有 1 个学位（麻省理工学院科学博士学位），3 项成果（"加速场和减速场作用下氧化物阴极的热离子发射研究""锗在低温条件下的电阻率和霍尔效应研究"和"超流氦中低温临界速度研究"）、6 篇高档次文章（*Physical Review* 4 篇、*Journal of Applied Physics* 1 篇和 *Physica* 1 篇）和 2 个重要会议报告（美国物理学会年会受邀报告和第二届国际低温物理会议报告）。

麻省理工学院的学习收获表现在"眼"和"手"两个方面，即眼界的开阔和实验研究能力的提高。麻省理工学院是当时国际物理学前沿研究的重镇，大师云集，学术气氛浓厚，各种学术报告和系统讲座很多。众多大师的授课和讲座，使求知若渴的他"开始接触到了生动多彩的物理学内容"，眼前的窗被一扇又一扇地打开。另外重要的一点是他"喜欢上了实验工作，对双手还能干出点灵巧的活儿也自感满意"。但读博士学位毕竟是有导师领路，因此正如他所言："学位论文不是我独立研究成果，里面的主导物理思想不是我的。"[①]

普渡大学的科研经历无疑是洪朝生学术成长中最重要的一段经历。其重要意义在于"补上了独立研究的初步锻炼"和"有了一定的自信"[②]。在

[①] 洪朝生自述。见中国科学院院士工作局编，《中国科学院院士自述》。上海：上海教育出版社，1996 年，第 153 页。

[②] 洪朝生自述。见中国科学院院士工作局编，《中国科学院院士自述》。上海：上海教育出版社，1996 年，第 155 页。

锗在低温条件下电阻率和霍尔效应研究中,他动手搭建了低温物理实验设备,提出了自己的实验思想和实验方法,并在分析实验结果后"发现了低温下半导体反常的输运机理",而且"用杂质导电进行了正确的解释"[①]。应该说较麻省理工学院的工作有了"质"的飞跃。这令他"开始尝到科学研究的喜悦",也"支撑"他"在以后的工作中""坚持下去"。

荷兰莱顿大学的科研经历带给洪朝生最重要的启示有两点:一是观察力,同一个实验结果,有人视而不见,有人则能从中观察到与研究对象相关联的蛛丝马迹,并意识到其背后可能隐藏的重要内容。成败往往在于细节。科学史上不乏这样的先例,当成功几近到手之际,有人失之于疏忽和认识力不足而与成功失之交臂。二是科学的分析判断能力,这需要建立在一定的科研能力和严谨的科研作风之上。正是在这两种能力的基础上,洪朝生形成了自己的科研风格,并使这种风格一直延续其整个科研生涯。

洪朝生学术成长的第三个阶段是回国工作阶段,起始时间是1952年1月进入中科院应用物理所之际,这一阶段是洪朝生学术成长的成熟期,也是科研方向的转型期。具体又可以细分为三个阶段:第一阶段(1952—1965年)是中国低温物理、低温技术研究的起始阶段,主要标志是创建我国第一个低温物理实验室、成功实现氢与氦的液化、根据实际条件开展一些低温物理及低温技术研究以及创办中国科技大学低温专业等;第二阶段(1966—1980年)是以国家需求和具体项目为牵引,以应用技术研究为主的发展阶段,主要标志是承担部分大型低温工程研究项目、部分微小型制冷机研制、为国内低温研究提供液氦条件和液氦生产技术等;第三阶段(1980年以后)主要标志是组建中科院低温技术中心。开展低温物理、低温超导及低温技术的基础研究、低温及制冷设备研制以及低温物理、低温超导的组织领导与指导等。这个阶段各个时期的科研工作的具体分析将在后面结合"理"与"用"及研究方向的选择一节的相关内容进行详述。

洪朝生上述三个阶段的经历,恰似他的人生三部曲:国内学习—留学深造—回国发展。作为三部曲主人公的他,每一部都有着非同寻常的意

---

① 弗里切给洪朝生的信,2010年9月17日,资料存于采集工程数据库。

义,每一部都是出色的:国内学习成绩优异;留学期间成果丰硕;回国之后开基拓业。他人生的路是一步一个脚印、扎扎实实地走过来的,是艰苦奋斗干出来的,是知难而上闯出来的,更是锐意进取创出来的。

在"理"与"用"及研究方向上的几次选择与被选择

洪朝生坦言:"是探索自然奥秘抑或是做直接有用的事,这个问题并未就此解决(而且是一直伴随我进入老年)"[①]。研究洪朝生学术成长,研究他学术成长中长期的思想活动,这是一个不容忽视的问题,甚至可以说是伴随他各个阶段、各个时期的成长的另一条重要线索。在他的三个阶段的经历中,至少经历过6次"理"与"用"[②]以及研究方向上的选择与被选择(见表2)。

上述6次选择与被选择的第一次,即入清华前后的理–工之选前文已有详尽交代,此处不再重复述析。

第二次,即获博士学位之后,希望从事物理理论研究未遂,亦在常理之中。一个工科毕业,赴美后从事与应用有较强联系的电子物理研究的博士生,尽管学得不错,但"没有过一丁点理论工作经历",还是很难入物理大师法眼的。继而入普渡大学做半导体物理研究倒也合洪朝生的意。原因是"研究内容还是基础研究性质""与当时刚开始的晶体管效应研究尚无关联"[③]。

第三次,即普渡大学时与清华大学联系回国后从事哪方面的研究工作为宜,当时的选项有二:一是"与应用有较强联系的阴极电子物理研究",另一是"开辟基础性的低温物理实验研究",而他"对后者更感兴趣",他的想法得到钱三强、彭桓武等人的支持和鼓励,为此又到西欧学习了一年。

---

① 洪朝生自述。见中国科学院院士工作局编,《中国科学院院士自述》。上海:上海教育出版社,1996年,第154页。

② 此处借用周同庆"理为基础,工为应用"的说法。(周同庆:理为基础,工为应用,见:中国科学院院士工作局编,《科学的道路》。上海:上海教育出版社,2005年出版,第232页。)

③ 洪朝生:播种·耕耘·收获——低温物理实验室的兴建与发展。《中国科学报》,1994年11月21日。

表2　洪朝生在"理"与"用"及研究方向上的几次选择与被选择

	时间	选项	内容	态度	结果
1	1936年报告考清华前后	物理－工程	本意报考物理系，父令其报工程系，并以不提供经济支持相胁	沮丧	抗日战争开始后，打消了再转系的念头
2	1948年麻省理工学院获博士学位后	理论物理－半导体物理	本意研究固体物理理论，与几位固体物理大师联系，遭拒	前者"可以料到"，后者"合意"	应普渡大学招聘去做半导体物理研究
3	1949年在普渡大学时	电子物理－低温物理实验研究	就此征求钱三强、彭桓武等人意见，钱、彭建议开展低温物理基础研究，并建议去荷兰学一年	对后者"学术上更感兴趣"	入荷兰昂内斯实验室进行超流氦研究
4	1950年下半年以后	半导体物理－低温物理	哈洛维兹多次来函并在LT₂会议上邀其重回普渡，继续从事半导体低温电子输运现象研究	婉拒	从昂内斯实验室回国
5	1950年	位错理论－低温物理	莫特邀其到他的实验室参加位错理论研究	婉拒	从昂内斯实验室回国
6	1952年回国后	基础研究－应用研究	希望从事低温物理方面的基础研究，由于国家需求逐渐转到技术工作	服从	回国后主要精力投入到低温技术研究方面

第四次和第五次缘于在普渡大学取得的重要科学发现。洪朝生到荷兰后，普渡大学哈洛维兹教授极力劝说他重返普渡，他十分不愿意洪朝生所做的科研方向中断，数次函邀，甚至利用同时参加国际低温会议的机会反复动员，并许以加薪等条件。在得到洪朝生明确的拒绝后，哈洛维兹无奈，只好重新寻找继任者。与此同时，著名的固体物理大师莫特在与洪朝生接触后，对其能力也很赏识，热情邀请他到自己所在的英国利物浦大学共同搞位错理论研究。这是纯物理理论研究，而且在大师身边，科研条件和科研环境优越，这对洪朝生有一定的吸引力。而此时的他回国之意已决，委婉地拒绝了莫特的邀请。这两次机会，如果单从个人兴趣角度而言，无疑是难得的，既可满足从事理论研究的愿望，个人利益也不小。但他回国工作的坚定信念战胜了个人兴趣和利益的诱惑，最终踏上了回国的路程。

第六次选择则是个人兴趣和国家需求之间的选择。在欧洲期间，洪朝生曾天真地希望回国后立即从事低温物理的基础性研究工作，也曾认为低温实验技术条件的提供是技术人员的事，而不应主要由研究人员承担。回国后现实与理想的差距使他意识到，创建低温物理实验室的任务将从头开始，首先要从为"基础研究准备技术条件入手"。他毅然选择了服从国家经济建设发展需求和科研工作需求。

事实证明，从为基础研究准备技术条件，到不断推出重要的低温与超导新技术，这是一条适合中国低温事业发展的正确道路，它体现了老一辈科学家和中国科学院领导的远见卓识和低温工作者顽强拼搏的精神。党和国家以及科技界没有忘记洪朝生等创业者的功绩，给予了他们应有的评价和很高的荣誉。

回顾数十年的科研经历，洪朝生下面的一段话似乎很能反映他真实的心迹：

> 到美国本来是遂我心愿去学物理。但我原来只有教科书上的知识，没有联大物理系的学术熏染，在外几年算是开始对物理世界感到兴趣，可根底很浅，还谈不到有自己的追求的学术方向。回来后，由于工作的需要，也是自己希望做点实用的事，逐渐又转到技术工作，非热门的工程技术。有点物理知识、有点技术也能做点小事，现在还能做，否则更是太有愧于我所经历的中国大变化和世界科学大变化的时代了[①]。

柳青有一句名言"人生的道路虽然漫长，但紧要处常常只有几步，特别是当人年轻的时候，没有一个人的生活道路是笔直的，没有岔道口的。"也有人说：人生如棋局。不同的人生选择演变成不同的棋局。棋局的精彩在于变化、在于过程。如果将你选择的行棋路线走出内容、走出味道、走出水平，那么就真正可以做到"落子无悔"了。

---

① 洪朝生给王勉的信，1997年2月4日。资料存于采集工程数据库。

一名选择了科研作为职业的科技工作者

洪朝生多次说过,他是"选择了科研作为职业的科技工作者"。这看似简单平常的一句话,却深刻道出他的职业精神,体现出一位职业科学家的理想、信念与追求。纵观洪朝生学术成长经历,这种理想、信念与追求成为他生命中最重要的组成部分。他以此励志,以此自律,并从中领略着科技力量的神奇与魅力,感受着科研职业赐予他的幸福与荣耀,也享受着科技工作者的那一份艰辛与孤寂。

关于职业选择,马克思有如下一段名言:

> 在选择职业时,我们应该遵循的主要指针是人类的幸福和我们自身的完美。不应认为这两种利益是敌对的,互相冲突的,一种利益必须消灭另一种的;人类的天性本来就是这样,人们只有为同时代人的完美,为他们的幸福而工作,才能使自己也达到完美[①]。

洪朝生选择科研作为职业,最初的想法源于汇文中学高中阶段。他不仅获得了扎实的物理学基础知识,更重要的是激发了他的物理学兴趣和科研志向。自那时起,他"便打了主意,要做物理学家,探求宇宙的秘密",并认为"那是为人类求真理,提高国家地位,因此也是有用的"[②]。少年时理想,也许还不那么稳定和确切,但无疑会对人生坐标有重要影响,这种影响的作用对洪朝生的择业乃至人生进程都是非同寻常的一步。

洪朝生比同时代的大多数学生更早更多地接受了现代科学文化教育。从小学、中学直至大学,一直享受着国内最高水平的教育条件,加之他又具备极佳的物理学禀赋,能"以最幼的年龄而有最优的成绩",从高中、大学直至出国留学期间,凡与他接触的人都赞叹他"极具天赋""学识是

---

① 马克思:青年在选择职业时的考虑。见:中共中央马克思恩格斯列宁斯大林著作编译局,《马克思恩格斯全集》(第1卷)。北京:人民出版社,1995年,第459页。

② 洪朝生:历史材料。1950年,未刊稿。资料存于采集工程数据库。

出色的""是有真才实学的"。杨振宁曾说："不是每一个学生都应该念许多的物理，真正研究物理学是少数人做的事情。"[1] 当然禀赋稍差的人可以通过勤奋弥补自身，但禀赋优秀的人在同等努力的情况下，成功的概率自然会大一些。名师、名校加上良好的物理学禀赋以及我们后面将要谈到的勤奋，造就了洪朝生作为一名优秀的科研工作者所应具备的知识、学问和学养。是谓学识。

洪朝生常说，他在每一个阶段运气都特别的好。在众多学子中，他获得了出国深造的机会。在此期间，他有幸接触到一些物理大师，在他们身上，不仅了解到物理学前沿问题及研究方向，更重要的是从大师身上学到了优秀科技工作者所应具备的科学精神、学术品质和研究方法。在美国和欧洲，洪朝生先后参观、考察了数十家国际知名的大学和企业的物理学实验室，而参观考察物理实验室也成为他的一大嗜好。许多次参观考察都是他独自前往进行的。此外，他多次到欧洲、美国、日本等地参加国际会议和进行学术交流，使他对国际科技前沿和发展趋势有比较多的了解。物理大师的言传身教、众多高水平的物理实验室的实地参观考察，以及高水平的学术交流，开阔了他的眼界，并给予他许多重要的启发和借鉴，从而提升了他认识问题、分析问题和解决问题的能力。是谓见识。

学识的积淀和见识的增长，带给洪朝生最大的收获是"有了一定的自信"，而自信心的树立是战胜怯懦和退缩的重要法宝。在开创中国的低温事业进程中，在回国后长期的职业生涯中，尽管他遇到许许多多难以想象的困难和一次又一次的挫折，但他每一次都选择了勇敢面对和奋起挑战，向困难、挫折和未知王国发起一次又一次的冲击：在一穷二白的基础上，建立了我国全套的氢氦液化系统，实现了氢与氦的液化；1958年组建了国内第一个超导研究组，组织开展了超导体薄膜及电子计算机元件研究，并于60年代至80年代组织低温室优势兵力承担并完成KM3、KM4、冷中子源等大型低温技术应用项目；1983年，在国内超导研究处于"应用前景不明""举棋不定"的情况下，出任中科院超导技术攻关学术组组长，在

---

[1] 胡洪江，徐元锋：西南联大的启示。人民网站，2008-11-05。

组织联合攻关中取得很好的成绩……在组织领导物理所和低温中心的科研任务中，洪朝生敢于直陈己见，敢于担当，敢于做事业的强者和人生的强者，充分体现了他的胆略与魄力。是谓胆识。

从1952年回国后直至90年代，洪朝生参加了国家、中科院一系列重要科技发展规划，如《全国十二年（1956—1967年）科技发展远景规划》《1967—1972年科学技术发展规纲要》《全国基础科学规划纲要》（1977）、《中国科学院科技发展规划（1986—2000年）》等的制定工作；参加了几乎所有的关于低温物理、低温技术、超导技术等方面的规划制定工作；参加了《全国自然科学研究三年规划纲要和八年设想（草案）》《中国科学院工作条例》（"十四条"）的讨论工作。在规划制定工作中，他始终坚持规划的科学性和指导性，坚持把目标定在要努一把力才能够得着的高度上。参加重要规划的制定和讨论本身充分反映了他的学识、见识和胆识，体现着他深厚的职业素养。

关于洪朝生的职业精神，在我们的采访中，得到回馈最多和给人印象最深的当属勤奋和严谨。达尔文曾说："我在科学方面所做出的任何成绩，都只是由于长期思索、忍耐和勤奋而获得的。"只要把洪朝生在各个时期的工作状态的若干"点滴"连结起来，就不难看出他勤奋的程度：在麻省理工学院，他牺牲假期休息尽可能多参加一些选修课、多听一些讲座和学术报告，经常学习或工作到深夜；在普渡，他几乎每天晚上都是最后一个关实验室大门，在Unit吃点便餐后，又重回实验室再干一阵子，然后关灯走人；50年代，他集高校授课、低温物理与低温技术研究、半导体研究等工作于一身，像陀螺一样团团转。为了与黄昆讨论固体物理课程，每次骑车往返于城里和北京大学之间，有时讨论兴浓，结束时已近子夜，或翻墙头或钻栅栏门出校；"文化大革命"期间，工作秩序不很正常，他时常在物理所加班，"有时在那里做车工，制造零件""坚持搞实验室"[1]；70年代中期以后，他通常要工作到晚上9:00，然后骑摩托车回家，9:40才赶到家中。以致亲友从外地看望他也需等到晚上9:40以后[2]。1986年以后，他

---

[1] 吴大昌访谈，2014年4月24日，北京。资料存于采集工程数据库。
[2] 刘思久访谈，2014年7月16日，哈尔滨。存地同[1]。

家搬至中关村，距工作单位较近，加班加点更是常事。1977年，物理所在申报洪朝生为中科院先进工作者和全国科学大会代表的先进个人登记表上写道："二十多年来，勤勤恳恳，兢兢业业，刻苦钻研，不怕苦，不怕累，亲自动手做实验，经常工作到很晚，有时节假日也不休息。一心扑在工作上。"①

严谨求实是洪朝生职业精神的又一本质特征，严谨的治学态度和实事求是的学术作风在他身上得到真实具体的体现。他始终坚持科研工作的高标准和严要求，对科学问题和技术问题一丝不苟，反对粗枝大叶和不求甚解，厌恶投机取巧和"耍小聪明"。数十年间，他秉持"认认真真做事、老老实实做人"的理念，以此束己，以此律人，以此修业，以此治学。

他的办公室靠墙摆放着几个书架，每个书架分4层，每层摆放着若干文件匣，文件匣侧面标有类别（如磁制冷、冷中子、传热、MR、新型小型制冷机、气冷多屏容器计器等）和架号及层号。匣内整齐置放着相关的文献、资料和学生论文、授课讲义等，非常便于积累和查阅；他有打卡片的习惯，每一个卡片盒中装有数百张卡片，每张卡片上都标有相关文献、信息的记录；他重视实验记录的完整和准确，仅液氦实验和试车记录就有好几百页厚厚的一本，清楚记录下每次实验时间、过程、存在的问题及改进方案等。他的严密谨慎、严格细致在与其有过交往的人中有着极佳的口碑。

洪朝生的职业精神，还体现在他的职业操守上。他遵从和恪守科技工作者的职业法则，对有失职业道德的行为疾恶如仇，并大声疾呼"需要有效地推进科技界的职业道德建设"。作为一名在物理界有影响的科技工作者，他始终保持本真，为人谦虚，不吹、不装，正如陈星弼所言："口头禅就是'不懂'，他不了解的东西都老老实实地说不懂，并认真向人请教，但他自称'懂'的东西却'非常厉害'，国内几乎无人出其右。"他厌恶说言不由衷的话，更反对讲"过头话"，不喜那些身价提高后即无不知晓的人；学生或同事在他指导下出了成果，只要主要工作不是他亲自做的，他

---

① HCS-7-1，洪朝生先进个人登记表。存于中科院理化所档案室。

绝不同意在论文中署名和奖项中挂名,强调署名一是要有切实贡献,二是要对文章负责任;他服膺学术、看重有真才实学的人,对钱三强、吴仲华、黄昆、钟士模等人的科研及教学水平十分赞赏,对晚于他的一些科学家,包括一些比较年轻的科学家,只要有真才实学,只要做出有水平的工作,他都由衷地敬重,并与他们进行很好的合作。

一位具有社会责任感的科学家

洪朝生曾说过:"汇文中学参与'一二·九'救亡运动也使我对中国社会和革命动向有所认识,知道社会责任感是做人的根本,这使我受益终生。"他也多次对青年同志提出"要有社会责任感"的要求。他所强调的社会责任感是指一个特定的社会里,个人对他人、对国家和社会所负责任的认识、情感与信念以及与之相适应的遵守规范、承担责任和履行义务的自觉态度,体现了对他人、对社会的一种责任与担当。

首先,洪朝生的社会责任感体现在他勇于承担国家富强、民族复兴的历史重任。

汇文中学参加"一二·九"救亡运动,开启了他对"社会责任感是做人的根本"的认识。自那时起,他开始对蒋介石"有个模糊的反感"。入清华大学后,他积极参加"民先"组织的各项活动;在长沙临大,他热切希望到延安去参加革命;在西南联大期间,"他开始表示对蒋介石政权的腐败状况不满,对当时联大民主人士的进步运动很同情"[1]。在留美期间,他"明确表示对中国共产党抱有很大希望"[2],屡次向同学谈说"中共的革命运动是中国民族的唯一希望"[3]。他积极反对美国的援助蒋介石政策,在留学生中奔走征求签名,"向美国政府提出不要援蒋的呼吁",积极参加进步学生刊物《中国学生意见》的编辑出版工作,积极参加"北美中国学生会"和"留美科协"的活动。新中国成立后,身在欧洲的他义无反顾地踏上回

---

[1] HCS-5-9,卢肇钧:关于洪朝生的一些情况。存于中科院理化所档案室。
[2] 同[1]。
[3] 同[1]。

国的路程。"没有如果"——"他从未动摇和后悔回国的决定。"此后，他毅然投身到新中国低温事业的创建和开拓中，祖国富强、民族复兴的情结始终萦绕于心。他以夸父逐日般的追求、愚公移山般的坚韧和精卫填海般的精诚，在低温王国里辛勤耕耘，默默奉献。

其次，洪朝生的社会责任感体现在他社会整体利益的价值取向。

在成功实现氢与氦的液化后，国内低温物理实验研究主要在物理所低温物理研究室进行。从60年代初开始，他努力为中科院内外单位创造和提供低温实验条件、培训科研人员，他还将低温室在氢、氦液化技术中形成的技术资料、图纸无偿提供给生产厂方，并将在工作中获得的经验体会无保留地和厂方交流。1980年，低温中心建立起液氦集中供应站和几个低温公用实验室，努力为院内外低温及超导实验研究提供实验条件和实验场地。为了不增加有液氢、液氦使用需求单位的负担，他坚持以微利或无利的价格向这些需求单位提供液氢、液氦。1961年下半年，中国科技大学低温专业的学生要上专业课和专业实验，他组织低温室科技人员认真备课，并在物理所"小红楼"内建立了专业实验室，保证了专业课和专业实验的正常进行，还为北京大学代培了几名年轻的教师，为日后北京大学开设低温物理专业奠定了师资基础。低温中心基本建设、基础设施和科研装备都很薄弱，科研经费也比较紧缺。中心的一些同志希望他利用自身的影响力和关系到中科院多争取一些经费支持，建造条件好一些的实验楼。但他不为所动，秉持艰苦奋斗和实用、节俭原则，不愿给国家添麻烦。在国家、集体、个人三者关系中，他首先考虑的是国家利益；在社会整体利益和局部利益中，他坚持局部利益服从社会整体利益。

再次，洪朝生的社会责任感体现在他坚持道德正确主张。

作为第三届全国人大代表和第五、第六、第七、第八届全国政协委员，他认真履行职责，在一系列提案和联合发言中，为党和政府的重要决策和中心工作建言立论。他积极参加全国政协组织的考察、调研等活动，就考察中发现的影响经济社会发展的重要问题以及接待工作中所发生的不良现象，积极向全国政协反映意见。作为中科院院士，他与其他院士一道，为国家和中科院科技发展规划、学科发展规划的制定做出积极贡献，在参加咨询、评议、鉴定等学术活动中，努力排除非学术因素干扰，力求公正、客观和对国家负责、对科学负责。他积极推动开展科研活动中的精神文明讨论，推动科研道德建设。作为科学家，他旗帜鲜明地亮出对"人体特异功能""地震云"等持反对意见的态度。他强调新闻宣传工作的客观真实，对于不负责任的人为拔高、一面倒、写应景文章的做法十分不满。他毕生追求的就是一个"真"字。

最后，洪朝生的社会责任感体现在他实践正义的原则。

因为他追求"真"，所以他爱"较真"。他家的小保姆在子女入学问题上遭遇困难，他会拿着报纸上刊登的文章到有关部门要求解决，当得到否定的答复时，他和工作人员激烈争论。他在哈尔滨看到一家旅行社将国旗挂反了，不顾亲友极力阻拦，径直冲进去找店内人员反映，甚至冲上楼去和负责人争吵。一位年届八旬的老人，如此冲动的做法令很多人不解。杨振宁曾说："中国人受了传统的影响，有一个观念就是'算了，何必要找事呢？'"[①] 洪朝生不然，他一定要把问题指出来，把事情说清楚。改革开放后，王霨、力心蕙夫妇以"自我救赎"心态，强烈要求为祖国做事情。为此，洪朝生四处奔走，八方求助，积极向有关部门、行业领导反映情况，他在这个问题上表现出来的仗义执言以及对地方上"讲规格、客套，要面子，大吃大喝，不怕浪费时间等"做法的抨击，无不体现着他实践和捍卫正义的做人原则。

一个具有独特精神气质的人

在采集工作中，为了对洪朝生的科学精神、风格、品质有一个比较全面的把握和客观的评述，我们走访了一些与他有过工作接触和生活交往的人。几乎众口一词的回答是"他是真正做学问的人""是一个纯粹的科学家""是一个好人"。在问及洪朝生有哪些独特的精神气质时，比较多的回答是他的"清高""阳春白雪"，他的刚直方正、好恶分明，他的独立人格、不随波逐流，他的低调、淡泊名利等。这些回答之间有一定的内在联

[①] 杨振宁：我对一些社会问题的感想。见：宁平治、唐贤民、张庆华编，《杨振宁演讲集》。天津：南开大学出版社，1989年，第24页。

系。为了方便和条理起见,我们将其分为"清高""刚正""独立""低调"四个方面稍加析述。

先说"清高"。清高的本意是纯洁高尚,不慕名利,不同流合污。随着语境变迁,往往又增加了孤芳自赏等其他意思。不同的人对"清高"有不同的理解。对洪朝生"清高"的评价最早源于常迵、王宝基等一些西南联大的同学。王宝基说:"他(洪朝生)对人很好,但有时说话刻薄些。很多同学在他眼里看起来觉得俗或者不入眼""他有一种旧知识分子的'清高'"[①]。常迵在谓洪朝生清高的同时,不忘加一句"洪的真才实学是出色的"。年轻学子,底蕴厚实,有些清高似乎不难理解,但与"恃才自傲"不同,骄傲自满往往使人不前,而清高作为自我意志和性格的体现,反而可以成为他学习和工作的一种动力。回国以后,随着年龄的增长、阅历的丰富以及人生的困挫,清高的内涵和表现形式也发生了一些变化。此后,他的"清高"是建立在严于律己、洁身自好、以德修业的基础上的,是一种内心风骨和生命力量。在长达半个多世纪的科研生涯中,他不避艰险,不舍追求,不为名累,不以利惑,始终保持一个高尚、正直的科学家本色。不论是西装革履地出现在国际会议讲坛上,还是穿着劳动布工作服站立在车床旁,那种优雅,那种自信,那种坚守,都折射出他的内心世界。这种清高不是说出来的,不是装出来的。我们曾问他:别人都说您清高,您怎么看?他调侃道:"清高?没那么清。"其实这种回答本身不就是一种清高吗?

再说"刚正"。刚正是洪朝生性格中的一个显著特征,也是他为人处事的一项基本原则。他坦言自己"不圆滑",别人对他的评价是"眼里不容沙子"。他容不得社会生活中的某些瑕疵,当然更容不得不端行为、不良倾向。对于科研人员工作中的缺点和失误,他会直言不讳地给予批评;对于学生某些不当作法,他会毫不留情地严肃处理;对于在他看来水平达不到的成果、学位或文章,他会态度鲜明地给出否定意见;对于社会上某些令他难以接受的现象,他会直截了当地去和他人争吵、辩论。他担任研

[①] HCS-5-8,王宝基:关于洪朝生的一些情况。存于中科院理化所档案室。

究室主任 30 多年，担任所级领导 10 多年，但始终保持着耿直、方正甚至执拗的性格，坚持原则，不徇私情，恩怨分明，不擅变通。

他的刚正还表现在他的正人先正己方面，科研精神和工作态度自不必说，单就淡泊名利、不谋私利而言，已足显其一身正气。他在城里的小平房居住了 26 年，从没有向组织提出任何要求；他因私事打一次长途、乘一次所内的车，都按时足额交费；他在发表论文和申报奖项中多次将自己的名字划掉……他的"清"与"正"至今还常被人们所乐道。

然后说说"独立"。洪朝生曾谈到，自己小时候在学习上基本没有依赖过别人。读高中时，母亲前往西安照顾长年在外工作的父亲，两个姐姐在燕京大学读书，平时住校很少回家。从那时起，14 岁的他便开始了不依赖父母的生活。此后，清华大学"独立之精神、自由之思想"的浸润以及国外学习、工作的经历，不仅培养了他独立生活、独立学习和科研的能力，更重要的是培养了他的独立意识和独立人格。洪朝生的独立人格表现在他的独立性、自主性和创造性，他既不迷信和依赖于任何内在的精神权威，也不依附于任何现实的政治力量，在真理的追求中秉持独立判断，在政治参与中笃行独立思考。他的独立人格在不同时期看似有着不同的表现形态，但精神内核一以贯之。在浮躁、功利的社会环境中，他始终保持着自己独立思考、独立分析和主动发声；80 多岁的他在参加国际会议时，执拒同行人员拎包和搀扶下上台阶，90 多岁的他坚持阅读《今日物理》等学术期刊，94 岁的他拄着拐杖、步履蹒跚地走到洗手池旁自己洗袜子……他恪守着高尚的独立人格，不断地完善自我，追求独立的精神价值。

最后说说"低调"。回国后的数十年间，洪朝生始终保持谦虚谨慎的态度，不张扬、不炫耀、不刻意装扮。他时时反思自身的不足。在他所写的文章中，多次直言自己"根底很浅""学识根底还很浅薄"，这绝不是自谦，而是真实心迹的自然流露。他视事业为重，个人名利为轻。除申报科技成果奖项中几次将自己的名字拿掉外，还多次拒绝社会上拟授予他个人的奖项。他所获得的几个国际奖项，都是在他不知情的情况下授予的，奖牌到手后，也只是随便往办公室一放，根本没当回事。对于社会、媒体对他个人的宣传，他一直保持谨慎、甚至消极的态度。长年以来，有关他的宣传、报道很少，传记更是为零。2000年以后，有关出版社编辑出版院士宣传书籍、画册，任编辑多次催促，他坚持放弃，致使出版时没有收录。在本次老科学家学术成长资料采集工程开始时，他态度并不积极，直言"写我干什么""我没那么好"。后在所领导和我们再三劝说下，他才答应并给予配合，但在采访中一再强调不要把他写得那么"高"。在审阅部分初稿时，他执意删去一些形容词或副词等修饰性词句，例如在讲到张劲夫高度评价他的"历史性贡献"时，他坚持删去"历史性"字眼。无论如何，本传记的完成算是弥补了洪朝生没有个人传记的缺憾，这也从一个侧面证明采集工程是一件很有意义的工作。

附录一　洪朝生年表

1920 年
10 月 10 日，出生于北京，祖籍福建省闽侯县。

1923—1926 年
与大姐洪晶、二姐洪盈随家庭教师学习小学课程和近现代文化知识。

1927 年
9 月，入北京育英学校小学部，读四年级。

1928 年
10 月，参加育英学校童子军。

1930 年
6 月，小学毕业。
9 月，入读北京育英中学。

1933 年

6 月，初中毕业。获校优秀生奖励，校方表示若继续留本校读高中，可免除在读期间全部学费。

9 月，考入并就读于北京汇文中学高中部。

1935 年

12 月，积极参加"一二·九"抗日救亡爱国学生运动。

12 月 16 日，参加汇文中学非常时期学生会召开的动员大会，并发表演说。

在张佩瑚等名师引导下，开始对物理学产生浓厚兴趣。

1936 年

6 月，汇文中学高中理科甲班毕业。

9 月，考入并就读于清华大学电机工程学系。

1937 年

10 月，清华大学、北京大学、南开大学组成长沙临时大学。

11 月 1 日，长沙临时大学开始正式上课，校方邀请一批社会名流来校演讲，其中八路军驻湘办事处代表徐特立的讲演对他触动很深。

12 月，与学校另两位同学商议去陕北延安，参加陕甘宁边区工作，并报名参加八路军在陕西三原县云阳镇举办的训练班，因决心受挫未能成行。

1938 年

1 月，决心独自一人赴延安，经郑州时获知无法穿越封锁，只好返回长沙。

2 月，长沙临时大学开始搬迁到昆明。

2 月 19 日，参加"湘黔滇旅行团"，长途跋涉赴昆明。

4 月 28 日，经 3000 余里艰苦跋涉到达昆明。

5 月，学校更名为"国立西南联合大学"，开始复课。

7—8月，参加西南联大组织的学生集中军训。

1939 年
夏，赴云南昆湖电厂实习。

1940 年
6月，西南联大电机工程学系毕业，获工学学士。
10月，由学校介绍到重庆国际广播电台工作，任技术助理。

1941 年
7月，辞去重庆国际广播电台工作。
8月，重返西南联大电机工程学系，任助教。

1942 年
任教之余，自学多本经典的物理教科书，对物理学的原理做了比较系统和深入的思考。

1943 年
8月，参加庚款第六届留美公费生考试。

1944 年
年初，参加庚款第八届留英公费生考试。
8月，考取清华大学庚款第六届留美公费生（无线电方向）。
同时考取庚款第八届留英公费生物理专业。经选择，接受范绪筠老师建议，到美国麻省理工学院，师从诺丁汉姆学习物理电子学。
下半年，在任之恭、范绪筠指导下进行留学预备期实习和学习。

1945 年
7月，办理赴美国麻省理工学院出国手续。

8月30日，从昆明搭乘美军用运输机至印度加尔各答。

9—10月，在加尔各答候船停留。

10月26日，乘 U.S.S General Stewart 运兵船赴美。

11月24日，在美国纽约第四十二街码头登陆。

12月，进入麻省理工学院物理系研究院学习物理专业基础课程。

1946 年

7月，任之恭被哈佛大学正式任命为电子学方面的不定期讲师，后被聘为客座教授。此后常到任之恭家中做客。

8月，和中国同学一起到罗切斯特大学参观。

1947 年

4月，在基础课考试中获得第一名。此后，对在加速场和减速场作用下氧化物阴极的热离子发射问题做了较为深入的实验研究。

夏，与中国同学一起到耶鲁大学参观。

秋，随实验室人员赴贝尔实验室参观。

秋，参与编辑《中国学生意见》（Chinese Students' Opinion），负责出版和向国内约稿等工作。

范绪筠乘休假期间回到麻省理工学院从事研究工作，二人同在一个实验室。

1948 年

6月，为《中国学生意见》就中国时局发展等问题进行发函调查和统计调查结果。

8月，完成博士学位论文。

9月，于麻省理工学院物理系研究院毕业，获科学博士学位。

10月，入美国普渡大学物理系，在系主任哈洛维兹指导下从事半导体低温电导研究，任研究助理。

10月，范绪筠应普渡大学邀请到该校物理系从事研究工作，任访问教授。研究工作得到了范绪筠的关心和指导。

12月，在留学生中奔走征求签名，呼吁美国政府不要援助蒋介石政权。

1949 年

1月，到纽约参加美国物理学会年会，并以自己的毕业论文为题作学术报告。

4月，到匹兹堡参加留美中国科学工作者协会的筹备会。

5月，到芝加哥参加"留美科协"筹备会。

5月，与中国同学一起到印第安纳大学参观。

5月，随普渡大学物理系参观俄亥俄州立大学化学系、物理系低温实验室。

9月30日，"留美中国科技者协会"首届理事会和监事会选票在纽约开票。与华罗庚、侯祥麟、冯平贯、孙绍谦、张文裕、许如琛、丁儆、余国栋等共同当选为理事，与赵佩之、涂光炽、颜鸣皋等人共同当选为监事。

9月，参加在麻省理工学院召开的第一届国际低温物理会议。

秋，参观芝加哥大学低温物理实验室。

秋，与清华大学王竹溪信函联系，了解回国后从事哪方面研究工作为宜。

与邓稼先同住一室，经常同邓一起到王守武家谈论国内形势及学成归国问题。

1950 年

1月，在美国 *Journal of Applied Physics* 上发表论文 Thermionic Emission from Oxide Cathodes: Retarding and Accelerating Fields。

年初，钱三强、彭桓武联名复函指出：低温物理很重要，我国也应开展这方面研究。建议其再赴西欧学习一年，以增长低温物理方面的见识。

春，随普渡大学物理系人员到橡树岭国立实验室参加美国物理学会会议。

4月，发现半导体锗单晶中低温电导与霍尔效应反常现象，并提出禁带杂质能级导电唯象模型，成为国际上固体无序系统中电子输运机制研究的开端。

6月，经哈洛维兹教授推荐，与莱顿大学联系并获批准赴荷兰莱顿大学物理实验室工作，任研究助理。

8月，在美国 Physical Review 上发表了 Resistivity of Semiconductors Containing Both Acceptors and Donors，The Resistivity and Hall Effect of Germanium at Low Temperatures，Theory of Resistivity and Hall Effect at very low Temperatures 3篇快讯文章。

12月底，到法国巴黎游览，参观了居里实验室等两三处法国的实验室。

1951年

1—4月，与西南联大同学常迥通信联系，表示确定回国工作。常将此情况告诉周培源，周培源希望他到清华大学任教并承诺补助回国路费。

春，陆学善来函说明中国科学院应用物理研究所决定建立低温物理实验室，并已与清华大学商妥邀其到应用物理研究所兼职。复函接受邀请。

5月，中国科学院批准在应用物理所组建低温物理实验室，并拨款10亿元（相当于新人民币10万元）用于实验室组建。

5月，赴联邦德国、比利时调研购买低温设备等有关情况，并参观慕尼黑、纽伦堡、哥廷根、马尔堡、布鲁塞尔、勒文等多所大学。

上半年，与亨特（B.Hunt）、温克（P.Winkel）合作，在超流 He II 中观察到临界速度的存在。

7月，结束荷兰莱顿大学物理实验室的工作。

7月，赴民主德国柏林与中国文教代表团钱临照等人会面，商讨订购低温设备具体事宜。

8月22—28日，赴英国参加第二届国际低温物理会议。

8—10 月,在牛津、剑桥、布里斯托、伦敦等多所大学进行较为详尽的参观考察。

10 月,准备启程回国。从塔柯尼斯处作价拨给了一箱当时国际市场禁售的德银管等低温实验材料及部分小型设备,负责带回国内。

11 月,取道地中海经香港回国。

1952 年

1 月,入中国科学院应用物理研究所工作,任副研究员。

1 月,任清华大学物理系教授(兼)。

7 月,经葛庭燧、邓稼先介绍加入九三学社,任九三学社北京市分社委员、科学院支社委员。

9 月,院系调整后,任北京大学物理系教授(兼)。

10 月,在美国 *Physical Review* 发表 Activiction Euery of Heat-trestment Introduced Lattice Defects in Germauium 论文。在荷兰 *Physic* 上发表 Transport Phenomend of Helium II in narrow Shits 论文。

参加中国物理学会。

1953 年

年初,应用物理所开辟填补国内空白的半导体物理和低温物理两个领域,并将半导体研究作为固体物理的新生长点和科研工作的重点。

年初,任低温物理组负责人,着手队伍组建和实验设备平台搭建。

春季,开始低温物理实验室基本建设的筹建工作。

7 月 5 日,出席中国科学院组织召开的各有关研究所、各高等学校的物理学家和产业部门代表座谈会。

10 月 25 日,被聘为中国科学院应用物理研究所学术委员会委员。

1954 年

2 月,应用物理所在所内开设固体物理课程,任教学小组成员,参与课程设计并讲授热力学与量子统计力学。

5月，购入的空气液化设备开始生产液态空气，除作为氢液化气的预冷外，还提供本所及少数外单位始用，并逐步研制低温条件下各种物理性质测量装置，开展一些低温物理研究。

上半年，参加黄昆组织的北京大学固体物理教研室课程设计工作。

下半年，与黄昆、王守武、汤定元一道就如何发展我国的半导体科学技术工作进行每周一个下午的专题研讨会，该研讨持续了很长一段时间。

12月，在美国 Physical Review 上发表 Resistivity and Hall Effect of Germanium at Low Temperatures 论文。

12月，晋升为中国科学院应用物理研究所研究员，成为我国低温物理领域的第一位研究员。

与黄昆、汤定元、王守武在物理学年会上介绍半导体晶体管在国外的广泛应用以及所引起的电子技术革命。

《物理译报》创刊。该刊以介绍苏联物理学成就为主，任常务编辑委员、副主任。

1955年

1月，在《物理通报》上发表文章《物体中分子的无规则运动是怎样的？》。

2月，北京大学物理系固体物理专业开设"半导体物理学"课程，与黄昆、王守武、汤定元合作授课。

5月，在《物理通报》上发表文章《低温物理学的介绍》。

6月，在《物理译报》上发表与刘顺福合作翻译的文章《П.Н.列别捷夫及光压》。

10月25日，被聘任为中国科学院应用物理所第一届学术委员会委员。

12月，与汤定元、王守武、黄昆合译的《近代物理学中的半导体》一书由科学出版社出版。

1956年

1月，应用物理所业务机构调整，调整后的业务机构设有半导体所研究室和光谱学研究组、磁学研究组、固体发光研究组、晶体学研究组、低温物理研究组、金属物理研究组、声学研究组和物化分析研究组。洪朝生任低温研究组组长和半导体研究室材料组组长。

1月30日—2月4日，参加物理学会主办的半导体物理研讨会，并作"半导体的一般性介绍"和"能量转换"两个报告。

1—2月，参加《物理学十二年远景规划草案（初稿）》的制订工作。独立起草了"低温物理"部分，与叶企孙合作起草了"热物理"部分。

3—6月，参加全国十二年（1956—1967）科技发展远景规划会议，并参与《十二年规划》中半导体发展部分的制定工作。

5月，任应用物理所研究生指导教师。

8月起，根据国家高等教育部关于集中到北京大学物理系创办中国第一个五校联合的半导体专门化的决定，应黄昆之邀，开展研究工作并指导学生毕业论文。任半导体基本性质研究组顾问。

12月，随严济慈为团长的中国科学院科学考察团赴苏联考察，并应邀作半导体低温电导方面的学术报告，得到世界著名物理学家朗道的高度评价。

低温组用自己研究、设计的装备在国内首先实现了氢液化。

1957年

3月，结束苏联考察回国。

4月，任中国科学院应用物理研究所工会主席。

5月5日，出席中科院召开的讨论科学工作中矛盾问题的座谈会，并作会议发言。

5月，日本物理学家访华代表团成员有山兼孝、菅义夫等访问应用物理所，负责接待工作。

共同指导半导体材料研制组和有色金属研究院设计与制造了锗的区域熔炼设备，进行锗的区熔提纯，材料的纯度达到9个"9"以上。

1958年

年初，与林兰英共同领导的单晶掺杂研究取得重要成果，生长的锗单晶达到器件制造的要求。

5月，根据中科院决定，将主要精力用于开展低温物理研究，不再担任半导体研究室材料组组长一职。

9月，在中科院应用物理所组建超导体薄膜及电子计算机元件器件研究组，该研究组为国内第一个超导体研究组。

9月，中国科学院创建中国科技大学，采取"全院办学、所系结合"的办法培养，开设有低温物理专业，这是我国第一个低温物理专业。

10月8日，经中国科学院院务会议批准，应用物理研究所更名为物理研究所。

任《物理学报》编委，至1966年。

下半年，以"获得超导转换温度在80K以上的超导体（金属与合金）"为题向中国科学院物理所提出在我国开展80K超导体研究和超流氦研究。

1959年

4月，低温组用自己研究、设计的装备在国内首次实现氦的液化。

6月，物理所将研究组扩大为研究室，任低温物理研究室负责人。

11月—1960年1月，苏联专家苏朵夫卓夫来物理所低温室指导工作。

12月，出席全国固体物理学术会议。

1960年

1—2月，参加中国科学院《全国自然科学理论研究的三年规划纲要和八年设想（草案）》讨论会。

年初，领导低温研究室开展使用活塞式膨胀机取代液氢预冷的氦液化器研制工作。

2—3月，随物理所访苏小组赴苏联参观访问。

5月，英国牛津大学低温物理学家门德尔松（Kurt.Mendelssohn）来华，应邀访问物理所，洪朝生负责接待和翻译工作。

8月，应邀到沈阳东北工学院为辽宁省暑期教师进修班讲授低温课程。

9月6日，根据国家科学家技术委员会批复，以物理所半导体研究室为基础，建立中国科学院半导体研究所。

与林兰英共同指导王启明等人建立了液氢到室温（15～300K）变温 Hall 系数和电导率测试系统，测试了锗材料中迁移率的温度变化特性，观察到杂质带低温反常导电效应——洪朝生效应，同时测试相应材料参数。

11 月，参加全国低温测试会议。

与在麻省理工学院相识相恋、回国后在北京市建筑设计院工作的李滢结为伉俪。

1961 年

3 月 30 日—4 月 7 日，出席国家科委委托一机部与化工部联合在杭州召开的稀有气体与液化气体设备会议，并做"极低温技术的发展"的报告。

4 月 8—13 日，在杭州制氧机厂与技术人员进行技术讨论，做了三次学术或技术报告，并将氢氦液化中设备设计与实际操作中取得的经验无保留地介绍给厂方。

4 月 15—20 日，赴上海曙光机械厂、上海玻璃仪器厂订制设备器件，检查所订制的设备器件质量；到上海分院技术物理所和上海中国炼气厂参观、指导工作；到复旦大学物理系超真空实验室参观。

5 月，为正在筹建中的兰州物理所代培实习人员，向兰州物理所推荐调入了由低温室培养的数名科技人员。

5 月，赴苏联参加社会主义国家低温会议。

9 月，任中国科技大学物理系教授和低温专业教研室主任，为首届低温物理专业学生授低温技术和低温物理和实验技术两门专业课。

9—10 月，率中国低温代表小组出席在英国伦敦召开的国际冷冻学会第一委员会年会，并到一些大学实验室和公司参观。

11 月，出席全国低温测试会议。

12 月，出席全国半导体物理学术会议。

带领一批青年研究人员开展超导薄膜的研制、超导物理问题研究和超导器件的探索。

接受国防科委任务，开展低温温度测量和低温物理性质测试技术研究。

1962 年

2月15日—3月10日，参加在广州召开的全国科学技术工作会议和全国剧协工作会议。

2月，与他人合作翻译的《低温物理实验技术》一书由科学出版社出版。

4月4日，为中国科技大学59、60、61级学生做报告，介绍低温物理专业。

4月，列席全国政协会议。

5月31日，担任国家科学技术委员会物理学组成员。

6月9日，被聘为中国科学院物理研究所学术委员会委员。

6—7月，参加《1963—1972年科学技术发展规划纲要》制定会和《纲要》制定工作。

8—9月，参加《1963—1972年科学技术重点发展规划》制定工作。

夏，物理研究所低温室从东皇城根大取灯胡同迁往中关村物理所新址。

9月11日，担任国家科委机械组气体分离及液化气体设备分组成员。

10月18日，被聘为中国科学院半导体所学术委员会委员。

10月，英国牛津大学低温物理学家门德尔松来华，应邀访问物理所，负责接待工作。

1963 年

4月，经中国科学院批准，任物理所低温物理实验室主任。

8月，出席中国物理学会年会，作"低温物理实验技术和低温技术中的物理研究"报告，当选为中国物理学会第二届理事会理事。

9月，与汤定元、李荫远合作，在中国科技大学开设固体物理学课程。

12月，参加《中国科学院工作条例》（"十四条"）讨论会。

1964 年

4月，参加全国低温测试会议。

8月，英国皇家学会会员、低温物理学家库尔蒂（Kurti）来物理所访问，负责接待工作。

8月21—31日，出席有四大洲44个国家和地区的科学家参加的北京科学讨论会。

12月，物理所低温室设计的我国第一台室温端密封长活塞氦膨胀机试验成功，取代了液氢预冷，保障了液氦制取的安全性和稳定性。

12月，当选为中华人民共和国第三届全国人民代表大会代表。

12月，物理所低温车间全年生产液氢3950升、液氮46800升。

1965年

1月，完成氦膨胀机计算方法。

4月，参加全国科教片宣传会议。

5月27日，物理所"低温液体和氢气的生产供应"获中国科学院1964年优秀奖。

6月13日，出席北京市物理学会和中国科技大学联合举办的科普报告会，为中学生作"在极低的温度下"的科普报告。

8月，赴山西省运城县原王庄公社陶上大队参加"四清"运动，任工作组组长。

超导体薄膜及电子计算机元件研究组在3×3的交叉连续膜上观察到存储与读写过程。

指导低温室科研人员和机械加工技术人员开始建造大型空间环境模拟设备KM3。

1966年

6月，结束"四清"，返回物理所。

6月17—24日，赴陕西汉中低温与超导研究所调研和论证。

7月23日—8月，出席有四大洲33个国家和地区的科学家参加的北京科学讨论会1966年暑期物理讨论会，作"关于物理所成功研制出新型长活塞膨胀机预冷的氦液化器"报告。

7月31日，毛泽东、刘少奇、周恩来等党和国家领导人分别接见参加北京科学讨论会1966年暑期物理讨论会的全体科学家，并合影留念。

9月，英国牛津大学低温物理学家门德尔松来华，应邀访问物理所，负责接待并陪同参观游览。

低温室采用多层绝热技术研制成功100升液氦容器。

1967年

10月5日—11月上旬，赴西安参加汉中低温与超导研究所建设会议，此前和此后各一个多月参加该研究所设计工作。

12月，因所谓"错误言论"遭受审查、批判。

低温室与航天部门合作开始建造大型空间环境模拟KM4的氦低温系统。

1968年

3月，写个人历史材料。

6月，去清河参加劳动。

10月，去怀柔参加劳动。

11月，在中科院物理所内参加劳动。

1969年

1—2月，写交代材料。

6月30日，将自己1955—1958年所购买的公债本息共计5110元全部上缴国库。

低温室研制的单级2W/38K制冷机冷却的锑镉汞（HgCdTe）红外器件的红外－激光雷达野外联试取得成功。

1970年

年初，参加为微波量子放大器提供应用的小型GM型制冷机研制等工作。

中国第一颗返回式卫星"尖兵一号"在北京卫星环境工程研究所 KM3 空间环境模拟室中进行真空热实验，模拟空间冷黑环境的热沉温度低于 100K。

1971 年

6 月，与张亮等研制的 G-M 机的制冷能力基本达到第一级制冷温度为 60 ～ 80K；在 80K 的制冷量为 10W，第二级制冷温度为 12 ～ 20K；在 20K 的制冷量约为 3W，同时试验节流流程。

10 月，英国牛津大学低温物理学家门德尔松来华，应邀访问物理所，负责接待工作。

12 月，中科院物理所低温室人员达 140 余人，为当时全所最大的研究室。

大型空间环境模拟设备——KM3 设备建成投入运行。

1972 年

7 月 14 日，国务院总理周恩来会见以任之恭为团长、林家翘为副团长的美籍华人学者参观访问团，任翻译及陪同人员。

7 月，陪同任之恭等美籍华人学者参观访问团参观游览。

10 月，在汉中略阳建设的低温与超导研究所竣工投入使用。

12 月，美国《今日物理》(*Physics Today*) 主编卢布金（Gloria B. Lubkin）撰文报道中国物理学近况。文中高度评价了洪朝生和物理所低温室的工作。

1973 年

3 月 13—30 日，参加中国科学院组织召开的高能物理研究和高能加速器预制研究工作会议。

4 月 16—24 日，出席由中科院物理所、上海冶金所、上海电器科学研究所等单位发起的、在武汉召开的超导与低温技术座谈会。

6 月，起草《关于北京地区发展低温超导技术的报告》。

10月，出席303工程超导捕集室设计审查会。

利用业余时间编写讲义并亲自联系刻印，在物理所503室组织业务学习。

1974年

7—8月，随中国科学代表团访问联邦德国、法国、瑞士。

8月，起草《超导低温技术规划设想》。

1975年

年初，指导低温室崔长庚等人开展低温超导英文词汇汇编工作，并对《汇编》进行审校和核定。

3—11月，赴"五七"干校劳动。

10月，参与研制的小型制冷机在我国研制的地面接收站冷参放设备上应用，收到通信卫星的电视转播。

1976年

4月，完成KM4联合实验，全面达到设计指标，交付用户单位使用。在KM4项目中，首先提出氦深冷泵的热负荷计算方法。

6月21日—7月4日，出席在长沙召开的第二届全国低温超导讨论会。

9月12日，出席物理所召开的毛泽东遗体永久保存棺内温度技术方案研究会议。

9—12月，参加安放毛泽东遗体的水晶棺测试任务。

1977年

9月，任物理研究所第二届学术委员会委员。

9月27日—10月31日，出席全国自然科学学科规划会议，参与全国物理学规划和凝聚态物理学发展规划制定工作。

10月24日，作为参加全国自然科学学科规划会议的代表，获党和国家领导人华国锋、叶剑英、邓小平、李先念、汪东兴等接见并合影留念。

1978 年

1 月，被评为中国科学院物理所先进工作者。

1 月 13 日，被评为中国科学院先进工作者。

2 月 15 日，被聘为中国科学院物理研究所学术委员会委员。

3 月 8 日，当选为中国人民政治协商会议第五届全国委员会委员。

3 月 18—31 日，出席中共中央召开的全国科学大会，荣获全国科学大会表彰的全国先进科技工作者。

4 月 1 日，被聘为中国科学院半导体所学术委员会委员。

4 月 2 日，党和国家领导人接见出席全国科学大会的代表并合影留念。

4 月，"低温技术设备的研制与推广"获全国科技大会奖。

8 月，出席在江西庐山召开的中国物理学会年会，当选为中国物理学会理事。

8 月，当选为中国制冷学会第一届理事会理事、常务理事。

9 月，中国科学院决定将物理所低温室的低温技术部分转入中国科学院气体厂。

9 月 25 日，任中国科学院物理研究所所务委员。

10 月 6 日，任中国科学院物理研究所副所长。

10 月 5 日—11 月 16 日，随中国科学院赴英、瑞典科学代表团访问瑞典、英国。

1979 年

2 月，物理所成立超导体研究室。

6 月 15 日—7 月 2 日，在全国政协五届二次会议上提交"请公开论证、重新审议建造高能加速器项目案"议案；联合其他 13 名委员提交"建议对重大科学技术、工程项目的上马与方案解决，必须经过严格的公开论证案"议案；联合其他 6 名委员提交"研究改进科研经费管理，使用办法，以利科研工作发展"议案。

1980 年

4月，被中国科学院任命为中国科学院气体厂副厂长（兼）。

6月3—6日，应邀出席在意大利热亚那召开的第八届国际低温工程会议，并以 Cryogenics in China Today 为题作特邀报告，介绍中国低温工程进展。

6—11月，在联邦德国、瑞士、英国考察低温技术发展情况，其间共作9次学术报告。

8月，任物理所第三届学术委员会委员、副主任。

11月2—11日，出席在成都举行的第二次全国超导隧道效应学术交流会，作关于参加第八届国际低温工程会议及访问西欧情况的报告。

11月6—13日，出席中国制冷学会、中国宇航学会联合在成都举办的低温工程学术讨论会，作关于参加第八届国际低温工程会议及访问西欧情况的报告。

12月，当选为中国科学院数理学部委员（院士）。

1981 年

2月17—20日，到585所参观座谈，并作"超导技术应用的发展趋势"和"氦的传热特性"两个学术报告。

4月，在《低温工程》上发表文章《国外低温超导技术的发展》。

4月，在《制冷学报》上发表文章《我国的低温与超导技术发展简况》。

5月11—20日，出席中国科学院第四次学部委员大会，任中国科学院数学物理学部第四届常务委员会委员。

5月15日，与其他88位学部委员给中央写信建议设立中国科学院科学基金，面向全国择优资助基础性研究。

6月14日，提出"关于超导磁体冷却技术协作研究的建议"，得到中国科学院相关研究所、部分高等院校和相关研究机构的积极响应。

7月，中国科学院工会成立，被委任为中国科学院工会副主席。

10月15日，与邹承鲁、张致一、郭慕孙3位学部委员联名在《中国科学报》上发表文章《开展"科研工作中精神文明"的讨论》，明确提出反对科学不端行为。

11月3日，经国务院学位委员会批准，成为物理所首批博士生导师。

12月2—6日，出席中国制冷学会第一专业委员会委托上海交通大学主办的低温物性数据及测试方法学术讨论会并作大会讲话。

12月11—15日，出席由中国制冷学会、中国物理学会和中国金属学会在北京召开的第三届全国超导学术讨论会并作报告。

12月17—19日，出席由国家科委在北京组织召开全国超导技术座谈会。

1982年

4月16日，出席并主持在四川省乐山市召开的"超导磁体冷却技术座谈会"，并作《超导磁体的传热冷却》报告。

5月，国际低温工程委员会主席、联邦德国柏林自由大学克利宾（G.Klipping）教授应邀到物理所进行学术交流，负责接待工作。

5月，随中国科学院低温超导代表团访问日本，先后参观了东京大学、大阪大学、日本原子能所、东芝总会研究所等低温实验室。

5月，经中国科学院决定，由中国科学院物理所低温物理研究室与中国科学院气体厂合并组建中国科学院低温技术实验中心。

8月，在《低温与超导》期刊上发表文章《在全国超导电学术讨论会上的报告》。

8月21—25日，第三次全国超导隧道效应学术交流会在长春召开，会上宣读了与赵忠贤合写给中国科学院数理学部"关于中日联合举办低温学术讨论会的建议"。

12月20—25日，出席中国物理学会在北京召开的第三届会员代表大会、中国物理学会成立50周年纪念大会暨1982年年会。当选为中国物理学会常务理事、副理事长，同时当选为中国物理学会学术交流委员会主任。

与钱三强共同组织在原子能科学院建造中子冷源。

1983 年

1月30日—2月6日，出席中国科学院1983年工作会议。

1月，在中国科学院数理学部全体委员会上做关于将超导技术列为中科院"六五"科技攻关项目的报告。

1月，中科院数理学部第七次常委会批准，将超导技术列入"六五"科技攻关项目，任命其为超导技术攻关学术组组长。

4月，为做好编制全国科技发展规划（1986—2000年）工作，中国科学院决定组织规划专题组，任命其为超导技术规划专题组组长。

4月，随中国科学院代表团赴波兰参加纪念液化$O_2$100周年学术会议，并参观波兰部分研究所和大学。

4月29日—5月2日，出席全国科技发展规划（1986—2000年）专题组长会议。

5月5—10日，出席国家科委组织召开的超导技术发展预测会议。

5月，主持召开超导技术规划中国科学院专题组成员第一次会议。

6月17日，当选为中国人民政治协商会议第六届全国委员会委员。

10月3—8日，出席并主持在北京召开的由中国科学院和日本应用物理学会举办的国际性低温超导学术讨论会"约瑟夫逊效应物理和应用学术研讨会"。

10月11—13日，美国洛斯·阿拉莫斯国立实验室低温组负责人埃德斯库蒂博士来华讲学，在低温中心讲学、座谈和参观时，负责接待工作。

10月26—30日，出席中国科学院规划专题组汇报交流会第二阶段会议，并代表超导技术组作超导技术规划轮廓设想的汇报。

12月4—10日，主持召开全国超导攻关第一次学术研讨会。

任《实验物理学丛书》副主编之一。《低温物理实验的原理与方法》被列入出版计划，对该书编写工作做了全面、细致的指导。

英国皇家学会会员、2003年诺贝尔奖获得者安东尼·莱格特（A.J. Leggett）到低温中心访问，陪同参观并进行了座谈。

1984 年

1月5—12日，出席中国科学院第五次学部委员大会，任中国科学院数学物理学部第五届常务委员会委员。

1月15—19日，出席中国制冷学会第二届理事扩大会，当选为中国制冷学会第二届理事会副理事长和第一专业委员会主任。

3月，国家科委批复同意建立中国科学院低温技术实验中心，任中心主任。

7月31日—8月3日，应邀出席在芬兰赫尔辛基召开的第十届国际低温工程会议（ICEC10）。

10月23日—11月1日，美国国家标准局齐默尔曼（J.E.Zimmerman）博士应邀访问低温中心、物理所等单位。

11月4—6日，国家科委新技术局主持召开低温技术"七五"规划座谈会，作大会书面发言，对制定我国低温技术"七五"规划提出了意见和建议。

12月3—8日，出席中国制冷学会在四川乐山召开的全国低温超导磁体学术交流会。

1985 年

1月30日，任中国科学院物理研究所第四届学术委员会负责人、委员。

3月12日，任中国科学院物理研究所学位评定委员会副主任。

4月，《实验物理学丛书》之一《低温物理实验的原理与方法》由科学出版社出版。

6月12—14日，出席上海国际低温学术交流会（SCEC-85），并主持开幕式。

6月17日，与到访的日本大阪大学低温中心冈田东一、山本纯也进行学术交流。

9月28日，以已故父母洪观涛、高君远名义，为修建中国人民抗日战争纪念馆捐款4101.80元。

10月，低温技术实验中心"液氦集中供应点的建立"和"液氦容器的研制"两项成果通过中国科学院鉴定。

大型航天环模设备的研制（KM4）获1985年国家科技进步奖一等奖。

1986 年

3 月，任中国科学院物理所第五届学术委员会副主任、委员。

9 月 14—18 日，出席中国科学院技术科学部委员会扩大会议。

9 月，与钱三强共同主持的亚洲第一台冷中子源低温系统在原子能科学院建成。

10 月 16—18 日，出席我国半导体专业创办 30 周年学术报告会，并以"半导体物理研究中低温技术的应用"为题作特邀报告。

12 月，"液氦系列容器与液氦生产和集中供应点的建立"获中国科学院二等奖。

12 月 8 日，在《北京科技报》发表《"地震云"之说尚待讨论》一文，文中援引了其斥"地震云"为科研成果的讲话。

1987 年

2 月 26 日—3 月 2 日，中国物理学会在北京举行第四届全国会员代表大会，会上代表中国物理学会理事会向物理学会代表大会做关于修改会章的报告，并当选为物理学会理事。

5 月 9 日，根据国家超导攻关领导小组第一次会议决定，任第一届超导技术专家委员会顾问和超导技术联合研究开发中心学术委员会主任。

8 月，《物理》刊发由其代表中国物理学会所作的《中国物理学会章程修改报告》。

10 月 6—10 日，出席在西安召开的第四届低温制冷机学术交流会并作学术报告，对我国低温技术发展方向发表了意见。

1988 年

2 月 9 日，参加航天部组织的"JVS 型超导约瑟夫逊电压标准"部级鉴定会。

3 月 6 日，当选为中国人民政治协商会议第七届全国委员会委员。

6 月 24 日，主持召开第 13 届国际低温工程会议筹备工作会议。

7 月 12—15 日，出席在英国南安普敦大学举行的第 12 届国际低温工程会议，任国际低温工程专业委员会副主席。

9月，"冷中子源制冷系统"获中国科学院二等奖。

9月，"0.5—30K温度计检定装置"获中国科学院三等奖。

11月22—23日，主持召开第13届国际低温工程会议（ICBC-13）学术委员会第一次会议。

1989年

2月，任低温技术实验中心名誉主任，不再担任中心主任。

3月8—11日，出席中国物理学会第四届第二次理事会，与周远共同获得第一届中国物理学会"胡刚复物理奖"。

4月17日，出席中共中央召开的民主党派和无党派人士座谈会，共商教育发展和改革大计。

4月24—27日，主持召开第13届国际低温工程会议筹备会议。

7月26—28日，应邀出席在美国洛杉矶召开的国际低温工程会议/国际低温材料会议。

10月17日，出席物理所李荫远先生从事科学研究45周年座谈会。

10月23—30日，出席在日本冈山理工大学召开的第三届中日低温制冷机及其应用学术讨论会，任代表团顾问。

10月，在《物理》期刊上发表文章《低温物理实验技术介绍》。

11月，在《中国科学》期刊上与谢学纲、陈式刚联合发表文章《非平衡态超导态的稳定性》。

1990年

1月4日，出席北京大学举办的黄昆教授70寿辰学术报告会。

4月24—27日，第十三届国际低温工程学术会议（ICEC13）在北京召开，担任会议主席。

4月，在《物理学报》上与谢学纲、陈式刚联合发表文章《超导体流体动力学方程》。

6月9日，出席中国制冷学会第二届第六次常务理事会议，任第三届中国制冷学会副理事长。

9月，被评为中国科学院优秀研究生导师。

11月，"DWZX—低温力学测量系统"获中国科学院三等奖。

1991年

1月5日，出席中国制冷学会第三届第二次常务理事会议。

1月，在《中国科学院院刊》上发表文章《第十三届国际低温工程学术会议（ICEC13）介绍》。

3月24日，出席在香山饭店举行的政协科技界小组讨论会。

4月13—14日，出席在北京召开的中国制冷学会第三届理事工作会议。

5月13日，出席中国物理学会低温专业委员会成立大会，会议高度评价其为我国低温物理研究的发展做出的重要贡献。

8月19—24日，出席中国科学院1991年青年学者物理学讨论会。

10月26日，"低温强磁场物理测量系统"获中国科学院三等奖。

1992年

4月20—25日，出席中国科学院第六次学部委员大会。

4月，任中国科学院数学物理学部第六届常务委员会委员。

9月24日，出席在兰州召开的第三届全国低温工程学术大会。

1993年

2月19日，当选为中国人民政治协商会议第八届全国委员会委员。

出席载人航天器空间环境模拟实验设备KM-6方案论证评审会。

1994年

1月15—17日，出席在低温技术实验中心召开的全国低温物理学科研究与发展专题讨论会并讲话。

6月7—10日，出席中国科学院第七次院士大会。

6月，出席以"中国高速铁路技术发展战略"为主题的第十八次香山科学会议并作学术报告。

9月27日，出席国家自然科学基金委"物理学前沿"研讨会。

11月21日，在《中国科学报》上发表文章《播种·耕耘·收获——低温物理实验室的兴建与发展》。

12月，经中国科学院批准，低温中心极低温物理开放实验室成立。

1995年

年初，出席中国科学院极低温物理开放实验室成立大会。

5月11—15日，出席中国物理学会第六届全国会员代表大会，获"从事物理工作50年的物理工作者"表彰。

6月，向西南联大希望小学捐款。

1996年

3月，任第四届中国制冷学会副理事长。

5月，应邀访问浙江大学制冷与低温工程研究所，并作学术报告。

6月，任中国科学院物理研究所第七届学术委员会委员。

6月3—7日，出席中国科学院第八次院士大会。

6月12日，被聘为中国科学院凝聚态物理中心第一届学术委员会委员。

7月31日，与王超共同申请的"常规气体制冷机驱动的可逆脉冲管制冷机"获专利授权。

8月，向遭受特大洪涝灾害的河北省灾区捐款。

9月23—24日，出席第八届全国低温制冷机学术交流会并作学术报告。

12月20日，致函全国政协考察团团长孙孚凌，反映所考察企业存在的问题以及警车开道、小学生列队欢迎和超标宴请等不正常现象。

1997年

8月27—28日，出席国防科工委在浙江召开的空间制冷技术专题研讨会。

9月，出席在日本大阪举行的中日双边小型低温制冷机学术讨论会。

1998年

1月12日，出席在北京大学召开的悼念胡宁教授追思座谈会。

4月，出席在杭州举行的国际低温与制冷会议。

6月1—5日，出席中国科学院第九次院士大会。

1999年

4月2日，低温中心和电工所合作的G-M制冷机直接冷却小型超导磁体试验获得成功。

5月6日，《人民日报》发表张劲夫的文章《请历史记住他们——关于中国科学院与"两弹一星"的回忆》，文中讲述了洪朝生和他所领导的低温实验室在氢气液化等方面所做出的贡献。

6月，经中国科学院决定，低温技术实验中心与感光化学研究所、北京人工晶体研究中心以及化学研究所的相关部分整合组建"中国科学院理化技术研究所"。

7月14日，在加拿大蒙特利尔市举行的国际低温工程委员会会议上，委员会主席希斯陶（G. Gistau）宣布其荣获2000年门德尔松奖，并邀请他出席第十八届国际低温工程大会。

7月25—28日，出席在上海举行的第四届全国低温工程大会，并作题为"我国低温工程发展与展望"的报告。

8月30日，被聘为中国科学院物理研究所第八届学术委员会委员和中国科学院凝聚态物理中心第二届学术委员会委员。

11月25日，出席低温中心关于《国家基础研究"十五"计划和2015年远景规划》的能源科学《学科发展与优先领域》调研报告讨论稿中低温工程学科发展方向的讨论和增订，并作学术报告。

11月30日—12月2日，出席KM-6载人航天器空间环境模拟实验设备KM-6鉴定会。

2000 年

1月，中国科学院低温中心"极低温开放实验室"调整建制并入物理研究所。

2月21—25日，出席在印度孟买市举办的第十八届国际低温工程大会，作题为 Cryogenics for China Tomorrow? 的报告并接受门德尔松奖。

3月1—2日，在中国制冷学会第五次代表大会上当选为第五届理事会名誉理事长、常务理事；在中国制冷学会专家咨询委员会第一次会议上当选为专家咨询委员会副主任委员。

4月，在《低温物理学报》上与林鹏、毛玉柱联合发表文章《一种新型低温固定点器件——4He λ 转变密封瓶》。

6月7—10日，出席中国科学院第十次院士大会。

10月5—8日，出席由中科院低温中心发起并承办的在北京召开的国际低温工程、低温物理研讨会，应邀做大会主题报告。

11月8—10日，出席以"21世纪初我国低温物理的发展方向"为主题的香山科学会议第151次学术讨论会。

12月，任中国科学院理化技术研究所第一届科技委员会名誉主任，以后历次换届均连任。

12月，任中国科学院理化技术研究所学位委员会委员。

12月，在《科学对社会的影响》期刊上发表访谈文章《需要有效地推进科技界的职业道德建设》。

2001 年

1月，成为中国科学院资深院士。

3月9—10日，出席理化所2001年度春季务虚会议。

5月18日，出席由中国科学院学部科学道德建设委员会在北京举行的中国科学院学部科学道德建设座谈会。

2002 年

2月1—2日，出席理化所2002年度春季务虚会议。

5月28日—6月1日，出席中国科学院第十一次院士大会。

10月10日，中国制冷学会专家咨询委员会第十次会议在京召开，根据国际制冷学会关于编写新的《国际制冷技术词典》工作的安排，会议推荐其为中文稿的编写人之一。

2003 年

1月17—18日，出席理化所2003年春季务虚会议并在会上发言。

1月，应邀参加2003年两院院士联想集团参观交流会。

11月17日，出席物理所举办的与诺贝尔奖获得者崔琦交流的学术研讨会。

2004 年

4月，《中国科学院院刊》刊发中国科学院学部"改进和提高我国基础研究"咨询组《关于改进和提高我国基础研究的建议》。为该咨询组16位院士成员之一。

4月21—22日，中国制冷学会第六次全国会员代表大会及六届一次常务理事会在京召开，任第六届中国制冷学会名誉理事长。

5月11—14日，出席在北京举行的第20届国际低温工程大会，任大会顾问委员会主席。

6月2—6日，出席中国科学院第12次院士大会。

7月30日，出席中国制冷学会六届二次常务理事会议。

8月4—6日，出席由中国高等科学技术中心和物理所共同主办的散裂中子源多学科应用研讨会。

11月9—11日，出席香山科学会议"制冷与低温科学研究前沿"主题学术讨论会，并担任会议执行主席。

12月，《科技术语研究》发表其来信，信中建议在科学术语上尽量与国际公认的用法衔接，在计数上也宜如此。

2005 年

1月18—19日，出席863超导专项技术交流暨战略研讨会，并作《充分发挥应用超导领域科技队伍优势，为社会经济发展做贡献》报告。

2月，在《新材料产业》发表《队伍优势要发挥，挑战常规多思量——老一代超导工作者洪朝生院士对超导工作感言》，介绍其在全国超导会议上的报告。

9月，被聘为中国科学院研究生院兼职教授。

10月11日，出席物理所、中国科学院数理学部、中国物理学会共同举办的施汝为院士诞辰105周年纪念大会。

10月13日，出席物理所、中国科学院数理学部、中国物理学会共同举办的陆学善院士诞辰100周年纪念大会。

2006年

4月28日，出席中国科学院举办的纪念"十二年科技规划"制定50周年座谈会，并在会上发言。

6月5—9日，出席中国科学院第13次院士大会。

12月23日，出席中国科学院高技术研究与发展局局长阴和俊一行到理化所调研时召开的座谈会。

2007年

1月11—12日，出席物理所2007年度春季学术交流大会暨学术委员会年会。

2月7日，出席理化所党政领导班子与两院院士座谈会。

4月29—30日，出席理化所2007年春季务虚会暨所科技委员会扩大会议。

8月22—26日，出席由国际制冷学会在北京召开的第22届国际制冷大会开幕式，担任大会的联合名誉主席。

8月，任中国科学院物理研究所学术委员会委员。

9月19日，出席第八届全国低温工程大会暨中国航天低温专业信息网2007年度学术交流会开幕式。

10月12日，被聘为中国科学院物理研究所第十届学术委员会委员。

11月13日，参加理化所研究生办公室举办的与研究生座谈会。

2008 年

1月10—11日，出席北京凝聚态物理国家实验室2008年春季学术交流大会暨学术委员会年会。

4月21日，出席理化所2008年春季务虚会议。

5月，当选为中国制冷学会第七届理事会名誉理事长。

5月，向四川汶川地震灾区捐款1万元，用于购买棉被等救灾物资。

6月23—27日，出席中国科学院第14次院士大会。

2009 年

8月31日，参加理化所庆祝建国、建院60周年暨理化所组建10周年大会，并发表感言。

9月24—29日，出席在合肥举办的第九届全国低温工程大会，当选为第九届全国低温工程大会名誉主席。

11月20日，出席理化所为启动"十二五"规划而召开的所科技委员会、青年科技委员会会议。

2010 年

1月14—16日，出席中国科学院物理研究所／北京凝聚态物理国家实验室（筹）2010年春季学术交流会暨第十届学术委员会第三次年会。

6月7—10日，出席中国科学院第15次院士大会。

6月8日，出席中科院学部化学部举办的综合性学术报告会。

7月22—23日，出席理化所科技委员会暨2010年夏季务虚会。

9月19日，出席中国科学院低温工程学重点实验室暨低温工程、低温物理发展学术前沿论坛。任中国科学院低温工程学重点实验室名誉主任。

12月22—23日，出席低温物理学前沿问题研讨会暨第26届国际低温物理筹备会。会议为其90寿辰举行了小规模的庆祝活动。

2011 年

6月16日，在美国低温工程和低温材料大会上，获塞缪尔·科林斯（Samuel.C.Collins）奖。

8月29日，不慎摔伤，造成右股骨粗隆间粉碎性骨折。

9月1日，成功进行手术，术后卧床静养和进行术后康复治疗。

10月，入住中科院物理所物科宾馆疗养。

11月11日，美国能源部阿贡国家实验室材料部徐明研究员专程前来看望。

2012 年

1月25日，出席中国科学院低温工程学重点实验室2012年度学术委员会会议。

8月25日，出席中国物理学会成立80周年纪念会。

2013 年

1月16日，向理化所领导提交书面报告，要求降低自己的工资收入；要求自行支付在物科宾馆疗养期间的房租、电话费等一切费用；自行缴纳理化所租借给妻子李滢居住的房屋费用，并提出用自己的存款资助理化所几位身患重病或身体不好的同志。

1月25日，出席理化所新一届科技委员会成立大会，任名誉主任。

1月25日，出席中国科学院低温工程学重点实验室2012年度学术委员会会议。

4月19日，浙江大学能源系向优秀生颁发"洪朝生奖学金"。

8月22—23日，第十一届全国低温工程大会暨中国航天第七（低温）专业信息网2013年度学术交流会在贵州遵义召开，大会首次设立以其命名的"洪朝生奖"。

11月29日，出席理化所召开的首届反钙钛矿及反常热膨胀功能材料学术研讨会。

2014 年

1月17日，出席在理化所召开的中国科学院低温工程学重点实验室2013年度学术委员会会议。

4月25日，出席在理化所召开的国家磁约束核聚变能发展研究专项"先进高场磁体及低温特性研究"项目阶段进展研讨会。

附录二 洪朝生主要论著目录

论文

[1] P H Keesom, C S Hung. Some final remarks on the installation of installation of the low temperature laboratory [C] //Puedue University Department of Physics, Semiconductor Research Fifth Quarterly Report. 1949: 31.

[2] HUNG C S. Resistivity of semiconductors containing both acceptors and donors propose the resistivity of semiconductors containing both acceptors and donors [J]. *Physical Review*, 1950 (79): 535-536.

[3] Hung C S, Gliessman. The resistivity and hall effect of germanium at low temperatures [J]. *Physical Review*, 1950 (79): 726-727.

[4] Hung C S. Theory of resistivity and hall effect at very low temperatures [J]. *Physical Review*, 1950 (79): 727-728.

[5] C S Hung. Thermionic emission from oxide cathodes: retarding and accelerating fields [J]. *Journal of Applied Physics*, 1950, 21 (1): 37-44.

[6] R M Baum, C S Hung. Activation energy of heat treatment introduced lattice defects in germanium [J]. *Physical Review*, 1952, 88 (1):

134-135.

[7] Hung C S, Gliessman J R. Resistivity and hall effect of germanium at low temperatures [J]. *Physical Review*, 1954 (96): 1226-1236.

[8] 洪朝生. 低温物理学的介绍 [J]. 物理通报, 1955 (5): 262-273, 316.

[9] 洪朝生. 物体中分子的无规则运动是怎样的？[J]. 物理通报, 1955 (1): 60.

[10] 洪朝生. 分支学科规划（十二）低温物理学 [C] // 中华人民共和国科学技术委员会、中国科学院、中华人民共和国教育部, 1963-1972年科学技术发展规划（草案）物理学, 1962: 64-66.

[11] 洪朝生. 物理实验室的低温技术 [C] // 中国物理学会编. 中国物理学会1963年学术会议综述性报告文集. 北京: 科学出版社, 1964: 30-37.

[12] 洪朝生. 低温物理简介 [C] // 中国科技大学教务处编印, 教学情况简报, 1964.

[13] 洪朝生. 国外低温超导技术的发展 [J]. 低温工程, 1981 (2): 1-77.

[14] 洪朝生. 我国的低温与超导技术发展简况 [N]. 制冷学报, 1981 (2): 1-10.

[15] 洪朝生. 在《全国超导电学术讨论会》上的报告 [J]. 低温与超导, 1982 (4): 3-4, 13.

[16] 洪朝生. 中国物理学会章程修改报告 [J]. 物理, 1987 (8): 457-458, 463.

[17] 洪朝生. 低温物理实验技术介绍 [J]. 物理, 1989, 18 (10): 618-622.

[18] 谢学纲, 陈式刚, 洪朝生. 非平衡超导态的稳定性 [J]. 中国科学（A辑）, 1989 (11): 1167-1177.

[19] 谢学纲, 陈式刚, 洪朝生. 超导体流体动力学方程 [J]. 物理学报, 1990, 39 (4): 632-638.

[20] Xie Xue-Gang, Chen Shi Gang, Hong Chao Sheng. Stability of nonequilibrium superconducting state [J]. *Science in China* (*Series A*), 1990, 33 (6): 707-719.

［21］洪朝生. 第十三届国际低温工程学术会议（ICEC13）介绍［J］. 中国科学院院刊，1991（1）：85-87.

［22］N H Song，C S Hong，Y Z Mao，et al. Realization of the lambda transition temperature of liquid ^{4}He［J］. *Cryogenics*，1991（31）：87-94.

［23］L F Li，C S Hong，Y Y Li，et al. Martensitic transformation in ZrO2-CeO2 system at cryogenic temperatures［J］. *Cryogenics*，1996（36）：7-11.

［24］洪朝生. 需要有效地推进科技界的职业道德建设［J］. 科学与社会，2000（4）：46-47.

［25］林鹏，毛玉柱，洪朝生. 一种新型低温固定点器件 ^{4}He λ 转变密封瓶［J］. 低温物理学报，2000，22（2）：149-155.

［26］洪朝生. 院士来信［J］. 科技术语研究，2004（3）：48.

著作

［1］А.Ф. 约飞. 近代物理学中的半导体［M］. 汤定元，洪朝生，黄昆，等译. 北京：科学出版社，1955.

［2］G.K. 怀特. 低温物理实验技术［M］. 洪朝生，等译. 北京：科学出版社，1962.

参考文献

[1] 胡适. 胡适散文［M］. 杭州：浙江文艺出版社，2001.

[2] 杨丹丹，陈哲文. 商务印书馆的谋"国"之臣高梦旦［J］. 出版科学，2007（2）：88-89.

[3] 编者. 社友高君韦女士史略［J］. 科学，1928（3）：463.

[4] 樊洪业. 科学杂志与中国科学社史事汇要（1928-1935）［J］. 科学，2005（3）：40.

[5] 许康. 对中国科学社一项颁奖的追踪调查［J］. 自然辩证法研究，1997（8）：13-16.

[6] 林国清，林荫予. 严倚云. 借来的生命写青春［N］. 福州晚报，2014-03-30.

[7] 李致忠. 郑振铎与国家图书馆［J］. 国家图书馆学刊，2009（2）：9-11.

[8] 刘志毅. 育英史鉴［M］. 北京：北京二十五中学校史委员会，2004.

[9] 王丽. 一所中学远去的背影［N］. 中国青年报，2008-03-26.

[10] 操秀英. 谢家麟：为高能物理加速［N］. 科技日报，2012-02-15.

[11] 中国科学院学部联合办公室. 中国科学院院士自述［M］. 上海：上海教育出版社，1996.

[12] 李捷三. 富有爱国传统的汇文中学［J］. 中小学管理，1995（21）：62.

[13] 王振乾. 百十周年庆汇文［J］. 文史资料汇编，1985（24）：177-217.

[14] 高翔宇，蔡洁. 国立长沙临时大学与抗战时期的湖南教育界论述［J］. 兰台世界，2012（31）：51-52.

[15] 冯友兰, 吴大猷, 杨振宁, 等. 联大教授 [M]. 北京：北京新星出版社, 2010.

[16] 张寄谦. 联大长征 [M]. 北京：新星出版社, 2010.

[17] 梅贻琦. 梅贻琦自述 [M]. 合肥：安徽文艺出版社, 时代出版传媒股份有限公司, 2013.

[18] 张寄谦. 中国教育史上的一次创举 [M]. 北京：北京大学出版社, 1999.

[19] 闻黎明. 长沙临时大学湘黔滇小长征论述 [J]. 抗日战争研究, 2005 (1)：10-18.

[20] 朱邦芬. 黄昆——声子物理第一人 [M]. 上海：上海科学技术出版社, 2002.

[21] 国际流体力学和理论物理科学讨论会组织委员会. 科学巨匠, 师表流芳 [M]. 北京：中国科学技术出版社, 1992.

[22] 谢亚祥, 谢亚宏. 半导体物理学铺路人范绪筠教授鲜为人知的故事 [J]. 物理, 2013 (5)：358-361.

[23] 杨嘉实. 在加尔各答候船赴美的中国留学生 [J]. 老照片, 2010 (74)：178-187.

[24] 林志忠. 普渡琐记——从 2010 年诺贝尔化学奖谈起 [J]. 物理, 2010 (11)：773-775.

[25] 刘士毅. 杂质能带与外观激活能的减少 [J]. 厦门大学学报（自然科学版）, 1956 (2)：108-118.

[26] 赵晓阳. 北美基督教中国学生会及其与中共的关系 [J]. 近代史研究, 2011 (6)：147-151.

[27] 黄岭峻. 1948 年关于中国留美学生政治态度的一次问卷调查 [J]. 近代史研究, 2010 (4)：144-154.

[28] 段异兵. 留美科协回国会员名考 [J]. 中国科技史料, 2000 (1)：14-16.

[29] 范岱年. 关于留美华裔科学家 [J]. 自然辩证法通讯, 2012 (1)：4.

[30] 许鹿希. 邓稼先图片传略 [M]. 合肥：安徽教育出版社, 2003.

[31] 洪朝生. 播种·耕耘·收获——低温物理实验室的兴建 [N]. 中国科学报, 1994-11-21.

[32] 张劲夫. 请历史记住他们 [N]. 人民日报, 1999-05-06.

[33] 赵忠贤. 我国低温物理发展三十年 [J]. 物理, 1983 (7)：401.

[34] 孙洪庆, 陈崇斌. 新中国物理学发展的早期规划——物理学十二年远景规划草案初稿浅析 [J]. 中国科技史杂志, 2010 (3)：273-283.

[35] 中共中央文献研究室. 建国以来重要文献选编（第9册）[M]. 北京：中央文献出版社，2010.

[36] 顾永杰，高海. 简述半导体研究应对《十二年科学规划》的紧急措施 [J]. 山西大同大学学报，2013（1）：94-95.

[37] 叶邦角. 中国科学技术大学50年 [J]. 物理，2008（8）：548-549.

[38] 北京中国科学技术大学教务处. 所系结合建立低温实验室 [J]. 教学资料汇编（4），1964（10）：23.

[39] 赵忠贤. 液氮温度超导体的发现 [J]. 科学，1988（1）：4.

[40] 夏建白，陈辰嘉，何春藩. 继往开来，任重道远——纪念中国半导体事业五十周年 [J]. 物理，2006（12）：987-989.

[41] 朱邦芬. 黄昆——中国固体物理和半导体物理的奠基人 [J]. 中国科学院院刊，2005（5）：412-416.

[42] 中国科学院院士工作局. 科学的道路 [M]. 上海：上海教育出版社. 2005.

[43] 吴自勤. 园丁曲——记黄昆教授教书育人 [J]. 物理，1992（8）：461.

[44] 陈辰嘉. 忆创办中国第一个五校联合半导体专业 [J]. 物理，2003（10）：654-656.

[45] 赵见高. 中国现代磁学事业的开创者之一——施汝为院士 [J]. 物理，2005（10）：760.

[46] 王守武. 半导体讨论会 [J]. 科学通报，1956（3）：89.

[47] 魏荣爵. 追忆物理学家熊子璥教授 [J]. 物理，1995（11）：240.

[48] 王启明. 那盏永恒的明灯——追忆林兰英先生 [N]. 中国科学报，2013-03-08.

[49] 电子科技大学党委宣传部. 中国科学院院士陈星弼传略 [M]. 成都：电子科技大学出版社，2010.

[50] 吴锡九. 回归 [M]. 上海：上海辞书出版社，2012.

[51] 严济慈. 中国科学院赴苏考察团工作报告 [J]. 科学通报，1957（13）：385-394.

[52] 刘振坤. 在科学院辉煌的背后——张劲夫回忆1956—1966年的中国科学院 [J]. 科技潮，1999（3）：6-7.

[53] 黄本诚. 我国航天器环境工程的发展历程 [J]. 航天器环境工程，2005（1）：5-8.

［54］黄本诚. KM4 大型空间环境模拟设备［J］. 真空科学与技术，1988（6）：379-385.

［55］王扬宗，曹效业. 中国科学院院属单位简史［M］. 北京：科学出版社，2010.

［56］胡善荣，李满园. 1983—1985 年我院超导技术攻关科研成果简介［J］. 中国科学院院刊，1987（4）：331-336.

［57］雷文藻. 低温中心 He 液化技术的进展［J］. 制冷学报，1985（1）：60-62.

［58］阎守胜. 莫让斯人随梦逝——记忆中的冉启泽［J］. 物理，2004（12）：918-919.

［59］章综. 中法合作建造北京重水堆冷中子源装置［J］. 中科院院刊，1989（1）：80-82.

［60］中国科学院国际合作局. 中国科学院国际合作四十年［J］. 中国科学院院刊，1989（3）：220-227.

［61］陈大慈. 国际冷冻学会第一届委员会 1961 年年会简况［J］. 深冷简报，1962（1）：60.

［62］李家洋. 中国科学院国际合作六十年［J］. 中国科学院院刊，2009（5）：451-460.

［63］张宝风. 中国国际低温超导学术讨论会在京举行［J］. 低温与特气，1983（4）：49.

［64］金鹄. 德高望重的 K. 门德尔松博士［J］. 低温与超导，1981（3）：80-81.

［65］卢森楷，赵诗华. 著名物理学家约翰·巴丁及两次中国之行［J］. 大学物理，2008（9）：37-42.

［66］熊卫民. 在科学与政治之间：1964 年的北京科学研讨会——薛攀皋先生访谈录［J］. 科学文化评论，2008（2）：58-70.

［67］王大明. 三十年中国对外科技交流与合作的回顾［J］. 科技导报，1994（3）：28-30.

［68］徐烈. 第 13 届国际低温工程会议（ICEC-13）筹备会议在京召开［J］. 制冷技术，1988（3）：50.

［69］王榕树. 国际低温材料与低温工程会议［J］. 化工进展，1990（2）：55.

［70］洪朝生. 第十三届国际低温工程学术会议（ICEC13）介绍［J］. 中国科学院院刊，1991（1）：85-87.

［71］张亮，林良真. 洪朝生院士荣获 2000 年门德尔松奖［J］. 制冷学报，1999

（4）：17.

[72] 陈佳洱. 20世纪中国知名科学家学术成就概览（物理学卷第二分册）[M]. 北京：科学出版社，2014.

[73] 白春礼. 牢记使命，锐意创新，培养造就一流科技人才[J]. 中国科学院院刊，2010（3）：241-247.

[74] 朱元贞. 液态氢[J]. 科学大众，1957（3）：125-127.

[75] 白春礼. 群贤毕至，少长咸集——中国科学院人才队伍建设六十年[J]. 中国科学院院刊，2009（4）：338-340.

[76] 张裕恒. 超导In-Sn合金膜临界场的非线性非定域效应[J]. 物理学报，1966（3）：341-358.

[77] 沈克琦，赵凯华. 北大物理九十年[M]. 北京：北京大学出版社，2003.

[78] 李飞. 政协提案与中国工程院的成立[J]. 自然辩证法通讯，2010（2）：47-49.

[79] 王选. 王选等17位科技界全国政协委员提出：扶持我国高新技术产业的若干建议[J]. 科技与企业，1995（3）：5-6.

[80] 姚梦璇. 从中国科学院科学基金到国家自然科学基金[J]. 中国科技史料，1992（4）：60-67.

[81] 中国科学院学部改进和提高我国基础研究咨询组. 关于改进和提高我国基础研究的建议[J]. 中国科学院院刊，2004（2）：85-87.

[82] 洪朝生. 需要有效地推进科技界的职业道德建设[J]. 科学对社会的影响，2000（4）：16-17.

[83] 王国治，柴保平. "地震云"之说尚待讨论[N]. 北京科技报，1986-12-08.

[84] 钱临照，吴自勤，李寿枬. 中国物理学会60年[J]. 物理，1993（7）：385-400.

[85] 中国物理学会六十年编写组. 中国物理学会六十年[M]. 长沙：湖南教育出版社，1992.

[86] 钟室. 情系灾区人民——中央机关和首都人民踊跃捐助河北灾区[J]. 瞭望新闻周刊，1996（38）：7.

[87] 张子烽. 美籍华人万心蕙印象[J]. 江西画报，1991（4）：39.

[88] 白春礼. 新科技革命的拂晓[J]. 资源环境与发展，2012（1）：1-4.

[89] 杨叔子. 科学发展的世纪回眸、当前的趋势与思考[J]. 内江师范学院学报，

2003（6）：5-6.

［90］张藜. 老科学家学术成长资料采集工程丛书：对科学家传记的一种新探索［J］. 中国科技史杂志，2015（1）：107-109.

［91］中国科学院物理研究所所志编纂委员会. 中国科学院物理研究所志［M］. 北京：中国大百科全书出版社，2015.

后 记

2013年8月,我们接受了洪朝生学术成长资料的采集任务。当时最直接的感受就是工作繁重,压力巨大。压力主要来自两个方面:一是有关洪朝生院士的资料不多且不系统。当时查阅了几乎所有可以查阅到的文献,大多为片段性记述,千把字已算"长篇",更不消说长篇传记了;二是我们自身的能力、水平有限,以前与洪朝生院士的接触也很少,对于能否完成这样一个意义和责任都很大的任务,心中没有"底"。正因如此,"如临深渊、如履薄冰"的感觉从那时起,一直陪伴我们至今。

采集项目由我和冯丰具体承担。我是一名已然退休的职工,文史根基很浅,对低温专业更是一无所知。冯丰是毕业年头不长的物理化学专业博士,现任理化所综合处综合主管,事务繁忙,很难有足够的时间投入。后经本项目负责人、综合处处长刘世雄协调,在综合处同志的支持下,基本保证他每天有一半的时间参加采集工作。所领导对这项工作很重视,在全所科研、办公用房极为紧张的情况下,为我们解决了一间办公室。从此,我和冯丰这两个年龄相差一倍的一老一少便投入到紧张的工作之中。

采集工作的第一个突破点来自李来风研究员的鼎力支持。他是洪朝生院士当年指导的博士生和洪朝生院士关系所在的课题组负责人,也是采集小组的核心成员之一。他是一个知恩重义的人,晚年洪朝生院士工作中、生活中的许多琐碎之事，他一应承担下来，数十年如一日。他主动提出将洪朝生院士存放在办公室多年的资料、图书以及科研和生活用品全部交付我们，这些物品足足装了20多个大大小小的纸箱。

在接下来的日子里，我们开始了对已有资料的分类整理、编目以及大事年表内容的收集、甄别和资料长编的辑录工作。由于年久未动，纸箱内外积满了厚厚的灰尘，一经翻动，满屋迷漫。我们在"沙尘暴"环境中一直干了好几个月，初步完成了这些资料的分类、编目，大事年表和资料长编也初见模样。后经进一步的广泛采集，特别是经过近40次的对洪朝生院士及其同事、同学、亲友等人的采访，洪朝生院士的学术成长、思想成长脉络及其精神内核的轮廓，在我们头脑中逐渐清晰和丰满起来。

在采集工作中，我和冯丰始终保持着左右手般的密切配合，优势互补，相得益彰。在资料采集方面，我主要负责对已有资料的分类整理，他负责到外面进行档案、资料和图书等方面的采集，先后到北京25中、汇文中学、清华大学、物理所和中科院档案馆查找和复制了一些非常宝贵的历史档案，到旧书市场和淘宝网上采集到洪院士50年代的两本译著，到中科院自然史所复印了《中国教育史上的一项创举——西南联合大学湘黔滇旅行团纪实》一书。在采访中，我作采访人，他则承担摄像、录音和采访记录的整理等；在向馆藏基地移交资料过程中，我们合理分工、密切合作，各自负责几类资料的排序、列表以及装盒、贴标签等。资料清单的所有表格以及资料数字化的所有工作是由冯丰完成的。

考虑到传记的总体把握和叙述风格的统一，本传记由我执笔撰写，从2014年9月—2015年5月，历时9个月完成初稿。从传记的结构设计、章节目录的拟定，到传记各组成部分的写作都下了一番功夫。由于我对计算机十分生疏，一直习惯于手书。传记、大事年表以及资料长编等加起来30余万字的录打工作全部由冯丰承担。为了保证进度，他经常将手写稿件拿回家中，利用周六日或节假日时间进行。他的孩子刚出生不久，住房面积又不大，能够以这样的精神对待工作，体现了年轻一代的责任意识和拼搏精神。此外，他还负责将传记中引用的几封英文信件翻译成中文。

在采集工作刚开始时，我们就明确了"高""严""细""恒"的指导思想，即标准要高、要求要严、工作要细、态度要恒。我们将这一思想贯穿始终，并为之付出了坚持不懈的努力。值得高兴的是，将近两年的工作取得了一定的成效。在采集工程领导小组组织的中期考评（2014年5月）和结题考评（2014年11月）中，我们小组均取得"采集"和"写作"双优的成绩，参加考评的领导和专家对我们的工作予以充分肯定和鼓励。这也证明了"驽马十驾，功在不舍"的道理。

感谢传主洪朝生院士，他不仅为世人留下厚重的人生经历和宝贵的科学精神，也为我们保留下了许多珍贵的历史资料，其中不乏长沙临大和西南联大军训胸标和湘黔滇旅行团臂章等文物级史料。为了找出珍藏的照片，他从所住的物科宾馆，历经几番轮椅—汽车—轮椅的周折，带我们到他家中翻找；他接受了我们30多次采访，尽管思维和记忆力都比较差了，但仍尽最大努力向我们介绍了许多颇有价值的内容；为了识别照片上的人物，他一时想不出姓名的，只要事后想起，便马上叫护工记下来，待下次采访时再告诉我们。我们真心希望他以欣慰的心情看到他的传记付梓。

感谢李来风研究员，他不仅为本传记的完成做了许多协调和提供资料的工作，而且利用到荷兰参加国际会议的机会，联系参观了洪朝生院士曾经工作过的莱顿大学昂内斯实验室，在拍摄之余，还采访了当年与洪朝生院士一起工作的温克，这对我们写作传记有非常大的帮助。

感谢周远院士和赵忠贤院士，他们认真审阅了本传记的初稿，并提出许多宝贵意见。

感谢理化所党政领导，所长张丽萍对采集工作和对我本人予以很多关心和支持，党委书记黄勇在所党委组织的"七一"活动中，邀我汇报了相关采集成果，并介绍了洪朝生的先进事迹。会上同志们的发言为我们提供了许多有价值的内容。

感谢吴大昌这位年届97岁高龄、与洪朝生有着近80年深交的老先生，他手持采访提纲，条理清晰地讲了一个小时，那真是难得的接受采访的范例。

感谢林鹏、龚领会、谢秀娟等许多曾经得到洪朝生指教的科研人员，他们热心提供了有关资料，并向我们做了许多关于洪朝生情况的介绍。

感谢中国科协书记处书记王春法，感谢张藜、樊洪业、吕瑞花、罗兴波、何素兴、张海新等采集工程的领导和专家，他们的指导和鼓励是我们孜孜前行的动力。

感谢对洪朝生采集项目给予关心、支持、帮助和鼓励的所有人。

最后作小诗一首，以此纪念采集工程所带给我们的艰辛、美好与感动：

百年踪迹实堪珍，一代科坛筑梦人。
当化精神为雨露，岂容功业蚀烟尘。
散珠细串裁存舍，黄卷频翻辨伪真。
莫道从来修史苦，文明圣火喜添薪。

秦金哲
2015 年 10 月

老科学家学术成长资料采集工程丛书
已出版（76种）

《卷舒开合任天真：何泽慧传》　　　　《此生情怀寄树草：张宏达传》
《从红壤到黄土：朱显谟传》　　　　　《梦里麦田是金黄：庄巧生传》
《山水人生：陈梦熊传》　　　　　　　《大音希声：应崇福传》
《做一辈子研究生：林为干传》　　　　《寻找地层深处的光：田在艺传》
《剑指苍穹：陈士橹传》　　　　　　　《举重若重：徐光宪传》

《情系山河：张光斗传》　　　　　　　《魂牵心系原子梦：钱三强传》
《金霉素·牛棚·生物固氮：沈善炯传》《往事皆烟：朱尊权传》
《胸怀大气：陶诗言传》　　　　　　　《智者乐水：林秉南传》
《本然化成：谢毓元传》　　　　　　　《远望情怀：许学彦传》
《一个共产党员的数学人生：谷超豪传》《没有盲区的天空：王越传》

《含章可贞：秦含章传》　　　　　　　《行有则　知无涯：罗沛霖传》
《精业济群：彭司勋传》　　　　　　　《为了孩子的明天：张金哲传》
《肝胆相照：吴孟超传》　　　　　　　《梦想成真：张树政传》
《新青胜蓝惟所盼：陆婉珍传》　　　　《情系梁菽：卢良恕传》
《核动力道路上的垦荒牛：彭士禄传》　《笺草释木六十年：王文采传》

《探赜索隐　止于至善：蔡启瑞传》　　《妙手生花：张涤生传》
《碧空丹心：李敏华传》　　　　　　　《硅芯筑梦：王守武传》
《仁术宏愿：盛志勇传》　　　　　　　《云卷云舒：黄士松传》
《踏遍青山矿业新：裴荣富传》　　　　《让核技术接地气：陈子元传》
《求索军事医学之路：程天民传》　　　《论文写在大地上：徐锦堂传》

《一心向学：陈清如传》　　　　　　　《铃记：张兴铃传》
《许身为国最难忘：陈能宽》　　　　　《寻找沃土：赵其国传》
《钢锁苍龙　霸贯九州：方秦汉传》　　《虚怀若谷：黄维垣传》
《一丝一世界：郁铭芳传》　　　　　　《乐在图书山水间：常印佛传》
《宏才大略：严东生传》　　　　　　　《碧水丹心：刘建康传》

《我的气象生涯：陈学溶百岁自述》
《赤子丹心 中华之光：王大珩传》
《根深方叶茂：唐有祺传》
《大爱化作田间行：余松烈传》
《格致桃李半公卿：沈克琦传》
《躬行出真知：王守觉传》
《草原之子：李博传》

《宏才大略 科学人生：严东生传》
《航空报国 杏坛追梦：范绪箕传》
《聚变情怀终不改：李正武传》
《真善合美：蒋锡夔传》
《治水殆与禹同功：文伏波传》
《用生命谱写蓝色梦想：张炳炎传》
《远古生命的守望者：李星学传》

《我的教育人生：申泮文百岁自述》
《阡陌舞者：曾德超传》
《妙手握奇珠：张丽珠传》
《追求卓越：郭慕孙传》
《走向奥维耶多：谢学锦传》
《绚丽多彩的光谱人生：黄本立传》

《探究河口 巡研海岸：陈吉余传》
《胰岛素探秘者：张友尚传》
《一个人与一个系科：于同隐传》
《究脑穷源探细胞：陈宜张传》
《星剑光芒射斗牛：赵伊君传》
《蓝天事业的垦荒人：屠基达传》